불안불안 월급 받을래?
따박따박 월세 받을래!

불·안·불·안
월급 받을래?

따·박·따·박
월세 받을래!

매일경제신문사

머리말

한 사람이 세상에 태어나서 일생을 마칠때까지 다양한 상황에 접하게 된다. 좋은 일, 나쁜 일, 기쁜 일, 슬픈 일이 오버래핑되면서 시간은 흘러가고, 이렇게 합쳐진 과정들의 집합을 우리는 인생사이클(생애)이라고 한다.

응애하고 태어나서 학창시설을 마친 후 대부분이 회사원으로 사회생활을 출발한다. 4~5년 회사생활을 하다가 그 중 약 10%는 회사를 때려치우고 개인사업을 한다는 명분으로 퇴직을 한 후 장사나 사업을 시작한다. 월급 받는 사람과 월세 받는 사람이 갈라지는 시작단계이다.

사업을 시작한 경우 80% 이상이 실패를 하거나 현상유지 정도에 그친다. 그 중 10%가 혼자서 사장, 총무과장, 여직원, 영업사원 역할을 모두 소화하면서 규모를 키워서 회사조직으로 생존한다. 여러 명의 직원들이 근무하는 회사형 조직으로 발전하게 되는 것이다.

이 중에서 역시 성공한 10%가 '투자가'라는 단계에 이르게 된다. 투자가 그룹에 진입한 경우부터는 본인이 전면에 나설 필요가 없다. 직접 움직이지 않아도 내 자본이 움직이고 내 자본이 나 대신 투자활동을 하게 되는 셈이다. 다른 말로 표현하면, 돈이 돈을 버는 단계인 것이다.

여기까지 오는데 빠른 사람은 10년 늦은 사람은 30~40년이 걸린다. 이것을 필자는 '인생사이클'이라고 말한다.

많은 돈을 빨리 번 사람들의 공통점을 보면 첫 번째는 '무엇을 할 것인가'를 잘 선택했고, 두 번째는 '어디에서 할 것인가'를 잘 결정했다.

부동산투자는 이 두 가지가 모두 중요하다. 시골에서 A와 B 두 가족이 서울로 이사를 왔다고 가정을 해보자. A는 강북으로 이사를 와서 아파트에 둥지를 틀었고, B는 강남지역으로 이사를 와서 아파트를 샀다. 10년 후 두 사람의 재산은 많이 달라져 있을 것이다.

강남에 아파트를 구입 후 둥지를 튼 B는 아파트가격이 올라서 돈을 많이 벌었고, 강북에 둥지를 튼 A는 오히려 집값이 떨어져 재산이 감소했다. A는 '어디에서'를 잘 선택하지 못한 케이스이고, B는 어디에서를 잘 결정한 케이스이다.

두 번째로 10억원을 갖고 있는 C와 D가 있다고 가정해보자. C는 강원도 평창에 있는 땅을 10억원에 구입했고, D는 서울지역 대학가와 역세권이 오버-래핑되는 홍대 상권에서 게스트하우스 사업을 시작했다.

평창 땅에 투자한 C는 지금까지 팔지 못하고 있고, 게스트하우스 사업을 한 D는 여러 번 팔고 사고를 반복하여 지금은 자산가 대열에 합류했다. 이때 D는 '무엇을 할 것인가'를 잘 결정한 케이스이다.

필자는 1994년부터 이 길을 걸어왔다.

월세 나오는 수익형부동산만을 구입 후 재 매각하거나 리모델링 후 임대사업을 하는 형태의 투자만을 고집했다. 20년이 넘은 지금도 주택을 게스트하우스나 월세 나오는 까페로, 상가건물을 스마트워크센터나 캡슐호텔로, 상가건물을 다중생활시설이나 도심형 셀프창고인 셀프스토리지로, 상가건물을 모임공간이나 프리미엄 스터디센터로, 애물단지 지하상가를 한국형 캡슐호텔 등으로 만드는 일을 전문으로 하고 있다.

오피스텔, 상가, 아파트를 분양하는 사업을 했다면 지금보다 더 많은 돈을 벌었을 수도 있다는 생각도 가끔 해보지만 후회를 하지는 않는다. 그 이유는 내가 좋아하는 일을 해왔기 때문이다.

누구나 인생을 살면서 두 가지 질문을 받게 된다. '좋아하는 일과 잘 하는 일 중에서 어떤 길을 갈 것인가'인데, 결정은 각자의 몫이 될 것이다. 필자가 스스로를 셀프-피알 한다면,

첫째는 현장에서 20년 넘게 쌓은 경험과 지식이 어떤 부동산전문가나 일반인보다 많고 깊다고 자부한다. 비록 투자규모가 10억원 내외의 스몰 비즈니스였지만, 직접 투자와 간접투자를 원하는 사람들을 위해서 대한민국 땅 어디라도 가보지 않은 곳이 거의 없을 정도이다.

1,000건을 넘게 검토와 분석을 했고, 그 중 100건 이상을 직접 개발했다. 얼굴 성형 수술을 100회 실시한 성형외과 의사와 비교할 수 있다. 수익이 나지 않는 주택이나 상가건물을 고수익 부동산으로 만들기 위해서 100회 이상 건물 성형수술을 했다.

둘째는 20여년 전에 부동산 임대시장에서 국내에서는 처음으로 브랜드마케팅이라는 개념을 도입했다. 그 브랜드가 바로 '코쿤시리즈'이다.

다중생활시설인 코쿤하우스, 스마트워크센터인 코쿤피스, 프리미엄 게스트하우스인 코쿤스테이, 신개념오피스텔 코쿤피스텔, 도심형 셀프창고 코쿤스토리지, 한국형 캡슐호텔인 코쿤캡슐텔, 프리미엄 독서실인 코쿤리튜디오 등이 그것이다. 이러한 브랜드를 개발한 이유는 일반건물을 수익형부동산으로 컨버전 하기 위함이었고, 개발하는 곳마다 대 성공을 거두었다.

지금은 전국적으로 약 60여 지역에 코쿤시리즈 아이템들이 성공적으로 운영되고 있다. 본인 자랑을 너무 많이 한 것 같아서 좀 쑥스럽긴 하지만 실제 있었던 실화다.

부동산학 박사라고 모든 부동산에 대한 멀티플레이어는 될 수 없다. 자기만의 전문분야를 개척하고 그 분야에서 성공한 실적을 만들어내야 전문가로 인정을 받을 수 있을 뿐이다. ≪불안불안 월급 받을래? 꼬박꼬박 월세 받을래!≫를 읽으시는 독자여러분 모두 이 책을 디딤돌로 삼아 부자대열에 합류하시길 기원한다.

삼성동 연구실에서

부동산학박사 **고 종 옥**

01 수익형부동산 투자전략

CONTENTS

02 수익형부동산 보유전략

03 수익형부동산 출구전략

CONTENTS

05 수익형부동산과 세금

월세 받는 사람

외국도 마찬가지이지만 우리나라도 현실적으로는 금수저보다 흑수저가 대부분이다. 필자 역시 흑수저 집안에서 태어나 20여년 부동산현장에서 일을 하면서 마음고생도 많이 했다. 돈이 눈 앞에 보이는데 자금이 없어서 투자를 할 수 없었기 때문이다. 흑수저로 태어난 모든 사람들에게 가장 많이 와 닿은 말이 바로 '돈이 돈을 번다'라는 얘기일 것이다.

하지만 나도 언젠가는 월세를 받는 상황을 만들어보겠다는 목표를 세운 사람과 세우지 않은 사람은 10년이 지난 후 경제적으로 엄청난 차이가 벌어져 있을 것이다. 필자의 경우 대학을 졸업하고 대기업에서 5년 정도 직장생활을 했다. 물론 원하던 회사에 입사했다는 기쁨도 있었지만 대기업 조직속에서 일하는 재미 또한 쏠쏠했다.

때 되면 월급 나오고 보너스도 1,100%를 받았다. 1년 12개월 중 1개월만 보너스가 안 나오고 11개월 내내 보너스가 나왔다. 회사 입사 후 정말 신나는 생활을 5년 동안 했다. 자동차도 구입하고 구입한 차량 지붕에 캐리어 매달고 안 가본

스키장이 없을 정도로 국내 모든 스키장을 누비고 다녔었다.

경기도 좋고 회사운영이 잘 되다보니 매일매일 회식이 이어졌고, 몸 무게도 10키로 이상 오버되는 상황이 이어졌다. 세상이 모두 내 것 같았고, 두려울게 없었다. 입사 3년 만에 당시 국내에서 가장 비싸게 분양한 대방역 앞 아파트 25평을 부모님 도움 없이 자력으로 분양까지 받았다.

당시에는 은행적금을 10회 불입하면 불입금액의 10배를 대출해주는 적금 상품이 있었다. 필자는 10개 은행에 매월 10만원짜리 10개의 적금을 가입했고, 입사 1년후 1억원을 대출받았다. 나머지 금액은 아파트 자체를 담보로 제공하고 담보대출로 해결했다. 아파트 완공 후에는 되팔아서 상당한 차액을 얻을 수 있었다.

월급 받는 필자가 월세 받는 사람이 되기 위한 첫 번째 부동산 투자였다. 당시에는 반드시 월세가 목표는 아니었지만, 그 경험이 나중에 필자가 수익형부동산 전문가의 길로 가는 첫 단추가 되었다.

회사생활은 비전이 없고, 월세 받는 부동산투자가 희망이 있다는 2분법적인 접근을 하고자 하는 것은 아니다. 회사원이든 부동산투자가 전업이든 가처분 소득을 늘리는 노력이 필요하다. 나도 언젠가는 월세를 받아보겠다는 목표를 설정해야 월세 받는 사람이 될 수 있다는 차원에서 하는 얘기이다.

월세 받는 부동산 투자를 하게 되면 우선적으로 개인시간이 많아지고 인생이 여유로워진다. 최소한 필자를 만나는 사람들 모두 월세 받는 사람이 되길 기원한다.

"너는 고정적인 수입이 있어서 좋겠다." 사업하는 사람들이나 뚜렷한 직업 없이 놀고 있는 사람들이 회사원인 친구들에게 하는 말이다. '가랑비에 옷 젖는다'는 말이 있듯이 잠깐 쏟아지는 폭우보다 양은 적어도 오랫동안 꾸준히 내려주는 비가 농부들에게는 더 필요하고 소중할 것이다.

마찬가지로 불안한 수입보다 안정적이고 지속적이면 수입이 더 가치가 있다.

하지만 월세 받는 사람은 그 자체가 노후준비로 이어질 수 있지만, 월급 받는 사람은 100세 시대를 맞이해서 퇴직 후를 위한 노후준비를 자신이 스스로 해야 한다.

퇴직하게 되면 노동력도 약해지고 나이제한 때문에 경제활동을 통한 수입만들기가 만만치 않다. 재직기간 중 재테크라도 열심히 해놓은 사람들은 다행이겠지만 퇴직금 중간정산하고 아들 딸 시집보낸다고 금융권 대출 사용한 사람들은 퇴직금 받아 대출상환하면 다시 흑수저 상태로 돌아가는 경우도 부지기수다.

따라서 월급 받는 회사원은 재테크를 통한 가처분 소득 늘리는 일에 관심을 가져야 한다. 재테크에 관심을 갖고 목표를 정한 다음 하나씩 실천해가다 보면, 나도 모르게 관련 분야의 지식이 쌓이고 재미도 느낄 수 있게 된다.

보통 남편이 회사원이면 부인이 부동산투자 활동을 하는 경우가 많다. 강남 줌마들이 집단으로 그룹을 만들어 투자활동을 하게 되면, 그들끼리 상호 교환하는 파편같은 지식이나 정보들이 모아져 정확한 시장분석으로 이어지는 경우가 많다. 부동산 전문가보다 더 정확한 시장정보를 갖고 움직이는 그룹들이 강남지역에는 많이 있다. 월급 받는 직장인들도 노후를 위한 재테크에 관심을 갖고 월세 받은 꼬마빌딩을 하나쯤 갖겠다는 목표를 세우고 집중한다면 반드시 그 날이 오리라 확신한다. 고정수입에 추가로 월세가 들어오면 불편했던 부부관계도 좋아지고, 가정분위기 또한 덩달아 좋아질 것이다.

월급 받는 사람이 주의할 점은 지금 받는 급여가 아무 문제 없이 평생 나올거라고 생각한다는 것이다. 하지만 어느날 어떤 문제가 발생할지 아무도 모른다. 그래서 어떤 사람은 투잡을 통해서 불확실한 미래를 나름대로 준비하는 것이다. 앞으로 점점 믿을 건 나 밖에 없다. 정부도 국민연금도 믿을 수 없다. 국가에서 운영하는 각종의 규정이나 제도 역시 시대 상황에 따라서 수시로 변경된다.

월급쟁이 중 10%가 중간에 직장을 그만두고 개인사업을 시작한다고 한다. 그 중에서 성공하는 사람은 역시 10% 정도이다. 창업하는 사람들은 이러한 현실에 본인 스스로를 내 던진다. 하지만 현실은 생각보다 녹록하지 않다. 패기만 갖고 되는 것도 아니고 내 지른다고 성취되는 것도 아니다.

1회성의 정부 정책들이 애먼 사람을 잡는 경우도 많다. 그래서 회사원일 때 재테크에 관심을 갖고 가처분 소득을 늘리는데 집중해야 한다. 어느 날 권고사직 통지를 받는다면 어떻게 대처할 것인가? 회사 앞에서 농성을 하거나 사직권고를 수용하거나 둘 중 하나를 선택해야 한다. 월급쟁이의 소망은 언젠가 사장이 되는 것이다. 하지만 사장은 어느날 갑자기 만들어지지 않는다. 평소에 꾸준히 준비할 때 가능하다. 그러한 희망을 품고 매일 매일 출근하는 사람인가 생각해보자.

01

수익형부동산
투자전략

수익형부동산에 대한 편견

1. 수익형부동산의 새로운 기준

'수익형부동산'이라는 단어가 우리들의 관심을 끌게 된 시기는 불과 몇 년 전부터이다. 필자는 일찍이 이 분야에 관심을 갖고 수익형부동산 개발에 20년을 매달려왔다. 일반적으로 수익형부동산은 월세가 나오는 부동산으로 알고 있고, 그렇게 알려져 왔다. 물론 지속적으로 수익을 내야 한다는 것도 부인할 사항이 아니지만, 이제부터는 그 기준을 다시 세울 필요가 있다. 수익을 낸다고 모두 수익형부동산이 될 수 없는데, 거기에는 이유가 있다.

더 쉬운 표현으로 수익은 흑자수익과 적자수익으로 구분된다. 적자수익은 월말 결산 시 지출을 공제하고 나면 적자가 되는 경우이다. 수익에서 필요비용을 지출하고, 본인 인건비, 금융비용, 기회비용, 감가상각 등을 감안하고 나면서도 투자자가 원하는 기대수익을 얻을 수 있는 부동산은 과연 얼마나 될까.

부동산 투자 시 손익계산은 일반회계 이론에서 말하는 것과는 차이가 있다.

예를 들어 부동산 취득 후 내용년수를 50년 가정하고 매년 2,000만 원씩 감액해 가야 하지만, 취득 후 1년이 경과한 부동산 가격이 5,000만 원 상승했을 때에는 감가상각 된 2,000만 원을 제하고도 3,000만 원의 수익이 발생하게 된다.

이런 경우처럼 내용년수에 비례해서 일방적으로 감가를 적용해가는 방법은 실물자산인 부동산에는 적합하지 않다고 볼 수 있다. 따라서 부동산 투자를 검토할 때 일반적인 회계기준의 감가상각 이론을 적용하는 것은 무리가 있다.

흑자수익은 월말 결산 시 지출을 공제하고 나서도 흑자가 되는 경우이다. 역시 수익에서 필요비용을 지출하고, 본인 인건비와 기타 비용을 모두 지출하고 난 후 수치상으로 흑자를 나타내는 경우이다. 그런데 흑자를 낸다고 모두 수익형부동산이라고 생각하는 것 또한 잘못된 생각이다.

이 때 흑자수익은 투자자가 기대하는 수익률을 충족해야 한다. 실례로 투자자는 금융비용인 은행이자와 기타 유지관리에 필요한 비용을 모두 지출하고 본인의 순 투자금액인 자기자본(equity capital)에 대한 투자금액에 대해서 기대하는 수익을 얻었을 때 진정한 흑자수익이라고 볼 수 있다.

수익은 총수익과 자기자본수익으로 구분된다. 총 투자수익(ROI)은 내가 현금으로 투자한 금액과 금융권에서 차용한 비용 모두를 합쳐서 투자한 금액 대비 얻은 수익을 말한다.

실례로 내 주머니에서 7억 원이 투자되었고, 은행에서 3억 원 대출을 받았다고 하면 총 투자금액은 10억 원이 된다. 이렇게 투자한 건물에서 매월 500만 원의 수익이 발생한다고 할 때 총 투자수익률은 6%이다.

수익률을 계산할 때, 별도의 언급이 없더라도 1년을 기준으로 한다는 것은 모르는 사람이 없을 것이다. 따라서 매월 월세를 기준으로 계산했다면 12개월을 곱해야 하고, 1년분을 합쳐서 계산했다면 그대로 하면 된다.

실례로 매월 500만 원의 수익을 얻고 있는 부동산에 은행대출금을 합쳐서 10억 원을 투자했다면 500만 원을 10억 원으로 나눈 후 12개월을 곱하고 100

을 다시 곱해주면 1년 기준 투자 수익률이 얼마인지 알 수 있다. 반면에 연수익 6,000만 원을 기준으로 수익률을 계산한다면 12개월을 곱할 필요 없이 6,000만 원을 10억 원으로 나눈 후 100을 곱해주면 된다.

자기자본(ROE) 수익률은 금융권에서 빌린 금액을 제외하고 내 주머니에서 지출된 비용 대비 얻은 수익을 말한다. 실례로 내 주머니에서 7억 원이 투자되었고 은행에서 3억 원 대출을 받았다고 하면, 자기자본 투자금액이 4억 원이라는 것은 쉽게 알 수 있다.

이렇게 투자한 건물에서 매월 500만 원의 수익이 발생한다고 할 때 자기자본 투자수익률은 은행금리를 4%로 가정할 때 은행이자 100만 원을 공제하면 400만 원이 자기자본 투자수익이 된다. 이 때 자기자본 투자수익률은 12%가 되는 셈이다.

일반적으로 투자수익을 계산할 때는 은행 대출금을 제외한 나머지 금액, 즉 내 주머니에서 지출된 자기자본 투자수익을 기준으로 한다. 많은 사람들이 이 내용을 오해하고 있는 경우가 있는데, 은행대출금은 내 주머니에서 나간 돈이 아니기 때문에 대출금을 투자금액에 포함해서 계산하는 것은 바람직하지 않을 뿐만 아니라 혼란을 가중시킬 수 있다. 따라서 반드시 자기자본 투자 수익을 기준으로 투자의사결정을 해야 한다.

특히 수익형부동산에 투자할 때는 투자수익률이 중요하다. 이때 자기자본 투자수익률로 계산을 해야 총투자 수익률과 이자 후 순 투자수익률을 보다 정확히 알고 비교할 수 있기 때문에 정확한 투자의사 결정을 할 수 있다.

2. 수익형부동산 투자 아이템

가게를 하나 세 얻어서 장사를 시작하는 사람이라면 시작단계에서 두 가지 고민에 빠지게 된다. 첫째는 '어디(where)에서 할 것인가'이고, 둘째는 '무엇(what)을 할 것인가'일 것이다.

필자는 '어디서보다 무엇을 할 것인가'에 많은 시간을 투자하고 조사할 것을 권한다. 흔히 "50%는 먹고 들어간다."라는 말을 많이 한다. '아이템을 잘 선택하면 50%는 먹고 들어간다'고 보기 때문이다.

입지선정보다 아이템 선택을 잘 할 때, 성공할 확률이 높아진다. 아이템에는 일반적인 아이템과 차별화된 틈새형 아이템이 있다. 일반적인 아이템으로 사업을 할 경우에는 운영자나 관리자의 능력이 사업의 성패를 좌우한다고 해도 과언이 아니다.

상권이 좋다고 해도 운영자나 관리자의 능력이 부족하다면 실패할 확률이 높다. 실례로 누구나 한번쯤 사업을 해보고 싶은 신촌상권, 강남역상권, 압구정상권, 홍대상권, 대학로상권 등에서 실제 흑자를 내는 점포는 10%에 불과하다는 통계자료가 그것을 입증해준다.

틈새아이템으로 사업을 하면 투자자나 창업자의 능력이나 경험이 조금 부족하다고 해도 성공할 확률은 높다. 일반적인 아이템으로 사업을 하는 시장은 경쟁이 치열하고, 틈새아이템 시장은 수요에 비해서 공급이 높지 않기 때문에 경쟁이 덜 치열하다. 물론 그 틈새아이템이 경쟁력이 있어야 한다는 것은 기본적인 전제이다.

10%에 들어가는 흑자점포들의 특성을 분석해보면 첫째, 소비자들이 가장 부담 없이 저렴한 비용으로 먹을 수 있는 가장 평범하고도 일반적인 아이템들이 대부분이라는 것을 알 수 있다. 그야말로 국민 먹거리 중에서 시작해야 성공할 확률을 높일 수 있다는 것이다.

둘째는 틈새시장을 공략하는 틈새형 아이템들이 있을 것이다. 일반적인 아이템들은 실패 확률을 줄이고 큰 성공보다 무난하고 꾸준한 수익을 얻을 수 있겠지만, 틈새아이템의 경우는 대박의 꿈을 이룰 수 있는 기회도 가져다 줄 수 있을 것이다.

특별한 경우도 있겠지만 일반적으로 볼 때, 구매빈도가 높고 아무 때나 편하게 먹을 수 있는 음식점이나 틈새형 아이템들이 10% 안에 가장 많이 포함되어 있다. 또한 각 상권별로 성공확률이 높은 아이템들이 있다. 대학상권에서는 호주머니 사정이 여의치 않은 대학생들을 상대로 하기 때문에 간식이나 분식종류의 사업이 성공할 확률이 높다. 최소한 쫄딱 망했다는 얘기는 듣지 않을 것이다.

오피스상권이라면, 양상은 달라진다. 점심과 저녁 퇴근 후 술 한잔 할 수 있는 아이템이 성공가능성을 높여준다. 결론적으로 요즈음 잘 나가는 홍대상권에서 장사를 시작하면 무조건 성공한다는 공식은 성립하지 않는다는 것을 명심해야 한다. 따라서 홍대상권이나 강남역 상권이라도 어떤 장사(What)를 시작해야 성공할 수 있을까를 먼저 고민해야 한다는 것이 20년 전부터 주장해온 필자의 지론이다.

부동산 투자 역시 입지선정보다 아이템이 중요하다고 볼 수 있다. 물론 부동산투자의 경우 그 금액이 크기 때문에 아이템만 좇아가기는 것도 부담이 되지만 그래도 수천만 원에서 억대가 넘는 투자를 하는데 기본적인 내용도 모르고 부동산 시장에 뛰어드는 것은 자살폭탄과 다를 바 없다.

그러면 수익형부동산에 투자를 하고 싶은데 아이템들은 무엇이 있는가? 많은 사람들이 투자활동에 참여하는 오피스텔이나 일반상가와 같은 일반적인 아이템과 일부 사람들이 투자활동을 하는 틈새형 아이템이 있다.

물론 다음 장에서 별도로 다루어지겠지만 필자는 본 저서에서 일반적인 아이템보다는 주로 부동산 틈새시장을 공략하는 틈새형 아이템을 소개하고자 한다.

(1) 쉐어하우스의 원조 코쿤하우스

코쿤하우스는 코쿤(안전지대)과 하우스(집)가 합쳐진 신조어이다. 한국에서는 최초로 도입된 쉐어하우스이다. 원룸텔이라고 부르기도 하는 쉐어하우스는 1997년 7월 16일 이전에는 소위 고시원이라는 이름으로 알려져 왔고, 그 이후에는 '원룸텔'이라는 시장명칭으로 불리워져 왔다. 2013년부터는 건축법 시행령이 개정되면서 건축법규상 '다중생활시설'이라는 법정명칭으로 확정되었다.

코하우징(cohousing)내지 쉐어하우스(share house)의 실제 모델은 유럽권에서 가장 많이 볼 수 있는데, 상황이 비슷한 사람들끼리 모여 살면서 주거공간의 일부분을 공동으로 사용하고 공동으로 관리하는 구조의 주거시설을 말한다.

우리의 경우 주방과 휴게공간을 공동으로 사용하는 코쿤하우스가 대한민국 최초의 쉐어하우스이다. 코쿤하우스는 소득이 없어서 부모님들에게 주거비용을 의존하거나, 최소의 주거비용으로 생활해야 하는 1인가구들이 가장 선호하는 주거형태로 자리매김하고 있다. 1인(미혼, 싱글, 독신 등 이유를 불문하고 혼자 생활하는 모든 사람을 포함)이라는 특별한 상황에 놓여있는 1인가구들이 주로 거주하는 주거공간이라고 볼 수 있다.

'코쿤'은 위에서도 언급했지만 '안전지대'라는 의미로 해석된다. 점점 복잡해지는 사회환경에서 힘 없는 개인들에게 위험이 닥쳤을 때 공권력은 생각보다 멀리 있다. 특히 여성들의 경우 자기가 거주하는 주거시설에 외부인이 침입하는 위험한 상황에 빠진다면 속수무책이 되는 경우가 많다.

따라서 가장 안전하게 거주하는 방법은 위험한 상황이 생기지 않게 하거나 위험상황에서 도와줄 누군가가 가장 가까이 있어야 한다. 코쿤하우스는 개인방을 제외하면 공동생활을 하기 때문에 옆에 항상 사람들이 같이 있어서 서로를 도와주거나 보호해줄 수 있는 신개념의 주거시설이다. 이렇듯 제 각각 다른 주거환경에서 노출되는 위험을 사전에 예방하고, 위험한 상황에 처했을 때 공동생활자의 도움을 빨리 받을 수 있는 코쿤주택(안전주택)을 선호하는 경향이 점점 높아지고 있다.

코쿤하우스의 내부 레이-아웃은 개인별 주거공간, 화장실, 샤워실은 각자의 방에 개별적으로 설치되어 있고, 식사와 휴식은 공동의 공간을 사용하는 형태이다. 취사시설이 룸 내부에 있어서 편한 점도 있지만 룸 밖에 있으면 음식냄새 제거 등 주거공간의 쾌적함을 높일 수 있다.

실례로 오피스텔의 경우 취사시설과 주거공간이 하나의 룸 안에 있어서 방 안에는 항상 냄새가 배어 있다. 코쿤하우스는 국내에 1990년 초반부터 공급되기 시작했고 현재 서울과 수도권 및 기타지역으로 확대 보급되고 있다.

가구별 평균 가구원수는 1970년부터 지속적으로 감소하고 있음을 알 수 있다.1980년에 4.5명이었던 평균 가구원수는 1990년 3.7명, 2000년 3.2명, 2010년 2.7명까지 지속적으로 감소하였다. 평균 가구원수의 감소는 출산율 감소, 핵가족화 및 1인가구의 증가 등으로 설명된다. 최근의 평균 가구원수 감소에 1인가구의 증가가 주목할 만한 역할을 하고 있음을 알 수 있다.

1인 가구 비율은 1990년 9.0%에서 2010년 23.9%로 증가하였고, 2025년에는 31.3%로 예측되어 향후 가구분포에서 가장 많은 비중을 차지할 것으로 예상된다. 반면 4인가구 비율은 1990년 29.5%에서 2010년 22.5%로 감소하였다.

1인가구의 증가는 혼인율의 감소와 초혼연령의 지체에 따른 미혼 독신가구의 증가와 이혼이나 별거에 따른 단독가구의 증가, 그리고 고령화에 따른 노인 단독가구의 증가에 기인한다. 이처럼 1인가구의 증가는 빠른 속도로 이루어지고 있을 뿐만 아니라 혼인상태와 성 및 연령별로 다양하게 나타난다는 점에서 주목할 필요가 있다.

1인가구의 증가 추세로 볼 때 이러한 코쿤하우스 형태의 주거공간에 대한 수요는 증가할 수밖에 없다고 본다면, 사업전망은 밝다. 코쿤하우스에 투자하는 방법은 토지 매입 후 신축하는 방법, 상가건물을 매입 후 코쿤하우스로 리모델링하는 방법, 상가건물을 임차 후 역시 코쿤하우스로 리모델링 하는 방법이 있다.

대출을 제외한 대략적인 투자금액은 신축 시 자기자본 약 7~10억 원, 상가건물 매입 후 리모델링을 할 경우도 자기자본 약 7~10억 원, 상가건물 임차 후 임차보증과 시설비용을 합쳐서 약 3억 원 정도이다. 자세한 내용은 뒷부분에서 추가로 언급된다.

(2) 한국 최초의 스마트워크센터 코쿤피스

코쿤피스는 코쿤(안전지대)과 오피스의 합성어(cocoon+office)이며 이 역시 전용 사무실은 각자가 개인별로 사용하고 일부 컨퍼런스 룸과 휴게실, 복사기, 팩스, 정수기, 공용컴퓨터 등과 같은 사무지원시설을 공동으로 사용하는 구조의 오피스이다.

위에서 언급한 코쿤하우스는 주거공간임에 반해서 코쿤피스는 사무공간이라는 점에서 완전히 다른 부동산 투자를 위한 틈새상품이다. 최근에는 카페형 인테리어를 접목해서 전체적인 분위기는 커피숍이나 카페테리아처럼 만들어진다. 내부 구조는 코-워킹(co-working) 사무실인 맴버쉽-존, 독립된 개인오피스형태인 프라이빗-존, 무료 음료가 제공되는 커피브레이크-존, 사무업무를 지원하는 O/A존 등으로 꾸며진다.

코쿤피스는 인터넷과 IT, 모바일 세상에서 급증하는 1인 창업가, 오프-라인 프랜차이즈 업체, 온라인 보부상, 온라인이나 모바일을 주로 이용해 사업을 하는 모바일 비즈니스맨들이 주로 이용하는 사무공간이다. 과거의 사무실과 차이점은 모든 공간이 칸막이를 통해서 독립형으로 만들어져 있고, 책상과 의자, 인터넷 등이 풀옵션으로 공급된다는 점이다.

모든 사무집기 일체가 구비되어 있기 때문에 사무실을 이용하고자 하는 사람들은 몸만 오면 된다. 또한 기존의 사무실과 차이점은 보증금과 관리비를 월세에 추가해서 별도로 받지 않는다는 점이다.

　최초 입주 시 1~3개월분 월세에 해당하는 금액만큼 예치금으로 지불하면 된다. 모든 것을 아웃-소싱할 수 있는 시대를 맞이해서 넓은 사무실과 많은 직원을 채용하는 것은 바람직하지 않다.

　물론 회사가 커지면 당연히 넓은 사무실과 많은 직원이 있어야 하지만 초창기 1인 창조기업들은 대부분 1인 회사형태로 운영된다. 그야말로 1인이 사장, 총무과장, 여직원, 경리, 마케팅, 기획 등 역할대행을 할 수 있는 시스템이 되어 있다. 이제 1인 사업가들이 비즈니스세상을 리드하는 시대를 맞고 있는 것이다.

　이러한 현상이 점점 더 가속화된다고 가정할 때 코쿤피스 형태의 사무공간 수요 역시 수익형부동산 시장의 틈새상품으로서 영역이 더욱 확대된다고 볼 수 있다. 투자방법 역시 토지 매입 후 신축하는 방법, 상가건물 매입 후 리모델링하는 방법, 상가건물 임차 후 코쿤피스로 리모델링하는 방법 등이 있다. 이 세 가지 중에서 가장 선호하는 방법은 상거건물을 매입하거나 임차 후 리모델링을 하는 방법이다.

🔑TIP **솔로예찬**

20세기 초 뉴욕의 한 지역은 우리의 예술인 마을처럼 지식인, 예술가 등이 모여 사는 장소로 유명했다. 특히 여성싱글들이 많았는데 이들은 전통적인 가족의 울타리를 벗어나 독신의 삶을 선택했다. 그리고 해방된 자유를 누리면서 예술과 혁명사상을 발전시켜 나갔다. 값싼 쪽방이 다닥다닥 들어선 이 곳은 비교적 낮은 주거비용으로 생활할 수 있는 공간을 제공해주었다. 이 곳에선 상상력의 한계를 벗어나는 일들을 할 수 있었다.

현재 우리는 '홀로 가는 길'이라는 사회적인 체험이 확장되고 있음을 실감한다. 이제 혼자의 삶을 숨기는 것이 아니라 인구 구성원의 기본 단위로 인식되고 있다. 현재 미국 성인의 50%가 독신이며, 3,100만 명에 달하는 사람들이 혼자 산다고 한다. 미국 전체인구의 25%를 상회하는 숫자이다. 유럽의 경우 독신인 가구가 45%를 점유하고 있고, 주거시설 중 60%를 1인가구가 점유하고 있다고 한다.

이렇게 1인가구가 증가하는 원인은 뭘까? 여성의 지위 상승, 자기 중요성에 비중을 두는 인식의 확산, 경제적 불안감에 대한 늦은 결혼, 도심생활로의 진입 등이 원인이 될 수 있다. 미래의 1인가구는 노령인구 비중이 급증할 것으로 보인다. 특히 SNS(소셜네트워크 서비스)관련 시스템의 발달로 혼자 있다고 혼자가 아닌 시대가 된 것이다. 이제는 혼자 살아가야 하는 시대를 자연스럽게 맞이해야 하고 미리 준비해야 한다.

(3) 신개념 오피스 코쿤피스텔

코쿤피스텔은 코쿤+오피스+호텔의 합성어이다. 코쿤은 안전지대, 오피스는 사무공간, 호텔은 주거를 의미하는데 이 세 가지 의미가 컨버전스(convergence)된 개념이다. 즉, 사무공간과 주거공간을 합친 형태의 신개념 오피스이다. 호텔 기능은 수면캡슐을 오피스 내부에 넣어줌으로써 가능하다.

지난 2013년은 1인 창업시대 원년이라고 해도 과언이 아니었다. 1인 창업가들은 출퇴근시간이 따로 없다. 1일 24시간 계속해서 근무하기도 하고, 주중에 2박 3일 쉬기도 한다. 출퇴근 시간을 정해놓지 않고 일이 많을 때는 계속근무하고, 없을 때는 눈치 안 보고 쉬는 형태의 일을 한다.

이러한 근무 환경에서 필요한 것은 일 하다 힘들고 피곤하면 잠깐 휴식을 취하거나 취침에 필요한 공간이다. 이 신개념의 주거공간이 기존의 오피스텔과 다른 점은 취침실내에 화장실과 주방이 없으며, 대신 화장실과 주방을 공동으로 사용한다.

장기간 임대가 안 되어 공실로 있는 오피스를 코쿤피스텔로 리모델링할 경우 공실도 줄이고 임대수익도 높일 수 있는 묘안이 될 것이다. 코쿤피스텔 역시 보증금과 관리비를 별도로 받지 않고 1~3개월분 월세를 예치금으로 받으며, 월세는 매월 초 선불으로 수령하는 계약형태를 주로 하고 있다.

코쿤피스텔에 투자하는 방법 역시 토지 매입 후 신축하는 방법, 상가건물 매입 후 코쿤피스텔을 만드는 방법, 상가건물 임차 후 코쿤피스텔을 만드는 방법 등이 있다. 그 중에서 상가건물을 매입하거나 임차 후 리모델링 하는 방법이 가장 많이 이용된다.

(4) 도시민박업 게스트하우스

게스트하우스는 외국인 관광 도시민박업이다. 「국토의 계획 및 이용에 관한 법률」 제6조제1호에 따른 도시지역(「농어촌정비법」에 따른 농어촌지역 및 준농어촌지역은 제외한다)의 주민이 거주하고 있는 다음의 어느 하나에 해당하는 주택을 이용하여 외국인 관광객에게 한국의 가정문화를 체험할 수 있도록 숙식 등을 제공하는 업을 말한다.

이러한 게스트하우스 사업을 할 수 있는 건축물은 건축법 시행령 별표에 명시하고 있다.

> 1) 「건축법 시행령」 별표 1 제1호가목 또는 다목에 따른 단독주택 또는 다가구주택
> 2) 「건축법 시행령」 별표 1 제2호가목, 나목 또는 다목에 따른 아파트, 연립주택 또는 다세대주택

위 건축물에서 주로 게스트하우스를 하도록 명시하고 있지만 현실과는 적합지 않은 관계로 상가건물이나 오피스텔을 개조 후 게스트하우스 사업을 하는 곳이 많다.

문화체육관광부는 2011년 7월 13일 정부과천청사에서 열린 경제정책조정회의에서 위와 같은 내용을 핵심으로 하는 관광숙박시설 부족현상에 대한 해결방법과 관광객 1,000만 시대를 맞이해 외국관광객 유치확대 방안을 발표했다.문화체육관광부는 동계올림픽 관련 외국인 관광객 증가에 따른 숙소부족 문제를 해결하는 차원에서 관광진흥법 시행령을 개정하여 일반 가정에서도 외국인 숙박객을 받을 수 있는 '도시민박업'을 신설하였다.

외국에서 게스트하우스는 이미 오래전에 보급되어 현재는 일반적인 숙박형태로 자리잡아가고 있지만, 우리나라의 경우는 라이프사이클상 도입기에 해당한다고 볼 수 있다. 따라서 게스트하우스를 할 수 있는 상가건물이나 주택 등을 소유

하고 있는 경우에는 적극적으로 관심을 가져볼 필요가 있다.

게스트하우스에 투자하는 방법은 역시 토지 매입 후 게스트하우스를 신축하는 방법, 기존의 주택(단독주택, 공동주택 포함)을 활용하는 방법, 상가건물을 매입 후 게스트하우스를 만드는 방법, 상가건물을 임차 후 게스트하우스를 만드는 방법이 있는데 현장에서는 주택이나 상거건물을 매입하거나 임차 후 이 사업을 하는 방법이 성행하고 있다.

(5) 도시형 휴게공간 코쿤캡슐텔

코쿤캡슐텔은 코쿤(안전지대)+캡슐+호텔의 합성어이다. 안전한 캡슐로 된 호텔이라는 의미이다. 신개념의 도시형 낮잠방이라고 볼 수도 있다. 일본에서는 캡슐호텔이라는 이름으로 알려져 있다. 동경이나 오사카 등지에서 이미 50여년 전부터 캡슐텔 사업이 이루어져 왔다. 하룻밤에 우리 돈으로 2만 원 정도 내면 아침 식사까지 해결되는 1회용 수면시설인 셈이다.

우리나라에는 아직 도입이 안 되었지만 시기적으로 볼 때 국내에도 이 사업이 시작될 수 있는 여건이 성숙되어 있다고 볼 수 있기 때문에 상가건물, 특히 애물단지 지하층을 소유하고 있는 건축주라면 적극적으로 검토해볼 수 있는 틈새아이템이다.

이 사업을 하는 방법 역시 토지 매입 후 신축, 상거건물 매입 후 만드는 방법, 상가건물을 임차 후 만드는 방법 등이 있다. 현실적으로는 신축보다는 상가건물을 매입하거나 임차 후 이 사업을 하는 것을 권장한다. 특히 애물단지 지하층 상가에서 코쿤캡슐텔 사업을 한다면 높은 매출을 통해 자산가치를 높이는 역할이 가능하다.

휴식과 숙박이 겸비된 아이템이기 때문에 다른 어떤 임대상품보다도 높은 매출과 수익을 창출할 수 있다. 수익이 고정되어 있는 타 임대상품과 비교할 때 경쟁력이 있는 수익형 틈새부동산 아이템이다.

🔑 TIP 솔로가 덜 고독하다?

외국의 한 교수가 미혼의 전문직 종사자, 돌아온 싱글, 독신자 등을 상대로 조사를 한 결과 혼자 사는 사람들은 문화활동이나 외식을 더 많이 하고, 미술이나 음악콘서트에 더 많이 참석하며, 각종 봉사활동도 더 많이 하는 것으로 조사되었다.

기혼자 보다 더 자유롭고 자신의 인생을 더 알차게 꾸며 나가고 있다는 결과를 얻었다. 혹자는 "나만의 해와 별과 달을 갖고 살아가는 홀로 가는 길이 포기할 수 없다"라고 고백했다.

우리나라도 마찬가지이지만 이미 선진국에서는 소형주택 공급을 늘리는 정책을 추진하고 있다. 1인가구 시대를 준비하고 있는 것이다. 그러나 앞으로의 1인가구 비중은 젊은 층보다 노년층의 비율이 점점 증가할 것으로 보인다.

개개인 1인가구가 되고, 혼자 살아가는 것을 준비하는 과정은 전혀 낯설지가 않다. 빠를수록 좋다. 인생은 결국 혼자가 될 테니까! 과거에 1인가구문제는 변방에서 다루어졌으나 이제는 국가 정책의 중심축이 될 것이다.

🔑━ TIP 부동산 과장광고 사례

부동산 광고를 보다보면 과장광고가 난무한다. 도보 5분 거리인데 실제 가보면 10분 이상인 곳이 대부분이다. 부동산 광고에서 5분은 일반명사가 된 지 오래전이다. 연구단지 입점예정, 기업계열사 입주 예정지역, 국도 확장 예정지역, 대규모 리조트 개발이 예정되는 지역 등 애매한 용어로 투자자를 현혹하는 사례는 흔하게 볼 수 있는 현상이다.

이에 공정거래위원회는 기획부동산 등이 소비자를 현혹하는 과장광고를 하면 관련 매출액의 2%에 해당하는 과징금을 부과한다고 선언했다.

그 사례를 보면, 첫째 분할허가가 완료되지 않은 토지를 분할이 가능한 것처럼 표시할 수 없다. 부동산 정책이 법률보다 지자체들의 기준인 조례나 내부규칙 등을 먼저 적용하는 사례들이 늘고 있기 때문이다. 법규만 검토하고 지자체 조례검토를 간과한다면 큰 낭패를 당할 수 있다.

둘째, 건축허가나 용도변경 등 허가를 받을 가능성이 없는데 있는 것처럼 광고할 수 없다. 지구단위계획상 허가할 수 없는 내용들이 많이 있고, 개발가능한 용도가 정해진 경우가 많다. 따라서 건축허가 여부를 사전에 꼼꼼히 따져본 후 투자나 사업착수 여부를 결정해야 한다.

셋째, 일부만 도로에 접하는데 분양받는 사람 모두의 토지가 도로에 접한다고 광고할 수 없다.

넷째, 도로 개통예정, 산업단지 연계개발 등 가능성이 없는 광고를 할 수 없다. 필지분할은 토지주만의 마음대로 되지 않는 것이 일반적이다. 지자체나 이웃 토지주와의 협의도 거쳐야 하기 때문이다.

다섯째, 객관적인 근거 없이 단순 개발계획만 제시하면서 투자 후 1년 이내에 투자금의 200%를 돌려주겠다고 광고할 수 없다.

이러한 모든 사례들이 부동산 과장광고에 해당할 가능성이 높다.

(6) 도심형 자기보관창고 셀프-스토리지

셀프-스토리지(self storage)는 자기짐을 스스로 보관하는 창고로 주로 개인들이 많이 이용한다. 개인들이나 단체, 기업들이 서류나 소규모 짐을 주로 보관하는 셀프형 창고임대업이다. 셀프-스토리지는 이러한 짐을 보관하려는 사람이나 기업에 창고를 대여하고 대신 관리해주는 서비스로, 기존의 창고 임대업과는 다른 신개념의 짐 보관사업이다.

외국의 경우 도시지역의 외곽뿐만아니라 중심상권의 자투리 땅이나 틈새공간에 많이 만들어져 있어서 소규모 짐을 보관하고자 하는 개인들이 이용할 수 있도록 되어 있다. 우리나라도 몇 년 전부터 보급되기 시작했고 아이템 사이클상 도입기 초반이라고 볼 수 있다.

주로 외국으로 이사를 가거나 장기 출장 근무를 떠나는 사람이나 가족들, 공사로 인해 짐을 맡겨야 하는 경우, 임대차 기간이 맞지 않아서 가구와 집기 등을 보관하고자 하는 경우, 계절별 의류를 정리 보관하는 경우, 개인들의 취미생활 관련 물품들, 기업체들의 경우는 각종 서류철이나 책 등을 보관하는 경우가 많다.

보관 비용은 소형이 매월 5만 원에서 7만 원, 중형사이즈가 7~10만 원, 대형이 10~15만 원 정도로 비교적 저렴한 편이기 때문에 부담 없이 이용할 수 있다. 최근에는 찾아가는 서비스를 해주는 업체들도 생겨나고 있어서, 개인들이 현장까지 직접 방문할 필요도 없다. 전화 한통이면 견적이 나오고 의뢰인이 거주하는 집까지 방문해서 맡길 물건이나 짐 등을 직접 싣고 간다.

(7) 일주일 단위로 임대하는 주택 위클리맨션

위클리맨션 사업은 일본에서 시작된 단기간 숙박사업이다. 숙박업에 속하며 일주일 단위로 임대를 준다고 해서 위클리맨션이라는 이름이 붙여졌다. 현재 동경이나 오사카 등지의 역세권이나 주택가에 공급되고 있다.

일주일 사용료는 일반적으로 15만 원에서 35만 원 정도이다. 우리나라의 원룸과 비슷한 규모이며, 룸이 10~20여개 정도의 규모로 2~3층 주택이나 상가건물을 활용해서 위클리맨션 사업을 하고 있다.

지역에 따라서는 식사를 제공하는 곳도 있다. 월 단위로 사용하는 임대업보다는 사용료는 좀 비싼편이지만, 장기 출장자들이나 여행객들이 주로 많이 이용한다. 일종의 대체 부동산(alternative real estate) 숙박상품이라고 볼 수 있다. 우리에게 익숙한 테마부동산 틈새상품 중 하나이다.

라이프스타일이 급변하고 있는 시대를 살고 있는 현대인들은 어쩌면 일주일 단위로 자기가 원하는 지역과 환경을 찾아서 철새처럼 옮겨다니면서 거주를 할지도 모른다. 숙박관련 상품이 많지 않은 우리나라의 경우 이러한 대체부동산 상품이 많이 생겨나야 한다.

위클리맨션 사업으로 적합한 지역은 역세권이나 대중교통이 발달한 환승정류장 인근, 오피스상권, 산업단지 주변이다. 유동인구가 많은 대학상권도 이 사업을 하기에 좋은 곳이다.

3. 수익형부동산에 투자하는 이유

남자는 나이가 들면서 가장 필요한 것이 아내라고 한다. 하지만 여자의 경우는 다르다. 딸, 돈, 건강, 친구 순서로 필요성을 느낀다고 한다. 우리나라도 기대수명이 100세를 넘나들고 있다. 평균수명이 길어지면서 은퇴 후 30년을 어떻게 살 것인가는 중요한 문제로 떠오르고 있다.

우리나라는 세계적으로 볼 때 가장 빨리 인구고령화가 진행되는 나라이다. 통계청 평균수명 자료에 의하면 2005년의 경우 남성이 75세, 여성이 82세였고, 2020년에는 남성이 78세, 여성이 84세로 예상된다고 밝혔다.

이런 상황에서 50대 중반에 퇴직하면 그 이후 제2의 인생을 계획해야 하지만, 이후의 대책에 대해서는 아직 사회적 지원이나 인식이 미미한 상태다. 뿐만아니라 퇴직 후에 생기는 문제들은 부부 관계는 물론 당사자의 건강을 위협하고 있다.

은퇴 후 30년은 일반적으로 노동력이 점점 상실되어가는 시점이다. 젊었을 때는 문제가 안 되던 체력이나 건강도 급격히 떨어지고, 의욕도 낮아진다. 미래는 도시화로 인해 살기 편한 도시지역으로 인구 집중현상이 더욱 가속화 될 것이다.

실례로 중국의 경우 살기 어려운 농촌인구들이 북경이나 상해, 청도지역 등으로 대 이동을 하고 있다는 뉴스를 접하고 있다. 하지만 도시지역은 농촌지역보다 생활비용이 2~3배 들어간다. 생필품에서부터 주택까지 모두 구입해야 하기 때문이다.

도시생활은 현찰이 필요하다. 생활비용이나 주거비용을 아끼는 것도 한계가 있다. 지출을 줄이는 것이 쉽지 않다는 것이다. 도시지역에서 현명하고 경제적으로 생활하는 것을 방정식으로 표현한다면 지출분의 수입으로 표현할 수 있다. 즉, 경제적인 생활을 하기 위해서는 분모인 지출을 줄이면서 생활을 하거나 분자인 수입을 늘리면서 생활을 하면 된다는 뜻이다. 어느 쪽을 선택하느냐는 각자

본인의 몫이다. 분모인 지출을 줄이려고 하는 사람은 보수적인 경향이 강한 사람일 가능성이 높고, 분자인 수입을 높이려고 하는 사람은 진보적인 경향이 강한 사람일 것이다.

$$생활방정식 = 수입 / 지출$$

노후 생활에 필요한 생활비를 벌기 위해서 리스크가 큰 주식투자를 한다는 것도 현명하지 못하다. 투자와 수익은 생각이나 예상대로 정비례하지 않는다. 투자 후 수익을 얻는 사람이 있는 반면, 손실을 얻는 사람도 있다.

부동산은 안전자산이다. 권리나 증서가 아니고 실물이기 때문이다. 이런 측면에서 부동산은 매력적이고 안전자산으로서 손색이 없는 투자상품이다.

하지만 모든 부동산이 안전자산이 될 수는 없다. 흔히 하는 얘기로 오랫동안 팔리지 않거나 개발가능성이 없는 땅에 묶여있는 토지자산은, 자산이 아니고 부채라고 봐야 한다. 현금흐름이 있는 부동산 투자를 선호하는 이유도 바로 여기에 있다.

현금흐름이 지속적으로 발생하는 부동산은 부채보다도 자산이 될 가능성이 크기 때문이다. 그래서 사람들은 가장 안전한 사업, 내 시간을 많이 뺏기지 않는 사업, 노동력이 많이 필요하지 않은 사업, 월세가 지속적으로 나오는 수익형부동산 투자에 관심을 갖는 것이다.

필자가 알고 있는 한 회계사가 있다. 그 사람 역시 상가건물을 갖고 부동산 투자를 하고 있는데 최근 본인이 투자하는 부동산 업무와 관련해서 귀찮을 정도로 자주 연락을 해오고 있다.

그는 일반인들에게 재무관리나 자산관리 컨설팅을 하는 숫자개념이 뛰어난 전문가인데, 놀라운 일은 그가 투자한 대부분의 부동산들이 모두 애물단지가 되어 있다는 것이다.

숫자만 가지고 회계학적으로 부동산 투자를 검토한 결과물이다. 부동산은 시장에서 나타나는 수요공급과 상권변화에 따라서 어디로 튈지 모르는 실물자산이기 때문에 부동산적인 시각에서 투자의사결정을 해야 한다. 부동산적인 시각이라 함은 해당 부동산이 갖고 있는 스토리를 알고, 상권의 흐름을 읽고 예측할 수 있는 감각을 의미한다.

다시말해 그 상권의 과거와 현재 스토리를 분석하고, 미래 펼쳐질 세상을 그림으로 그려낼 수 있어야 한다는 것이다. 과거스토리는 신축직후의 매출현황, 그당시의 상권상황, 주변에 유사건물의 공급현황, 임대상품으로서의 과거의 경쟁력 등이라고 볼 수 있다.

현재스토리는 말 그대로 현재 건물의 상태, 과거에서 현재로 흘러오면서 바뀐 지역적 특성, 건물의 현재 상황, 다른 임대상품의 공급현황, 주변상권의 흐름이 해당 지역에 미치는 영향 등 모든 변수를 반영하는 일종의 풍경화인 셈이다.

미래스토리는 해당부동산이 위치한 지역의 미래예측, 과거와 현재의 스토리 분석을 통해서 얻은 자료를 갖고 미래의 개발계획수립, 해당지역 상권의 패러다임 변화, 수요공급 예측 등에 대한 추상화인 셈이다. 이러한 스토리를 만들 수 있어야 수익형부동산에 대한 투자는 성공할 수 있는 것이다.

결론적으로 안전자산인 부동산에 투자를 권하지만, 토지나 주택에 투자하는 것보다 지속적이고도 안전하게 생활비를 얻을 수 있는 수익형부동산에 투자한다면, 마셔도 솟아나는 샘물처럼 매월 통장에서 솟아나는 월세 샘물을 마시는 즐거운 체험을 하게 될 것이다.

그 헛똑똑이 회계사는 오늘도 해법을 찾아 계산기를 두드리고 있지만, 해당 상권이 몰락한 현 상황에서는 최소의 원금을 회수하는 것에 만족하고 나머지는 포기하는 방법밖에 선택지가 없다.

4. 수익형부동산은 실물자산

사업의 시작은 자금투자가 선행된다. 사업을 할 때 가장 큰 위험은 실패할 가능성일 것이다. 실패는 투자된 자금을 회수할 수 없는 상황이 될 것이고, 또 다른 사업을 시작하기 위해서는 사업자금을 외부에서 추가로 조달해야 한다.

수익형부동산은 실물자산이다. 실제로 존재하는 물건이라는 것은 삼척동자도 아는 사실이다. 토지도 실물자산이고, 주택이나 아파트도 실물자산이다. 수익형부동산이 이들과 다른 점은 팔리지 않아도 매월 월세라는 과실을 딸 수 있는 점이다.

즉 토지나 주택은 사과가 열리지 않는 소나무이고, 수익형부동산은 매년 지속적으로 사과를 딸 수 있는 유실수인 사과나무에 비유할 수 있다. 일반나무는 나무 그 자체를 베어서 팔았을 때 수익이 생기지만, 사과나무는 나무자체를 팔지 않아도 사과를 따서 팔면 매년 반복적으로 수익을 얻는다.

실물자산이라는 것은 안전자산이라는 말과 맥이 통한다. 만약 취득 후 임대가 되지 않아서 공실상태에 있다고 해도, 건물자체는 없어지지 않고 현물로 존재하기 때문이다. 잠시 가격이 하락했다가도 주변상권 변화로 인해 순간적으로 가격이 상승하는 좋은 일도 생기는 것이 부동산이다.

투자 후 수익은 없을지라도 원금을 지킬 수 있다는 것은 매우 중요하다. 주식투자 후 손실이 발생하거나 상장폐지라도 된다치면 남는 것은 종이 몇 장이 될 것이다. 이러한 차원에서 월세를 받고 싶은 사람은 수익형부동산에 지속적인 관심을 가져야 할 것이다.

부동산은 유기물 (organic matter)

1. 숨 쉬는 부동산, 숨 안 쉬는 부동산

인반인들 중에는 부동산이란 놈을 우습게 보는 사람들이 많다. 민법에서 부동산은 '토지 및 그 정착물'이라 정의하고 있지만, 부동산이라는 단어 뒤에 창업이나 투자라는 말을 붙이면 부동산창업, 부동산투자가 된다.

이때의 부동산은 그 의미가 완전하게 달라진다는 것을 알아야 한다. 한 사람, 아니 한 가족을 천국으로 보내기도 하고 지옥으로 보내버리기도 한다. 그래서 부동산관련 창업이나 투자를 희망하는 사람들은 본인이 아무리 고등교육을 받고 사회경험이나 회사생활을 수십년했다고 해도 부동산공부를 별도로 시작한다.

많은 사람들이 제일 무난하다고 생각하고 시작하는 부동산공부가 공인중개사이다. 물론 공부를 해서 나쁠 것은 없지만, 공인중개사 자격증 자체를 따는 것에 집중해서는 안 된다. 자격증은 활용할 때 의미가 있는 것이지, 집 금고에 보관하는 보석이 아니다. 수많은 사람들이 자격증을 충동구매 후 집에 보관하고 있다.

공인중개사 시험이 과목별 문항은 적지만 부동산공부를 시작하는 단계에서 시험 공부는 부동산에 첫 발을 들여 놓으려는 사람 입장에서는 큰 의미가 있을 수 있다. 깊이는 없을지 모르지만 부동산과 관련된 전반적인 맛을 볼 수 있기 때문이다. 일종의 부동산 레시피(조리법)로서 역할을 할 수 있다는 뜻이다.

숨을 쉬는 부동산은 투자자에게 수익을 안겨주는 부동산이다. 충청도 지역으로 행정도시가 이전한다는 정보를 얻어 그 곳에 땅을 구입한 경우는 숨 쉬는 부동산을 구입한 경우이다. 지하철이 개통된다는 정보를 얻은 후, 역세권이 될 지역 인근에 상가건물을 구입했다면 역시 숨 쉬는 부동산에 투자를 한 경우이다.

또한 학생숫자가 최소한 5,000명 이상 되는 대학인근에 투자했다면 숨 쉬는 부동산에 투자했을 가능성이 90% 이상이다. 이처럼 숨 쉬는 부동산을 직접 구입할 수도 있지만 숨 안 쉬는 토지나 건물을 저렴한 가격에 취득 후 숨 쉬는 부동산으로 컨버전(conversion) 하는 방법도 있다.

이런 경우가 숨 쉬는 부동산을 직접 구입하는 것보다 투자자에게 더 많은 수익을 안겨줄 수도 있다. 물론 살아 숨 쉬는 부동산을 직접 취득하는 것보다 높은 위험이 따를 수는 있다. 어떤 경우가 좋은지는 투자자 성향에 따른 선택의 문제이나 이런 모험을 감수하지 않으면 대박은 없다.

본인이 안정성에 더 비중을 두는 스타일인지, 리스크 높은 공격적인 투자를 선호하는 형인지에 따라서 달라진다. 부동산에 대한 지식이 높지 않거나 안정적인 투자를 선호하는 은퇴자, 그리고 인생 제3막을 시작하는 55세 이후라면 현재 살아서 활발하게 숨 쉬는 안전한 수익형부동산에 투자를 권한다. 물론 제2막 인생을 살고 있는 현직 회사원이거나 55세 이전이라면 공격적인 투자를 권한다.

2. 유기물로 존재하는 부동산

유기물이란 무기물의 반대되는 말이다. 유기물은 일종의 생명체이고, 지방이나 탄수화물, 단백질 등과 같은 물질이다. 즉 생명체를 이루는 일종의 화합물 및 그 생명체들이 만들어내는 물질들이라고 말해도 옳은 얘기이다. 부동산은 어떤 레시피를 갖고 어떻게 조리를 하는가에 따라서 투자수익은 천차만별로 나타난다.

유기물에 대한 해석이 시대에 따라서 조금씩 달라져왔지만, 근래에 와서는 '탄소를 기본구성체로 하는 생명체와 밀접한 관련이 있는 물질'이라는게 학자들의 일반적인 다수설이다. 무기물은 돌이나 흙 등을 구성하고 있는 자원에서 획득할 수 있는 일종의 자연물질을 말하는데, 무기물보다는 유기물의 가치가 높을 수밖에 없다.

혹성을 탐험하는 우주선의 제1차 목표는 과연 그곳에 유기물이 존재하는지 여부를 확인하는 것이다. 사람이 살 수 있는 땅인지 아닌지를 알아야 하기 때문이다. 따라서 유기물이라는 키워드 역시 우리 인간의 삶에 중요한 영향을 미치는 요소이다. 애물단지 부동산도 좋은 아이템을 접목시키면 유기물이 될 수 있다.

필자는 부동산이 1%의 유기물과 99%의 무기물로 구성되어 있다고 본다. 그 유기체들이 있기에 인간들이 이 땅에서 건강을 유지하며 살아가고 있는 것이다. 1%의 유기물은 우리에게 유용한 생명체이고 99% 무기물은 일반적인 물질이지만 99%무기물을 1%의 유기물 대열에 합류하게 만드는 것이 바로 수익형부동산 틈새아이템이다.

좀 더 구체적으로 표현하면, 1%의 유기물 부동산이 우리가 말하는 수익형부동산이다. 나와 가족에게 부를 안겨주고 돈을 벌게 해주는 유용한 물질이라는 것이다. 무기물을 유기물로 만드는 작업이 부동산시장에서 꼭 필요하다. 필자는 본 저서에서 유기물 부동산을 찾아서 여행을 떠난다는 생각으로 원고를 써내려간다.

3. 무기물로 존재하는 부동산

유기물 부동산은 숨을 쉬는 일종의 생명체이다. 99%의 무기물 부동산을 숨을 쉬는 유기물 부동산으로 만들어주는 역할도 각 투자자들이 할 수 있다. 실례로 팔지도 못하거나, 누군가의 권유나 본인의 판단으로 개발도 안 되는 토지를 취득했다면, 숨 안 쉬는 무기물 부동산을 구입한 것이 된다. 그러면 행복 끝 불행 시작이 될 것이다.

하지만 숨 안 쉬는 무기물 부동산인 토지를 구입해서 그 척박한 땅을 일궈서 사과나무를 심고 거름을 주고 사과가 열리는 과수원으로 컨버전(conversion) 시켰다면, 숨 안 쉬는 부동산을 취득해서 숨 쉬는 유기물 부동산으로 만든 것이다. 하지만 이런 작업이 일반인들에게는 어려운 일이기에 처음부터 투자의사결정을 잘 해야 한다.

또한 죽어있는 상가건물을 취득 후 그 건물에 웨딩홀을 만들어 상가건물을 활성화 시켰다면 이 또한 무기물을 유기물로 재탄생시킨 사례가 될 것이다. 쓸모 없는 자투리 땅에 건물을 지어 유용하게 만들었다면 역시 그 토지를 유기물인 숨 쉬는 부동산으로 만든 사례이긴 하지만 흔치 않은 경우이므로 신중을 기해야 한다.

따라서 이 책 전체를 통해서 흐르는 가장 큰 키워드인 수익형부동산은 무기물이 유기물로 변하게 하거나, 변하게 만드는 과정에서 탄생하는 결과물이다. 어떤 사람은 부동산 투자해서 부자가 되고, 어떤 사람은 거지가 된다. 주식도 자고나면 상한가 쳐서 벼락부자가 되기도 하고, 하한가를 쳐서 투자자를 쫄딱 망하게 만들기도 한다.

처음부터 숨 안 쉬는 부동산에 투자하는 사람들의 특성을 보면, 대부분이 개인적인 주관이 강하고 고집이 있는 사람들이다. 남의 말에 귀를 기울이지 않는 사람들이 많다. 특히 지식 정도가 높고 숫자에 강한 사람들이 여기에 해당한다. 수학에서 나오는 숫자와 부동산에서의 숫자는 상호간 DNA가 다르다는 것을 알아야 한다.

숨 쉬는 유기물 부동산에 대해서 사냥개처럼 민감한 코를 갖고 있는 사람들이 있다. 이 사람들의 특성을 보면 남의 말을 열심히 듣는다. 부동산 전문가들의 얘기를 잘 듣고, 많은 시간을 투자한다. 이들은 지식정도가 깊지 않고 숫자에도 강하지 않다. 그냥 질러버리는 스타일이 많다. 그래서 기회는 가는 사람에게만 있는 것이다.

경험상 공부를 많이 하고 수학을 잘 해 수리계산에 너무 밝은 사람들은, 평범하게 중산층으로 살아갈 수는 있으나 부자가 될 가능성이 없다. 금융권 출신이나 숫자 전문가인 회계사, 은행원 등은 부동산 투자에 실패하는 경우가 많다. 숨 쉬는 부동산인지, 숨 안 쉬는 부동산이지 구분하는 감각과 지식을 키우는게 상책이다.

4. 유기물이 되기 위한 컨버전스

70년대는 산업화가 급격히 진행되는 시대였다. 이 때는 무형의 재산보다 유형의 재산을 선호하고 몸에 걸치고 다니는 금목걸이, 은팔지 등이 그 사람의 부을 상징하는 시대였다. 80년대는 공장들이 후진국으로 조금씩 이전하는 초기단계였고, 세계화에 눈을 조금씩 떠가는 시대였다.

80년대 후반에는 올림픽을 유치해서 국가 브랜드를 높였고, 세계속에 우리나라를 알려 나갔다. 90년대에는 인터넷과 웹 관련 무선 네트워크 사업이 산업전반에 그 모습을 서서히 나타내기 시작했다. 인터넷이 국내에 소개되기 전에 국내에서는 IP(정보제공)사업이라는 것이 왕성하게 이루어지고 있었다.

2000년대에는 우리 생활에 획기적인 변화를 안겨주는 무선기기들, 즉 핸드폰이 본격적으로 보급되기 시작했고 지금은 스마트라는 단어가 안 들어가는 상품은 그 가치가 퇴색되는 느낌마저 주고 있다. 모든 분야에서 스마트라는 단어가

빠짐없이 들어가고 있다. 부동산투자도 스마트하지 않으면 실패한다.

한동안 우리는 '하나에 집중해야 성공한다'는 케치프래이즈가 성행한 적이 있었다. 제너럴리스트(generalist)보다는 스페셜리스트(specialist)가 되기를 권했고, 또한 그래야만 성공할 수가 있던 시대였다. 개개인들이 공감하는 생각들은 행동이나 입는 옷의 패션들을 통해서 표출되었고, 그것이 상호간 의견교환 없는 소통으로 나타나기 시작했다.

트렌더(trender)[1]들은 이런 것들을 '현상'이라고 부른다. 아직 확실한 모습을 나타내지는 않지만 파편처럼 조각 조각 떠다니는 것이 우리들 눈에는 일련의 현상으로 나타난다고 볼 수 있다. 이러한 현상들이 합쳐져서 일정한 형태를 갖춘 모양이나 모습으로 나타날 때 우리는 새로운 트렌드를 접하게 된다.

이제는 모든 상품들이 일반적(general)이고 기능이나 디자인이 통합(convergence)되어야 하는 시대를 살고 있다. 자동차가 자동차로서만 역할을 하면 소비자는 외면한다. 자동차 이상의 것을 원하기 때문에 수많은 기능들이 차량에 탑재되고 있다. 앞으로 얼마나 많은 기능들이 차량과 통합될지 가늠하기 힘든 시대를 살고 있다.

또한 스마트폰 진화의 끝은 어디일까? 우리가 상상하지 못했던 기능들이 손바닥만한 스마트폰 속에 들어가 있다. 엄청나게 많은 기능들이 내장되어 통합되었기 때문에, 스마트폰은 이제 개개인들의 분신(아바타)이 되었다. 흔히 하는 말처럼, 밥은 안 먹어도 스마트폰 없이는 살 수 없는 상황이 되어가고 있는 것이다.

부동산도 통합의 시대를 맞이하고 있다. 가장 흔하게 볼 수 있는 통합의 대표적인 상품이 주상복합 아파트 또는 주상복합 건물이다. 상가와 아파트가 통합된 형태이다. 윗 층 아파트 입주민이 아래층 상가로 내려와 장사를 한 후 엘리베이터를 타고 곧 바로 내가 사는 위층 아파트로 퇴근한다.

---

1) 트렌드세터(trendsetter)라는 단어도 있지만, 필자는 트렌더(trender)라는 단어가 더 적합하다고 판단되어 영어사전에도 없는 트렌더라는 단어를 사용했다.

상가와 아파트, 그리고 오피스텔이 통합되고, 도시형생활주택과 오피스텔이 통합된다. 주거시설인 도시형생활주택에서 잠을 자고, 사무실이 있는 아래층 오피스텔에서 근무할 수 있다. 이러한 것을 물리적인 통합이라고 한다. 한 때는 분리형 부동산이 유행했지만 지금은 합쳐지는 부동산이 살아남는 시대이다.

수학공식으로 나타내면 물리적인 통합은 A+B=AB이다. 통합전의 A와 B가 통합 후에도 그대로 나타나야 물리적인 통합이 된다. 일반적으로 시행회사나 건설회사들은 분양에 대한 부담이나 투자수익률 극대화를 위해서 주거시설, 업무시설, 상가건물 등을 물리적인 통합으로 설계하고 시공한다.

장사가 안 되는 모텔들이 일부 룸을 월세 방으로 만들어서 운영하는 것도 일종의 컨버전스 상품으로 볼 수 있다. 그리고 거주하는 주택의 남는 방을 이용해서 게스트하우스로 운영하는 것도 컨버전스(통합)의 시작이다. 하나의 특정 부동산 아이템도 여러 가지 기능들이 탑재되어야 잘 팔리고 수익도 늘어나기 때문이다.

아파트도 건강을 관리해주는 헬스케어 기능과 통합되고 있고, 외부에서 집 안의 가전제품을 통제하는 기능도 접목되고 있다. 우리가 갖고 다니는 스마트폰으로 비어 있는 집의 내부를 모니터하는 기능은 이미 일반화되어 있다. 부동산이 부동산 아닌 상품들과 통합될 때, 그 자산적 부가가치를 높일 수 있는 시대가 열리고 있다.

이제 부동산도 부동산 그 자체만의 역할로는 상품성이 낮아지고 경쟁력에서 밀리는 시대를 맞이하고 있다. 따라서 수익형부동산에도 어떤 기능을 접목해서 통합형 상품으로 만들어야만 성공할 수 있고, 유기물 부동산이 될 수 있다는 것을 명심해야 한다. 멀티 플레이어 부동산 아이템 개발이 가속화될 것임을 충분히 예상할 수 있다.

상권도 강물처럼 흘러간다

1. 공급과잉에 따른 상권변화

　우리나라는 땅 덩어리가 큰 중국이나 미국에 비해서 도시지역의 인구밀도가
높다. 인구의 도시 집중화 현상은 비슷할지는 몰라도 비좁은 도시지역에서의 상

권의 발전과정과 개발방향에는 많은 차이가 있다. 우리와 가장 유사한 상황을 꼽으라고 하면 일본의 대도시지역을 들 수 있다.

그러다 보니 장사를 하는 사람들이나 상업건축물을 갖고 있는 소유자들끼리 다툼과 분쟁이 꾸준히 발생하고 있다. 역세권이나 상업지역의 토지를 매입 후 건물을 한번쯤 신축해본 사람들은 다시는 건물을 짓지 않겠다는 말을 많이 한다. 계산상으로는 6개월이면 완공할 수 있는데 각종 민원으로 1년을 넘기는 경우도 허다하다.

심지어 10년 또는 20~30년 지기 이웃친구가 공사를 방해하는 경우를 주변에서 쉽게 찾아볼 수 있다. 이렇듯 민감도가 높은 도시지역에서 건축행위를 한다는 것은 쉬운 일이 아니다. 어떤 사람은 건물을 짓다가 쓰러져서 식물인간이 된 경우도 있고, 심지어 민원인에게 찾아가 협의를 시도하던 중 스스로 자해 행위를 하는 일도 있다.

옆 대지나 건물에 대한 민원발생은 상권이 발달되어 있는 지역일수록 심하다. 한편으로는 이해할 수도 있는 문제이기는 하지만, 건물과 건물이 워낙 밀착되어 있는 우리나라의 대도시인 경우는 특히 심하다. 이웃사촌이 집을 지으면 그냥 배 아파하는게 아니라 민원부터 제기하고 보자는 식이다.

아파트 같은 경우는 더욱 심하다. 구청 주택과에는 아파트관련 민원인들이 단체로 쳐들어오는 경우가 많고, 관련 공무원들은 아예 출근 후 자리를 피해 외부에서 일을 보는 경우도 종종 목격된다. 개인별 민원으로는 문제해결이 안 된다고 인식한 주민들이 모여서 집단적으로 민원을 제기하고 관공서를 점유 농성하는 일이 많다.

공급과잉은 시장의 균형을 깨뜨리고 지역상권을 혼란에 빠뜨린다. 수요는 한정되어 있는데 공급이 넘치면 시장기능은 무너진다. '같은 값이면 다홍치마'라는 말처럼, 수요자는 같은 조건이라면 가격이 저렴한 주거시설로 이동을 시작한다. "우리 임차인들은 절대로 나를 배반하지 않을 거야" 라고 생각하면 순진한 사람이다.

수익형부동산에 투자할 때 공급과잉 시장이 될 가능성을 예측해야 한다. 쉽지는 않은 문제이다. 주변에 넓은 나대지가 많이 있거나, 낡은 건물들이 밀집되어 있는 곳은 재개발이나 대규모 건설회사가 주상복합 등을 공급할 수 있다. 따라서 개인들은 이러한 부분을 잘 검토해서 투자의사결정을 해야 한다.

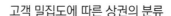

고객 밀집도에 따른 상권의 분류

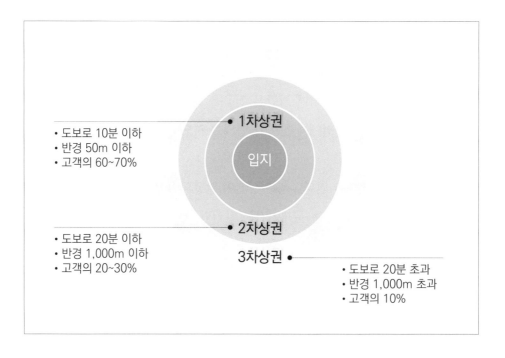

• 도보로 10분 이하
• 반경 50m 이하
• 고객의 60~70%

1차상권

입지

2차상권

3차상권

• 도보로 20분 이하
• 반경 1,000m 이하
• 고객의 20~30%

• 도보로 20분 초과
• 반경 1,000m 초과
• 고객의 10%

2. 건축물 노후에 따른 상권변화

건물 자체는 외부 날씨에 항상 노출되고 태양광을 받기 때문에 미세하기는 하지만 수축작용을 한다. 사람들이 숨을 쉬는 것과 마찬가지다. 아무리 콘크리트라고 하지만 시간이 지나가면서 강도가 떨어지고, 실내와 실외가 노후화 되는 것은 어쩔 수가 없다. 건축물 관리는 건물의 수명을 연장시키는데 중요한 역할을 한다.

주택의 경우 내용년수를 약 30년 정도로 봐서 재개발이나 재건축 연한을 정하지만, 실제 골조는 100년까지도 거뜬하다. 특히 콘크리트의 특성상 세월이 지날수록 더 강해지는 특성이 있다고 한다. 따라서 건물이 낡았다고 해서 무조건 철거하고 신축계획을 세우는 것은 바람직하지 않다.

옛날에 지은 건물일수록 골조는 강철처럼 강하다. 하중에 대한 측정기계 등이 개발된 것은 그리 오래전의 일이 아니다. 20~30년 전만해도 정확한 하중계산이 어려웠기 때문에 건물을 신축할 때 골조는 매우 튼튼하게 설계를 하는 경우가 많았다. 정확한 계측으로 꼭 필요한 만큼 기초보강을 하는 지금과는 다른 설계를 했다.

어떤 건축물은 50년이 넘었는데도 못을 박을 수가 없다. 그만큼 고강도로 건물을 지었다. 건물의 노후화는 당연한 현상이다. 노후되는 부분은 실내 마감재와 배관인 경우가 많고, 실외는 페인트 변색이나 타일 파손 등과 같은 것들이 대부분이다. 따라서 건물을 지을 때는 리모델링을 염두에 두고 설계를 해야 한다.

외부 마감재를 처음부터 복합판넬을 사용하는 것은 바람직한 것이 아니다. 처음에는 황도벽돌로 일반 화강석을 사용하고 20~30년이 경과한 후에는 스톤코트나 드라이비트 등으로 시공하는 것이 좋다. 그 후에는 마지막으로 사용하는 자재가 복합판넬이다. 이런 순서로 외부 리모델링을 하다보면 약 100여년이 흘러간다.

특히 용적률이 증가하지 않는 상황에서의 건물신축 검토는 무의미하다. 지역에 따라서 다르긴 하지만 예전 용적률보다 지금의 용적률이 강화된 곳이 많기 때문에 철거하고 신축하는 것보다 기존 건물을 활용하는 것이 유리한 경우가 더욱 많다. 특히 성남시 같은 경우는 강화된 주차장법 때문에 신축이 거의 불가능한 상태이다.

성남시의 경우 일반주거지역에서 60㎡ 주차장법을 적용했던 도시형생활주택 주차장 규정을, 아예 처음부터 인정하지 않겠다는 방침을 조례로 정한 사례이다. 법규보다 자체 조례가 우선이기 때문에 법규가 완화된 주차장법을 적용한다고 해도 조례 우선원칙에 따라서 1대1의 주차장을 설치해야 건물 신축 허가를 받을 수 있다.

건물 노후화는 건물 내부의 각종 배관이나 관련 설비, 상·하수도 시설도 같이 노후된다는 것을 의미한다. 30~40년 전에는 거의 모든 배관시설이 동관을 사용하는 경우가 많았다. 동관이어서 녹이 슬지 않는다고는 하지만, 세월이 흘러갈수록 동관 내부는 노폐물이 쌓여 동맥경화 현상이 발생하는 현상이 나타날 수 밖에 없다.

다행히 최근에는 FRP 종류의 엑셀파이프를 주로 사용하기 때문에 거의 영구적으로 사용하고 있다. 건물이 노후되는 경우 외부에 나 있는 창문을 20~30년 주기로 교체해주는 것이 좋다. 왜냐하면 주로 누수가 되는 원인이 외창 부분이기 때문이다. 특히 하이샤시가 아닌 경우에는 단열이나 방음이 거의 되지 않는다고 봐야 한다.

또한 옥상의 경우 우레탄 방수 작업을 여러 차례 나누어서 칠을 해줌으로써 옥상누수 현상을 방지할 수 있다. 외부 온도에 가장 민감하게 반응하는 부분이 옥상이다. 약간 과장하자면, 뜨거운 여름에 옥상 위에 계란을 던지면 바로 후라이가 된다. 그만큼 높은 온도를 견뎌내야 하는 곳이 바로 옥상이다.

또한 겨울에는 항상 눈이 쌓여 있기 때문에 최대한 수축현상이 일어나고, 심한 경우 윗층 내부 천정에 결로현상이 빈번하게 발생한다. 건축물의 특성상 내부

단열보다 외부단열이 더 효과적이라는 것을 일반인들은 잘 모른다. 흔히 내부 단열공사를 하는 경우가 많은데 이는 핵심을 놓치고 실패할 확률이 높다.

벽돌시공을 한 외벽의 경우 벽돌과 벽돌 사이 매지가 망가지거나 벽돌 자체가 깨지는 일이 흔하게 일어난다. 이런 경우 다른 벽돌과는 칼라가 맞지 않아서 보강공사가 쉽지 않다. 이때는 스톤코트나 드라이비트 등으로 덧 시공을 하거나 유광페인트로 매지를 무시하고 전체를 칠하는 것도 하나의 방법이다.

이상의 내용을 정리하면 건축물의 노후는 시간이 흘러감에 따라서 발생하는 자연스러운 현상이다. 시간이 흘러감에 따라 경쟁건물도 많이 공급되고 상권의 분위기도 처음과는 많이 달라진다. 따라서 일정 기간별로 지역 분위기에 적합한 리모델링이나 인테리어 변신을 통해서, 매출을 유지함은 물론 경쟁력도 키워나가야 한다.

하지만 이때 단순 튜닝(tuning, 성능개선)보다는 건물이 있는 지역상권에 적합한 아이템이나 업종을 입주시킨다는 전제하에 전체적인 노후 극복 전략이 세워져야 할 것이다. 실례로 강남의 한 건물 지하층을 타이어 회사 창고로 임대해 주는 경우가 있었는데, 필자의 도움을 받아 스마트워킹센터로 컨버전(conversion)하여 기존 임대료의 3배에 달하는 임대수익을 올린 사례도 있다.

3. 상권이동에 따른 지역변화

강북지역에서 상권이동이 가장 심한 곳은 신촌지역이다. 2000년대 이대정문 앞 상권은 지하철 2호선 이대역까지 패션의류부터 명품의류까지 대한민국의 모든 브랜드가 진출했던 곳이다. 권리금은 억대가 기본이었고, 아파트 몇 채 팔아야 이대앞에 가게를 하나 오픈할 수 있을 정도였다.

그 후 2000년 중반부터 이곳 상권의 거품이 꺼지기 시작했고, 연대 앞으로 상권의 중심이 이동했다. 그 이유는 연대의 경우 서울지역 대학 중에서 스포츠 교류전이 가장 활발한 학교였고, 그 결과 신학기와 방학 등 계절별 이벤트가 항상 넘쳐났기 때문이다. 2014년 말부터 공휴일은 연대앞 도로가 차 없는 길로 변했고, 홍대 앞으로 상권이 이동되고 있다.

상권 이동의 또 다른 이유는 여학생들은 남자친구를 만나는 모습이 남의 눈에 띄는 것을 극도로 싫어한다는 점 때문이다. 그래서 데이트장소로 모교인 이대앞보다 이웃 동네인 연대나 홍대지역을 선호했다. 그 결과 '이대상권에는 이대생이 없다'는 말이 생겨날 정도였다. 현재 신발가게, 의류가게, 악세사리, 미용실이 이대상권을 지키고 있다.

1기 신도시도 상권변화가 많았다. 분당이나 일산, 중동, 상동을 개발할 때 의식주 모두를 해결하는 주거와 업무를 동시에 할 수 있는 도시를 만들겠다는 그림을 그렸으나, 결국 베드타운 중심의 상권으로 안주해 버렸다. 가장 큰 이유는 계획만 그렇게 세웠지 실제 도시발전은 주거중심으로 만들어졌고, 대부분의 사람들이 서울로 직장을 다니기 때문이다.

1기 신도시의 경우 지금도 상업지역 상가건물 중 3층 이상은 10년 넘게 공실률이 높게 나타나고 있다. 1층에 있는 식당이나 점포들만 어느 정도 유지를 하고 있는 상황이다. 이렇게 상권이 편식화되면 그 지역은 슬럼화 되고 복합적인 발전이 안 될 뿐만아니라 상권이 조용히 이동을 시작한다.

대표적인 곳으로 인천지역의 주안역이나 부평역 상권이 구월동 인근으로 이동함으로써 주안과 부평역 인근지역이 권리금이 없어지고 지역이 급격히 노후되는 것을 볼 수 있다. 개발초기 말 많았던 송도가 본격적으로 활성화된다면 상권이동은 예측하기 힘든 방향으로 갈 수도 있다.

서울 강남지역은 개발 초기단계인 1970년대와 지금을 비교한다면 많은 지역에서 상권이동이 있었다. 당시만 해도 지하철 2호선이 개통전이어서 교통은 시내버스에 의존하는 상황이었다. 상권역시 버스정류장을 중심으로 형성되던 시대였기 때문에 시내버스가 정차하는 곳을 중심으로 인구가 집중되고 상권발달이 이루어졌다.

버스정류장에 의존하는 상권규모는 지하철 역세권과 비교가 되지 않는다. 따라서 당시에는 버스정류장이 지역상권에 미치는 영향정도는 20% 이하였다고 볼 수 있다. 이러한 관계로 대학교도 별로 없는 강남지역의 상권은 대학들이 주로 있는 강북지역 상권보다 약할 수밖에 없었다.

1980년 지하철 2호선의 일부가 개통되고 1984년 대부분의 구간이 공사가 종료되면서 본격적으로 강남지역의 상권변화가 시작되었다. 특히 잠실 신천역 상권은 강북지역의 대학생과 강남지역의 회사원들이 주로 찾는 명소가 되었다. 압구정지역, 신림동 고시촌과 더불어 강남의 빅3 상권으로 손색이 없었다.

당시와 비교할 때 지금은 상권이 강남지역으로 집중되고 있다. 강남역 역세권 주변은 교통계획을 다시 해야할 정도로 많은 상주인구와 유동인구들이 퇴근 후 강남역으로 모여들고 있고, 강북지역으로 이동하는 인구와 강남지역 이남인 용인, 수원, 안양, 광주 등지로 이동하는 유동인구들로 넘쳐나는 곳으로 변했다.

늦은 시간에는 택시잡기가 제일 어려운 곳 중의 하나가 이곳이다. 이처럼 대중교통의 중심으로 자리매김한 지하철은 지역상권을 송두리째 변화시키는 무서운 힘을 발휘하고 있음을 실감한다. 이제 수익형부동산에 투자할 때 도보 10분 거리에 지하철역세권 하나 정도는 반드시 끼고 있어야 한다는 것을 명심해야 한다.

4. 경기불황에 따른 상권변화

경기사이클에 대한 이론은 다양하게 존재한다. 5년 주기 사이클, 10년 주기 사이클, 20년 주기 사이클 등이 있지만, 지역특성과 시대별 변수에 따라서 너무 많은 영향을 받기 때문에 어떤 게 맞다 틀리다는 결론을 내릴 수는 없다.

우리나라의 경우 대통령의 임기와 경기 사이클이 상관관계가 있다. 이승만 대통령은 1948~1960년까지 3대에 걸쳐서 약 12년 동안 대통령을 지냈다. 4대 대통령을 지낸 윤보선 대통령은 1960~1962년까지 약 2년, 5~9대는 1963~1979년까지 박정희 대통령이 정권을 잡았다. 10대는 최규하 대통령이 1979~1980년, 11~12대는 전두환 대통령이 8년 동안(1980~1988) 집권하였으며, 13대 노태우(1988~1993) 대통령이 5년, 14대 김영삼(1993~1998) 대통령이 5년, 15대 김대중(1998~2003) 대통령이 5년, 16대 노무현(2003~2008) 대통령이 5년, 17대는 이명박(2008~2013) 대통령이 5년간 대통령을 지냈다. 이후 18대는 한국 최초의 부녀 대통령이자 여성인 박근혜 대통령이 5년의 임기를 유지하고 있다.

이상의 내용을 정리하면 초창기에는 단기와 장기를 오가면서 임기를 마쳤지만, 13대인 노태우 대통령 이후부터는 5년이라는 기간이 대통령 임기로 정착되었다. 따라서 우리의 부동산 정책이나 경기사이클도 대통령별 정권의 특성과 정책에 따라서 많은 부침이 있었고, 추진하는 정부 정책과 관련이 있었다.

박정희 정권때는 새마을 운동을 상품으로 한 산업화에 따라서 가난탈출이란 캐치프레이즈가 가장 큰 이슈였다. 그 이후 최규하, 전두환 정권 때는 올림픽 등 대외적으로 국가위상을 높이는 행사가 많았다. 14대인 김영삼 대통령 때는 정권 초기에 불처럼 타오르던 경기가 정권말기인 1997년 12월 국고에 달러가 바닥이 나고, 외환위기라는 국가적인 위기에 봉착했다.

회사원들은 강제로 구조조정을 당했고, 은행들이 통폐합하면서 은행원들의 애환이 눈물의 비디오로 만들어져서 전 국민을 슬픔의 도가니로 몰고 가는 상황도 연출되었다. 이러한 어려움 속에서 15대 김대중 대통령이 외환위기 졸업이라는 신조어도 만들어냈다. 위기극복에 힘을 쏟은 결과 정권 말쯤에 경기를 다소 회복시키는 상황이 되었다.

노무현 대통령은 행정기관 지방이전, 지방 산업발전, 산업도시 만들기 등에 정책의 중심을 두었고, 그 결과 17대 이명박 대통령 집권기에 탄생한 것이 세종시이다. 이렇게 정권별 정책방향을 보면, 부동산 경기와 상권변화의 흐름을 알 수 있다. 이러한 정책변화를 한발 먼저 읽고 부동산 투자를 한 사람들도 있지만, 대부분은 정책을 고려하지 않고 부동산 투자나 재테크를 해왔다.

한동안 사면 올라주는 아파트라는 상품이 우리의 재테크 시장을 지배했고, 아파트 투자를 통해서 많은 사람들이 중산층에 진입했으며 부자의 대열에 편입되었다. 하지만 쉽게 번 돈은 쉽게 빠져나간다는 것을 명심해야 한다. 아파트 때문에 정부도 이래저래 고민이고, 소유자나 세입자들도 어려움에 빠져들고 있다.

최근 들어 과열을 우려할 정도로 오르긴 했지만, 몇 년 전의 상황을 되돌아 보자. 한번 꺾이기 시작한 아파트 상승세는 끝이 없이 추락했고, 별 생각 없이 참여한 사람들에게 엄청난 고통을 안겨주는 골치 아픈 존재로 전락했었다. 평균 30% 이상 급락한 가격이 대출을 받아 무리하게 아파트를 구입한 서민들을 궁지에 몰아넣었던 것이다. 아파트 가격이 낮아졌다기 보다는 그 동안 너무 올라 있던 거품이 꺼졌다는 표현이 더 적합할 것이다. 너무도 큰 규모의 시장흐름 변화였기 때문에 정부도 손을 놓고 바라만 보고 있는 상황이 되어버린 것이다.

이제 주택으로 돈을 버는 시대는 지났다. 그 동안 주택투자가 가능했던 것은 우리나라 주택 수요공급이 불안정했고 인구증가와 맞물려서 있었기 때문이다. 이제는 가족이 해체되고 가구분화 현상이 급격히 진행되고 있다. 고등학생만 되어도 기회가 되면 부모 곁을 떠나서 혼자 살고 싶어하는 것이 현실이다. 경제적인 문제만 해결된다면 부모 밑에서 통제받으며 생활하고 싶어하지 않으려는 경향이 나타나고 있다. 1인가구들은 결혼 연령을 늦추고 있으며, 굳이 결혼하지 않고서도 내가 주인공이 되는 인생설계에 많은 관심을 보이고 있는 것이 현실이다.

특히 1인가구수가 15년 전 16%에서 시작해 올해 10% 포인트 이상 늘었고 2030년에는 30%를 넘을 것으로 예상된다. 핵가족 시대를 지나서 나홀로족이 대다수를 차지하는 소핵가족 시대에 접어드는 것이다. 이같은 가족 축소 현상은 미혼과 이혼이 과거에 비해 크게 늘어난 데다 저출산·고령화의 영향으로 분석된다. 실제로 인구 고령화로 60세 이상 가구주의 비중은 2000년 15%에서 2030년에는 3배 가까이 늘어날 전망이다.

이러한 가운데 고시원이 1인 가구를 위한 주거상품으로 인기를 끌면서 전국에 걸쳐 급속히 공급되기 시작했다. 1980년 초에 등장한 고시원은 2001년 811개, 2002년 1,229개, 2003년 1,500개, 2006년 3,000개로 늘어났다. 협회자료에 따르면 2008년에는 6,200개, 소방방재청 자료에 의하면 2006년 1월 기준 약 4,200개가 영업중인 것으로 파악되었다. 2008년 기준 10만 명 이상이 이 곳에서 생활하는 것으로 파악되었다.

고시원에 거주유형을 보면 회사원이 약24%로 1위, 직업을 파악할 수 없는 사람들이 약 20%, 기타 숙박목적의 유형이 50%를 상회하고 있는 것으로 분석되었다. 학생유형이 약 23%, 수험생 유형이 약 20%를 차지하는 것으로 조사되었다. 지역에 따라서는 숙박유형이 75%, 특히 서울의 경우 2011년 기준 숙박유형이 85%를 상회하고 있는 것으로 나타났다.

고시원은 일종의 불황에 뜨는 상품으로 자리를 잡았다고 볼 수 있다. 수익형 부동산도 오피스텔과 같이 일반적인 상품이 있지만 불황에 강한 고시원 같은 틈새상품도 있다. 불경기때 강한 상품이 투자 위험이 적다. 초대 이승만 대통령부터 지금까지 경제적인 고통을 받는 중심에는 서민들이 있었다.

특히 미래를 준비하는 젊은 1인 가구들의 개인적인 애환은 이루 말할 수 없을 것이다. 경제적인 어려움 속에서 도시에 거주하는 사람들에게 가장 부담스러운 것은 주거비용이다. 2009년 7월 16일 정부는 드디어 고시원을 합법화 했고, 시장에서 통용되는 이름도 원룸텔로 바뀌었다. 많은 사람들이 불황형 상품인 원룸텔 사업으로 부를 쌓았고, 2세를 교육시키고 외국 유학까지 보낼 수 있는 기반을 닦았다.

오랜 경기불황이 원룸텔 상권을 만들었고, 이제 1인가구들을 위한 특화된 중·저가형 주거상품으로 자리를 잡아가고 있다. 외국에 없는 우리나라만의 부동산 상품 2개를 꼽으라고 하면 전세상품과 고시원상품이라고 말할 수 있다. 얼마 전부터는 프리미엄 원룸텔 상품인 코쿤하우스가 공급되면서 젊은이들의 인기를 끌자, 수익형 틈새부동산에 투자를 하고자 하는 사람들이 관심이 증가하고 있다.

🔑 TIP 은퇴자들이 위험하다?

은퇴자들의 대부분은 30년 이상 직장생활을 하다가 어느날 갑자기 퇴직한 사람들이 대부분이다. 은퇴할 때 나이는 50대 중반이나 후반인데, 은퇴 후 2~3년 주변정리하고 세상에 적응하느라 이런 저런 강의도 들으러 다닌다.

그야말로 '태평양 한 가운데 엔진 꺼진 배 신세'가 된다는 것이다. 힘의 세계가 지배하는 정글 속의 한 일원으로 세상에 던져진다고 표현해도 틀린 말은 아니다.

필자가 평소에 알고 지내던 대기업 임원출신 한 분이 퇴직하고 버스를 처음 탔는데 버스카드 접촉하는 곳을 몰라 헤매다 운전기사로부터 북한에서 왔느냐는 핀잔을 받았다고 한다.

통계자료에 보면 빈곤층의 대부분이 은퇴자들이라는 것이다. 통계청은 노인가구(65세 이상) 2020년 150만, 2030년 240만 가구로 증가할 것으로 추계하고 있다. 정부는 은퇴자들에 대한 관심을 높이고 지원대책을 세워야할 것이다.

이런 지역이 투자 재난지역

1. 공급과잉 진행 상권

필자는 가끔 반복적으로 받은 전화가 있다. 오피스텔에 투자를 했는데 준공된지 몇 개월, 몇 년이 지났는데도 세입자를 찾을 수가 없다는 것이다. 위치를 물어보면 A급 상권이고, 역세권 1분 거리이다. 전철역에서 나오면 보이는 건물이고, 분양할 때는 명품 오피스텔이었다. 위치가 좋고 명품오피스텔이어서 분양가격도 매우 높았다.

최근에 걸려온 전화 중에서 한 사례를 소개한다. 판교역 인근에 분양면적 50㎡ 오피스텔을 몇 개월 전에 분양가 3억 원에 분양을 받은 김모(남,50대로 추정)씨 부부의 이야기다. 퇴근 무렵 사무실의 전화가 울렸다. 전화를 받아보니 50대 후반쯤 되어 보이는 남자의 힘없는 목소리가 전화기에서 흘러 나왔다.

본인의 아내가 없는 돈 탈탈 털어서 목 좋은 곳에 오피스텔을 분양받았는데, 준공된 지 몇 개월이 지나도 입주자가 없다는 것이다. 분양가 3억 원에 대출금이

1억 2천만 원, 연 이율 5%에 해당하는 이자가 매월 50만 원이었다. 분양 당시 분양회사 직원에 의하면 준공 후 보증금 1천만 원에 월 120만 원을 받을 수 있다고 해서 분양을 받았다고 했다.

2년여에 걸친 공사가 진행되던 중 주변지역에 경쟁업체들의 오피스텔이 우후죽순처럼 들어서는 바람에 지금은 공급과잉이 되어서 세입자 한 명 나타나면 서로 입주를 시키기 위해서 가격경쟁에 들어간다는 것이다. 김씨는 본인이 분양받은 오피스텔에서 필자가 개발한 여러 가지 틈새아이템(프리미엄원룸텔 코쿤하우스, 스마트워크센터 코쿤피스, 신개념오피스텔 코쿤피스텔, 한국형 캡슐호텔 코쿤캡슐텔, 도시형 민박업 코쿤스테이 등) 중 하나를 접목하면 안 되겠느냐는 것이 전화를 건 목적이었다.

'얼마나 답답했으면 전용면적 33㎡도 안 되는 오피스텔을 개조할 생각을 했을까'라는 생각을 하니 필자 역시 서글퍼짐을 느꼈다. 물론 전용면적이 66㎡정도만 되어도 충분히 컨버전(용도전환)이 가능하지만 김씨가 분양받은 오피스텔은 너무 작아 본래의 목적대로 임대를 놓는 수밖에 없었고, 별 대안이 없다는 결론에 이르러서는 긴 한숨을 내쉬면서 전화를 끊었다.

위 사례에서 보는 것처럼 공급과잉에는 마땅한 처방이 없다. 폐암 말기 환자와 비슷한 상황에 처했다고 표현해도 과언이 아니다. 목숨을 놓던지, 아니면 운명에 맡기던지 둘 중 하나다. 부동산 임대사업에서 공급과잉은 대안이 없다. 기대수익을 포기하고, 가격을 낮추어서 임대를 놓는 방법밖에 없다.

일반적으로 공급과잉이 가장 쉽게 될 수 있는 부동산 임대상품이 오피스텔이다. 그 시장은 대기업들이 막강한 자금력을 바탕으로 진흙탕 싸움을 하는 공룡들의 시장이기 때문이다. 최소 몇 백실부터 몇 천실짜리까지 그 규모는 상상이상이다. 이러한 시장에 개인들이 정확한 분석 없이 분양을 받는다면 작전 중인 주식시장에 아무것도 모르는 개미들이 불속에 휘발유 통을 품고 뛰어드는 것과 다를 게 없다.

오피스텔은 좋은 임대상품이다. 다만 좋은 임대상품이 되기 위해서는 전제조건이 있다. 그 지역이 공급과잉이 될 가능성이 없어야 한다. "어떻게 그것을 예측할 수 있나요?"라는 질문이 예상된다. 첫째, 오피스텔이 지어질만한 나대지가 많이 없는 곳이어야 한다. 나대지가 여기저기 있다면 시행사업자들이 벌떼처럼 덤벼들어 어떻게든 사업을 추진하고야 말기 때문이다.

둘째, 투자를 서두르지 말아야 한다. 판교 같은 상권에서 초기에 분양을 받은 사람들은 대부분 쓴맛을 보았다. 추가공급이 넘쳐났기 때문이다. 따라서 택지개발 직후 초창기에 공급되는 오피스텔은 추가로 공급되는 물량을 지켜보고 투자 여부를 판단해야 한다. 1~2년만 지켜보면 공급 상황을 알 수 있고, 더 급하면 인근 부동산 몇 군데만 방문해도 좋은 정보를 얻을 수 있다. 부동산에 투자하는 경우 많은 발품을 팔아야 한다는 말이 이런 때 필요한 얘기이다.

셋째, 오피스텔이나 상가건물은 최초 분양할 때가 가장 비싸다는 것을 명심해야 한다. 정말로 상권이 좋고 역세권이며 발전가능성이 있다고 판단되는 상권에서 오피스텔을 분양받고 싶다면, 1년만 기다렸다 분양을 받으면 최소한 20% 이상은 저렴하게 구입할 수 있다.

오피스텔이나 상가분양은 3차에 걸쳐서 이루어진다. 처음에는 가장 높은 가격에 분양을 하고 일단 완판(완전판매)을 발표한다. 그 후 2차로 할인된 가격에 다시 분양을 시작한다. 3차는 떨이 분양을 시작하는 절차를 대부분의 업체들이 밟게 된다. 대부분의 상가는 이런 절차를 반드시 거치게 된다. 한국인들의 빨리 빨리 성격을 이용한다고 볼 수 있다. 그래서 상가를 최초에 분양받으면 상가집이 된다는 농담도 생겨났다.

공급과잉이 생긴 후 2차로 다가오는 것이 가격경쟁이다. 바다 한가운데서 화산이 폭발한 후 한참 후에 쓰나미가 몰려오는 것과 같다. 공급과잉은 반드시 2차 시장을 흔들어 놓는다. 이때에도 가장 피해를 많이 받은 당사자가 바로 전 재산을 털어서 월세 좀 받아 보겠다고 분양을 받은 개미 투자자들이다.

가장 흔한 사례가 한 동네에 모여 살다가 알게 된 40~50대 가정주부들이 그 주인공이다. 남편 몰래 모아둔 비자금, 곗돈을 탄 자금, 남편설득해서 적금을 깨고 분양받은 사람 등 매우 다양하다. 모델하우스를 방문해서 충동구매를 하는 사람들 중 상당수가 주부들이다. 세상의 남편들이여! 부인이 모델하우스를 간다하면 도시락을 싸들고 가서 막아야 한다.

화려한 모델하우스, 꿈의 궁전을 만들어놓고 일반 소비자들의 판단을 흐리게 하는 사례가 주변에서 흔하게 목격된다. 물론 그렇지 않는 곳도 있지만, 필자의 경험측상 많은 현장들이 다양한 이벤트와 호텔 같은 고급스럽고 휘황찬란한 인테리어로 방문객들을 블라인더로 만들어버린다.

게다가 반복적인 교육을 통해서 숙달된 조교처럼 상품설명에 임하는 분양도우미와 영업사원들의 친절한 설명에 충동구매를 해버리는 경우도 많다. 가격경쟁은 해당지역에 모든 피분양자들에게 피해를 안겨준다. 분양당시 제시한 월세를 받을 수 없을 뿐만아니라 상당기간 세입자를 찾지 못하는 상황이 연출되기 때문이다.

더구나 분양당시 책정되었던 임대료를 고집하는 경우 몇 개월이 아니라 몇 년간 임차인을 구하지 못하고 발만 동동 구르는 사람도 흔히 볼 수 있다. 투자시 예상했던 기대수익을 포기하지 못하는 투자자들도 있다. 본인이 기대했던 수익을 얻지 못하느니 차라리 비워놓겠다고 배짱을 부리는 사람들도 있다.

'투자 재난지역'을 자세히 분석하면 몇 개의 특징들이 나타난다. 투자하면 실패할 가능성이 높은 투자 재난지역은 어디일까? 첫째, 유난히 나대지가 많은 지역을 투자 재난지역으로 의심해볼 수 있다. 재개발을 추진하다가 몇몇 토지주인들이 반대해서 나대지 상태로 있는 곳이 있을 수 있고, 재건축을 추진하다가 민원에 발이 묶인 곳들도 있다.

둘째, 법적인 규제가 시행사에게 유리해질 때까지 기다리는 토지들이 있는 곳도 투자 재난지역으로 후보가 될 수 있다. 서울이나 대도시지역의 경우 정권이 바뀔 때마다 법도 따라서 변한다. 심지어는 구청장의 정책스타일에 따라서 해당지역이 푸른색이 되기도 하고 빨강색으로 칠해지기도 한다.

지자체장들의 개성에 따라서 부동산 개발정책이 오락가락하기 때문이다. 대표적인 사례로 한강변 아파트들의 고도제한 정책이 정권이나 서울시장이 누구냐에 따라서 비가 오락가락하는 장마철 날씨처럼, 수시로 변하는 것을 우리는 목격하고 있다. 압구정 현대, 이촌동지역, 용산개발 배후지역 등이 대표적인 곳이다.

셋째, 대기업들이 토지를 선 매입해놓고 사업 착수시기를 저울질하는 상권도 투자 재난지역이 될 가능성이 높다. 이 역시 불리한 용적률이 유리해지는 시점까지 기다리거나 기업이 목표로 하는 설계안이 해당관청에서 받아들여질 때까지 로비하면서 기다리는 지역도 있다. 특히 대기업들은 막강한 자금력을 바탕으로 공격적으로 하는 사업방식이기 때문에 개인들과는 차원이 다르다.

결론적으로 기업은 공개시장에서 승부를 펼치는 반면, 개인은 틈새시장에서 투자를 해야 성공한다. 따라서 개인 투자자들은 틈새시장에서 틈새형 아이템(원룸텔, 게스트하우스, 홈스테이, 도시형 민박, 스마트워크센터, 캡슐호텔, 모임공간 임대사업, 21세기형 독서실 스터디센터, 요양원, 테마형 펜션, 비엔비 숙박시설 등)으로 투자해야 성공확률을 높일 수 있다.

2. 투자수익 낮은 상권

경기변동 사이클의 각 국면에 따른 미래의 임대료 상승률의 저하가 예상되는 지역, 투자자금에 대한 자본환원율이 떨어지는 지역, 각 개별 자산별 고유의 위험 특성이 높아지는 지역, 지역 리스크 프리미엄이 마이너스 성장이 예상되는 지역, 개인 자산의 자본환원율 결정에 나쁜 영향을 미치는 요소들이 많은 지역, 투자 리스크 특성 변수들이 많은 지역, 리스크 프리미엄 지수가 낮게 나타나는 지역, 투자금액이 높은 지역 등이 투자수익이 낮게 나타날 가능성이 높은 지역이다.

투자수익이 낮다는 것은 투자자의 기대수익을 충족시키지 못한다는 의미이다. 기대수익은 사람마다 차이는 있다. 물론 일반적인 기준은 있지만 그래도 각 투자자들이 처한 상황이 다르기 때문에 그들이 기대하는 수익률도 달리 나타난다. 안전성을 추구하는 사람들은 3%의 수익률이 발생하더라도 강남지역을 선호한다. 공격적인 성향을 갖고 부동산 임대사업을 하는 사람들은 강남지역보다는 강북지역을 선호한다. 이 지역이 강남지역보다 높은 수익이 나오기 때문이다.

투자수익이 낮은 지역은 다음과 같은 특성이 있다. 첫째, 수요가 집중되는 상권이다. 일반적으로 역세권이다. 역세권은 유동인구가 많기 때문에 사업성공 요인도 많고 개인의 능력에 따라서 다른 사람보다 높은 수익창출도 가능하다. 하지만 높은 투자비용으로 인해 잘못하면 실속 없는 속빈 강정이 될 수도 있다는 것을 명심해야 한다. 특히 가장 가격이 높을 때 오피스텔을 분양받아서 이러지도 저러지도 못하는 사람들이 대표적인 사례이다.

둘째, 대학상권이다. 대학상권 역시 유동인구와 상주인구가 기본적인 수요층을 형성하고 있기 때문에 장사를 하고자 하는 사람들이나 임대사업을 구상하는 사람들이 가장 선호하는 지역이다. 하지만 수요가 많은 곳에는 항상 공급이 넘치기 마련이고, 투자비용이 높다. 이러한 것을 피해서 투자할 수 있는 대학상권을 찾는 것이 위험을 피해가는 레시피(recipe,방안)가 될 것이다.

셋째, 전체적으로 침체되어 있는 상권특성을 나타내고 있는 지역도 투자수익이 낮게 나타나고 있다. 물론 아이템에 따라서 달라지겠지만, 대학상권도 시내중심에 있는 경우 투자비용이 높고 공급과잉인 곳이 많다. 따라서 조금 외곽에 나 홀로 떨어져 있는 대학상권 중에도 의외로 실속 있는 곳이 많다.

역세권 역시 상권이 너무 활성화 된 지역보다 약간 외곽에 있는 지역이라도 MRI 상권분석법(의료용 MRI처럼 세밀하게 들여다본다는 의미)을 통해서 좋은 곳을 찾을 수 있다. 투자성공을 위해서는 이때 튼튼한 두 다리를 최대한 활용하라고 권하고 싶다. 강북지역의 경우 1만명의 학생들이 다니는 국립대인 서울과기대가 있는 공릉역세권을 실례로 들 수 있다.

이상 세 개의 특성을 알고 접근한다면 투자수익이 낮은 지역을 피해갈 수 있을 것이다. 하지만 투자수익 낮은 지역에 발을 담근 경우 어떻게 하면 수익을 높일 수 있을까. 부동산 임대시장도 공급과잉이나 불경기가 계속되는 한 공실률 증가, 경쟁력 약화, 임대료 인하로 이어지면서 결국 수익률 하락으로 종결되는 것이 현실이다.

필자는 주변상권과 조화를 이루지 못하는 주상복합 건물의 상가부분에서 투자수익률 때문에 맘 고생하는 사람들의 전화를 종종 받곤 한다. 적정 투자수익률은 얼마나 될까. 많은 사람들이 통상적으로 제시하는 기준은 한국은행 기준금리에 2.5~3배 정도로 나타나고 있다.

하지만 부동산 시장에서 국지적으로 나타나는 특성으로 인해 지역별 차이가 있음을 알고 있어야 한다. 20여 년 동안 수익형 틈새부동산을 개발해온 필자가 제시하는 기준은, 서울 강남의 경우 3~4%, 강북지역의 경우 4~6%, 수도권은 6~8%, 지방은 8~9%의 기준을 갖고 투자수익 분석에 접근하면 큰 무리는 없을 것 같다.

부산지역 해운대, 광안리, 달맞이 공원 등과 같은 지역은 같은 부산이라고 하더라도 좀 높은 수익률이 나오는 지역이다. 도시지역을 크게 한 단위로 묶어서 볼 때와 중분류, 세분류, 세세분류로 접근할 때는 같은 대분류에 속하는 부산지역이라고 하더라도 수익률이 달리 나타나고 있음을 알 수 있다.

부동산 투자가 어렵다는 말이 나오는 데는 이유가 있다. 이렇게 투자수익이 낮은 지역에 첫발을 담궜다면 아이템으로 극복하는 방법이 있다. 해운대나, 광안리 상권의 경우 관광객이 많이 찾는 곳이기 때문에 일반주택이나 상가건물을 게스트하우스로 컨버전(용도전환)하거나 컨버전스(여러 아이템을 합치는 것)시키는 방법도 투자수익이 낮은 지역에서 생존하는 전략이다.

실례로 아파트의 남는 방을 활용하고자 하거나, 아파트를 통해서 수익사업을 하고자 할 때 게스트하우스나 홈스테이로 컨버전하면 된다. 부동산 임대사업은 정형화된 공간을 두부 자르듯이 잘라 단순임대를 주는 것보다는 지역시장의 특성이나 수요자들의 필요에 따라서 임대상품의 레시피(recipe,특정결과를 가져올 방안)를 재구성할 필요가 있다.

예를 들어 수익이 낮은 오피스의 임대수익률을 높이기 위해서 사용자들이 필요한 만큼만 임대를 주는 종량제라는 레시피로 접근할 수도 있다. 1인 가구들이 증가하는 상황에서 1인용 음식이 등장하는 것과 다를 바 없다. 1인분만큼만 사무실을 떼어서 임대를 주는 방식이다.

이러한 방식을 종량제오피스 임대사업이라고 한다. 외부상태가 안 좋고, 신축한지 오래되었다는 이유 하나만으로 철거하고 다시 건축을 하는 것은 바람직하지 않다. 철근 콘크리트로 지어진 건물의 경우 100년이 넘어도 안전도에는 전혀 문제가 되지 않는 경우가 대부분이다. 마감재만 교체하면 신축건물이 된다.

따라서 많은 돈을 들여서 다시 신축하지 말고 지역특성에 맞추어 새로운 수익형부동산으로 탄생할 수 있는 레시피를 만들어서 낮은 수익률을 극복하면 된다. 엑스레이로 분석이 안 되는 상권은 MRI 방식으로 분석하면 된다. 즉 낮은 수익을 극복하는 새로운 레시피(처방)가 나오지 않을 때는 좀 더 파고들어가 세분류나 세세분류를 통해서 지역분석을 한다면 반드시 극복방안이 보일 것이다. 세상살이와 마찬가지로 부동산 투자도 원인 없는 결과 또한 없기 때문이다.

부동산 투자수익의 기준시점은 언제나 현재이다. 현재의 상황을 극복하기 위해서 우리는 과거의 역사나 스토리를 연구한다. 과거를 통해서 미래를 예측하고, 파편처럼 흩어져 떠도는 현상들을 모아서 하나의 트렌드를 잡아낼 수 있다. 따라서 과거, 현재, 미래 중에서 현재가 가장 중요하다.

특히 부동산은 현재의 수익이 미래의 부동산 가치를 만들어주기 때문이다. 신은 인간에게 세 개의 금덩어리 선물을 주었다는 말이 있다. 그것은 바로 황금, 소금, 지금이라고 하는데, 그 중에서 가장 소중한 것이 지금이라는 설명은 특히 부동산에서는 매우 적절한 표현일 것이다. 현재의 수익률로 투자의사결정을 하라는 것이다.

3. 특별이슈 없는 상권

"순이 엄마, 구청이 우리 집 근처로 이전해온다는데 매도계약을 체결한 우리 집을 해약해야 할지 말아야 할지 고민이네요."

상권발전에 이슈가 되는 요인은 여러 가지가 있다. 첫째, 상권은 흐르는 유동인구를 잡아주는 역할을 해야 한다. 지나가는 유동인구가 머무르게 하는 이벤트를 제공해야 한다는 것이다. 강남의 가로수길에 가면 다양한 인테리어로 유럽의 느낌을 연출한 테라스형 카페가 연속적으로 행인들의 눈을 즐겁게 한다.

그냥 천천히 걷고 싶어진다. 옆에 내가 좋아하는 이성친구가 있으면 더욱 좋다. 낮 시간에는 한 줄로 늘어선 가로수 행렬이 또 다른 느낌을 준다. 이 곳을 지나다니는 사람들의 옷에서 계절의 변화를 느끼기도 한다. 유럽풍이라는 길거리 테마 하나가 사람들의 흐름을 멈추게 하는 것이다.

구청이 이전해 온다고 지역상권을 발전시키는 이슈가 될까. 관공서 상권은 우리가 일반적으로 예상하는 것처럼 상권변화에 영향을 미치지 못한다. 바쁜 일상 중에 민원서류 몇 장을 떼기 위해서 바쁜 걸음으로 잠시 방문하는 사람들이 대부분이기 때문이다.

더군다나 요즈음 인터넷으로 민원서류 발급이 일반화되어 있어서 관공서 방문할 일이 점점 없어지고 있다. 관공서에 근무하는 직원들이 점심식사를 하기 위해서 잠시 붐빌뿐, 상권이 크게 활성화되지는 못한다. 구청 앞에 5일장이 열리는 날 외는 사람들이 모일 일이 없다.

"철이 엄마 우리 동네에 대형 종합병원이 들어온다고 하는데, 동네가 많이 발전하겠네요." 병원 역시 아무리 대형일지라도 예상과는 반대의 상황이 발생할 가능성이 높다. 병원에 좋은 일로 오는 사람들이 거의 없다.

건강검진을 위해서 오는 경우도 있지만 대부분이 예비환자로 오는 경우가 많다. 가족들은 주말이나 퇴근 후 입원환자 면회를 올 것이고, 깁스를 하거나 휠체

어를 타고 병원 주위를 돌아다니는 모습들이 간혹 보여질 뿐, 상권을 활성화 시키는 이슈나 사람들이 모이게 하는 일들은 거의 일어나지 않는다.

"종합병원이면 그곳에서 근무하는 직원만 해도 몇 명인데 그런 얘기를 하느냐" 하는 사람들도 있겠지만, 그 직원들이 병원주변에 머물러야 할 이유가 있을까 생각해보면 그 해답이 나올 것이다. 식사조차도 병원내부에 있는 저렴한 구내식당을 이용하기 때문에 점심시간에도 직원들은 병원외부로 나오지 않는 경우가 허다하다. 결론적으로 종합병원 역시 지역상권 발전에는 좋은 이슈가 될 가능성은 희박하다.

"영철이 아버지! 우리 동네 뒤에 대형 공원이 들어선다는데, 동내상권이 활기를 찾을 수 있겠네요."

공원은 시간의 여유가 있을 때 찾는 곳이고, 산책을 하거나 아침운동을 즐기는 사람들이 주로 이용하는 곳이다. 이 곳에 옷을 사러 오는 사람들이 있을 수도 없고, 맛있는 커피숍에 헤이즐럿 커피를 즐기러 오는 사람들도 없을 것이다. 여름에는 너무 더워서 공원 산책이 부담되고 겨울에는 눈 쌓인 모습을 한번쯤 보러 올 수는 있어도 너무 황량해서 찾는 사람들이 없다.

어느 해 여름 오후에 서울 어느 동네 속에 있는 소공원을 우연히 방문한 적이 있는데, 너무 어이없는 상황을 목격하고 충격을 받은 적이 있다. 공원벤치에는 그 지역 거지와 노숙자들이 삼삼오오 짝을 지어 벤치 위나 아래에 돗자리를 깔고 앉아서 소주를 마시고 있었고, 일부는 화장실 양지바른 벽에 비스듬히 누워 잠을 자고 있었다. 그 와중에 동네 어린아이들은 그네를 타거나 시소 놀이를 하고 있었다.

필자는 당장 구청 해당부서에 전화라도 하고 싶었지만 그냥 돌아왔다. 구청에서도 단속을 하다 하다 지쳐서 포기했을 것이라는 생각이 스쳐갔기 때문이다. 이처럼 공원은 지역상권을 발전시키는 이슈가 되지 못한다. 따라서 공원근처에는 특별한 상황이 없는 수익형부동산 투자는 피하는 것이 좋다. 이처럼 우리가 무심하게 생각했던 것들이 반전으로 나타나는 경우가 비일비재하다.

특히 수익형부동산 투자는 주로 1인 가구들이 거주하는 경우, 1인 창조기업들이 근무하는 오피스, 1인 가구 중 노인인구들이 거주하는 상황, 외국인 관광객들이나 내국인 여행객들이 찾아온다는 상황을 고려해 투자를 할 때는 임대사업을 위한 다양한 레시피(recipe,처방)를 갖고 접근해야 투자에 따른 위험을 피해갈 수 있다.

이슈가 없는 상권은 현금수혈을 지속적으로 받지 않는 한 생명을 유지하기가 힘들어진다. 투자자가 스스로 이슈를 만드는 경우도 가끔은 있지만 개인투자자들이 할 일이 아니다. 일산의 라페스타 상권처럼 동네상권을 개발해 인위적으로 이슈꺼리를 만들고 상권에 생명을 불어넣은 일은 대기업들이 해야 할 일이다.

개인들은 대기업이 만들어 놓은 이슈가 있는 상권에 후발 투자자로 들어가면 된다. 만들어지는 상권에 일찍 진입하지 않는 것이 현명하다. 물론 부동산 가격이 낮을 때 남보다 먼저 들어가서 가격이 오른 후에 빠져나오는 전략도 좋지만 많은 시간을 기다려야 한다. 상권이 활성화 되는 상황을 보아가면서 천천히 검토하면 된다.

군산지역의 군장상권에 남의 돈 빌려 초기에 투자했다가 예상보다 상권활성화가 길어지면서 투자자금이 묶이는 바람에 4인 가족 전체가 길거리로 내몰리는 일도 목격했다. 기존의 상권은 일반인들도 어느 정도 예측이 가능하지만 택지개발지구는 예측이 쉽지 않다. 택지개발지구는 길게는 10년이 지나야 활성화된다는 것을 알고 장기투자전략도 세워야 낭패를 당하지 않는다.

4. 상업지역 많은 상권

일반적으로 상업지역 비율이 높은 상권은 공룡들의 놀이터이다. 상업지역 부동산은 씨름선수들처럼 몸으로 싸우는 곳이 아니고 대기업들이 큰 자금으로 머니게임을 하는 곳이다. 이러 곳에 개인들이 대책 없이 뛰어들어가 한 방에 나가떨어지는 경우를 수 없이 봐 왔다. 투자비가 높은 상업지역은 전문가 도움을 받는 투자검토가 필요하다.

특히 부동산임대 시장은 대기업들이 수시로 진입하는 시장이어서 소액으로 부동산투자를 하는 개미들은 고래가 싸우는 곳에서 투자하는 것은 극히 조심해야 한다. 그들만의 리그가 펼쳐지는 상권에 개인투자자들이 끼어든다면 결과는 쉽게 예측할 수 있다. 강북의 경우 이대역상권이 그 대표적인 사례일 것이다.

대기업들은 상업지역에서 주로 사업을 검토한다. 그들이 투자를 할 때는 손익분기점을 넘길 수 있는 최소규모가 있기 때문이다. 상업지역의 용적률은 일반적으로 1,000%를 넘나든다. 국토의 계획 및 이용에 관한 법은 상업지역을 중심상업지역, 일반상업지역, 근린상업지역, 유통상업지역으로 구분하는데 우리가 관심을 가질 지역은 유통상업지역이다.

유통상업지역은 대도시 내부에서 지역 간 유통기능을 위해 만들어진 지역으로 국토의 계획 및 이용에 관한 법률의 규정상 세분된 용도지역 중 하나다. 유통상업지역 내에서는 제1종 근린생활시설, 판매시설, 운수시설, 창고시설 등을 건축할 수 있으며, 도시계획조례가 정하는 바에 따라 건축할 수 있는 건축물들이 정해진다. 유통상업지역 내의 건폐율은 80% 이하이며 용적률은 1,100% 이하가 적용된다.

도시가 발전하면서 도심지역에 있는 유통상업지역이 일반상업지역이나 근린상업지역으로 분류되어 규제가 완화되는 경우가 많다. 기존의 유통상업지역은 판매, 운수, 창고, 자동차 관련 시설들이 들어서 있으나, 도시가 발달하면서 유통상업지역내 시설들을 외곽지역으로 이전시키는 경우가 많아지고 있다.

이런 지역이 투자 성공지역

1. 공급과잉 없는 상권

수익형부동산을 일반인들의 인식기준으로 본다면 지속적으로 월세를 받을 수 있는 토지나 건축물을 의미한다. 이러한 수익형부동산에 관심을 갖고 투자계획을 세우려한다면 '어디에서 할 것인가'가 중요할 것이다. 부동산 투자활동을 하는데도 사람마다 취향이 다르다. 이때 흔히 볼 수 있는 스타일을 몇 가지로 분류해볼 수 있다.

첫째는 메인상권 선호형이다. 이런 사람들의 특성은 투자수익률보다 안전성에 치중하는 경우이다. 서울의 경우 강남지역 투자를 선호하는 그룹들이 그 대표적인 사례이다. 메인상권에 투자를 선호하는 그룹의 특징은 현금자산 10억 원 이상을 보유한 사람들이 많고, 강남지역 출신들이 많다. 이 그룹들은 투자수익률은 3%대인데도 위치와 물건만 좋으면 기꺼이 움직이는 경향이 크다.

낮은 수익률인데도 은행예금이나 유가증권에 투자하지 않고 강남의 3%짜리

부동산에 투자하는 이유를 물어보면, 실물자산이라는 이유를 대는 사람이 가장 많다. 혹 잘못되더라도 없어지지 않고 실물로 존재하기 때문이라고 말한다. 지구가 없어지지 않는 한 사라지지 않기 때문이다.

또 다른 이유는 미래가치 선호형이다. 우리나라 부동산 시장의 역사를 시계열적으로 분석하면 사 놓으면 가격이 올라가는 현상을 보았고, 부동산투자 불패의 학습을 많이 했다. 특히 우리나라에만 존재하는 전세제도와 은행 대출을 활용해 100채 이상의 아파트를 소유한 강남부인들이 과거 언론에 등장하곤 했다.

이러한 사람들이 부를 축적해 일정금액 이상의 현금을 확보하면 공격적인 투자보다는 디펜스(defense)형 투자자로 변하는 경향을 보이는 것이 특징이다. 그들은 미래가치에 투자하는 과정에서 시간과의 싸움을 하면서 인생 공부를 했고, 그 댓가를 치루는 학습을 많이 해본 경험에서 보수적으로 움직이는 디펜스형 투자자가 된다.

강북지역의 메인상권은 중국자본이 들어와 성업 중인 건대입구역, 중국과 일본 및 동남아인들의 필수 관광코스인 동대문역사문화공원역 주변, 외국 관광객들이 많이 찾는 인사동 거리, 이대 앞, 신촌지역, 젊음의 거리로 통하고 인디 밴드들의 활동이 가장 활발한 홍익대 상권, 최근 쇼핑몰 상권으로 떠오르는 영등포역 인근 지역, 과거의 연탄공장지대에서 새로운 신흥상권으로 뜨는 신도림지역 등을 들 수 있다.

강남지역의 메인상권은 누가 뭐래도 부인할 수 없는 우리나라 최고의 상권인 2호선 강남역 일대, 지금은 많이 침체되긴 했지만 그래도 밤에는 불야성을 이루는 신천역 인근, 서울 이남 수도권으로 이동하는 인구가 많은 사당역 유동인구 상권, 서울대가 있어서 죽지 않는 상권 신림역과 서울대입구역 역세권, 고급 점포들이 고가 마케팅을 주로 하는 압구정과 청담동 상권, 물반 고기반(법조인) 상권인 교대역 등을 들 수 있다.

이러한 메인상권 선호형은 수익률보다 안전한 투자를 선호하는 사람들로서 안전성을 찾다보니 수익률면에서는 3%대의 실속 없는 투자를 하게 되는 경우가 많다. 많은 세금납부를 통해서 국가경제에 기여하는 그룹이라고 할 수 있다. 이러한 상권은 안정적인 공급과 수요가 시장에서 만나는 곳이기에 투자안전성 면에서는 추천할만 하지만 수익에 목이 마른 투자자입장에서는 그리 선호하는 지역은 아니다.

둘째, 변두리상권 선호형이다. 메인상권의 경우 전문가의 도움이나 상권에 대한 개인적인 지식이 없어도 쉽게 접근할 수 있다는 장점이 있지만, 변두리 상권은 지역연구와 시장조사를 많이 해야 한다. 그 대신 지역에 따라서 예상보다 높은 수익을 안겨줄 수 있는 가능성이 높은 지역이다.

이러한 틈새상권을 찾아내기 위해서는 남들이 못 보는 뭔가를 볼 수 있는 안목을 길러야 한다. 많이 찾아가서 들여다보아야 한다. 특히 출퇴근시간, 점심시간, 초저녁시간대, 새벽시간에 반복적으로 방문하면 그 지역만의 장단점이 정리된다. 현지에서 먼저 투자해 사업을 하는 선배 투자자들의 살아있는 조언을 통해서 소중한 나만의 정보를 얻을 수도 있다.

현대그룹을 일으킨 아산 정주영 회장은 현장속에서 쌓은 경험을 밑천으로 많은 명언을 남겼다. 그 중 가장 많이 알려진 말이 "해봤어?"이다. 어찌보면 500쪽짜리 한 권의 책을 함축한 표현이라고 해도 과언이 아닐 정도로 우리에게 귀감을 주는 단어이다. 부동산투자자들에게 익숙한 용어 중에 '임장활동'(臨場活動)이라는 말이 있다. 바로 해보고 현장에 찾아가서 확인해봐야 한다는 뜻이다.

바다에 비유하면 변두리상권은 갯벌이다. 갯벌 속에는 진주가 숨어있다. 필자 역시 갯벌투자를 좋아한다. 그 이유는 투자의 재미를 제대로 맛볼 수 있기 때문이다. '싸게 비지떡이다.'라는 말이 있지만 비지떡이 황금이 될 수 있고, 황금으로 바꿀 수 있다면 더 이상 알찬 투자는 없다.

변두리상권은 이슈가 있는 곳을 선택하는 것이 위험부담을 줄일 수 있다. 가장 선호하는 이슈가 대학교일 것이다. 대학교가 하나 정도만 있어도 수익형부동산 투자에 따른 리스크를 크게 감소시킬 수 있다. 서울지역의 경우 대학교 정원은 최소한 5,000명 이상이다. 보통 1만 명 이상인 곳이 90%이상이다.

혹자는 기숙사 공급에 대한 우려도 표시하지만 현실적으로 서울지역에 있는 대학교들은 캠퍼스내에 기숙사를 신축할만한 토지가 없다. 강의실도 부족한 현실에서 기숙사를 짓는다는 것은 생각할 수 없다. 또한 높은 토지가격 부담으로 기숙사를 신축할만한 대지를 확보하는 문제도 현실적으로 무리가 있기 때문에, 대학교 앞에서 임대사업을 검토하는데 있어서 기숙사 공급을 너무 걱정할 필요는 없다.

서울지역 대학별 기숙사 보급률표

대 학 명	실수	수용인원(명)	수용율(%)
건국대	1,319	2,695	17.0
고려대	643	1,405	5.6
동국대	115	508	4.0
연세대	1,451	2,648	10.6
외국어대	323	712	7.5
한양대	498	1,197	6.1
한국예술종합학교		384	
경희대	627	1,417	10.1

종합대학교 하나 있으면 지역상권이 활성화되고 당연히 해당지역의 부동산 자산가치도 상승할 수밖에 없다. 젊은 인구 증가로 상권이 살아 움직이고, 활력이 넘치면 지역경제도 동반해서 활성화되는 것을 우리는 흔하게 목격한다. 특히 대학전공에 따라서 관련 업종이 집중되는 현상도 생겨난다.

홍대의 경우 미술 대학이 유명하다보니 방학 때만 되면 방 구하기 전쟁이 벌어진다. 다른 지역과 정 반대의 현상이 일어나고 있는 것이다. 인구 감소시대를 살고 있는 지금 각 대학들은 학생 수 감소에 힘들어하고 있다. 이러한 이유로 특성화, 전문화를 통해서 학교 발전을 도모하는 경우가 많다. 홍대앞 상권의 경우 방학때 미술공부나 학원특강을 받기 위해 모여드는 지방학생들 때문에 원룸이나 고시원뿐만 아니라 게스트하우스까지 만실로 채워지고 있다.

대구에 있는 영진전문대의 경우 기업체가 필요로 하는 인력을 사전 협의를 통해 맞춤교육을 시켜서 입사시키는 특성화 대학으로 유명세를 타고 있고, 취업률 역시 전국 기준 상위권을 지키고 있다. 이처럼 변두리 상권이나 외곽지역 내지는 특성화에 성공한 알짜배기 지방대학상권이 많지만 누가 이것을 찾아내느냐는 전적으로 투자자 개인들 몫이다.

셋째는 수도권지역 선호형이 있다. 수익형부동산과 관련해서 볼 때 수도권은 교통접근성이 생명이다. 교통이 좋은 곳은 살아남고 그렇지 못한 지역은 고전하는 것이 현실이다. 하지만 지역특성상 고전하는 곳도 있다. 수도권이고 서울과 가까운 곳에 있지만 지역적인 분위기가 워낙 슬럼화된 곳도 많이 있다.

특히 예산이 없어서 외부 용역이나 정부지원만 기다리는 지자체가 있는 상권에서의 투자는 신중하게 검토해야 한다. 부동산시장의 샘물은 재개발이나 재건축에서 시작되는데 예산이 없는 지자체들이 부동산개발이나 정책에 손을 놓아버리는 경우 지역경제 자체가 중환자실로 들어가게 되는 경우가 허다하다.

수도권은 일단 투자금이 적게 들어간다는 장점은 있으나, 그에 비례해서 월세가 낮게 책정된다는 단점이 있다. 수익형부동산은 일반 근린생활건물보다 공사비용이 많게는 2배 이상이 들어간다. 따라서 받을 수 있는 월세와 투자금의 상관관계를 충분하게 검토 후 투자의사결정을 할 필요가 있다.

수도권의 경우 받을 수 있는 월세비율이 서울에 비해서 70% 선에 머무르고 있다는 점을 명심해야 한다. 건축비용이나 리모델링 비용이 서울과 수도권 간 차이가 10%이상 차이가 날 수 없는데 반해서 월세수입은 20~30%이상 벌어지고 있는 것이 현실이다. 이러한 차이를 최소로 줄이기 위해서는 수익형부동산

사업을 검토하는 해당지역에 특별한 이슈(역세권이나 대학교)가 하나 이상은 있어야 한다.

지하철이 개통예정이라든지, 대학이 이전해오기로 했다든지, 정부투자기관이 옮겨오거나, 파주의 LG디스플레이나 수원영통지역의 삼성처럼 기업형 도시로 개발되는 이슈가 있다면 금상첨화이다. 용인에는 단국대가 이전해옴으로써 주변 지역이 대학상권으로 완전 탈바꿈되었다. 물론 정문에 고시원(지금은 다중생활시설로 명칭이 변경됨)이 공급과잉됨으로써 투자수익률이 크게 낮아지긴 했지만, 그래도 종합대학교 상권이라는 점은 투자자에게는 큰 이슈이다.

이처럼 수도권에서는 기업형 도시, 대학교, 역세권 등이 투자이슈라고 볼 수 있다. 다만 기업형도시인 경우 지역경제 활성화를 위해서 고용을 창출하고 해당 지역내에서 소비활동을 해주는 역할이 있어야 한다. 과거에 지방 몇 개의 지역에 연구개발단지 중심의 기업형도시가 만들어졌지만, 지역상권 활성화에 기여를 하지 못하는 경우가 종종 있었다.

수도권 중에서도 수익형부동산으로 개발할 수 있는 상가건물 공급이 낮은 상권은 구리나 남양주, 파주 신도시 등이다. 일산이나 분당, 인천지역은 건물공급이 넘치는 곳이다. 특히 부천의 중동이나 상동은 상가건물이 제일 많이 밀집되어 있어서 초기에 투자를 한 사람들은 10여년 넘게 마음고생을 하면서 수요공급이 평행선으로 되는 시점을 기다렸다. 다행히 지금은 7호선이 연장되어 상동역, 중동역 등이 개설되면서 지역상권 활성화에 큰 역할을 하고 있다.

2. 투자수익 높은 상권

투자수익은 건물가격과 반비례한다. 즉 건물가격이 높으면 투자수익은 낮아지고, 건물가격이 낮으면 투자수익이 올라간다. 따라서 환원되는 수익은 투자금과 밀접하다는 점을 인식해야 한다. 여기에서 투자수익 방정식이 만들어지는데 투자수익은 건물가격분의 수익금액이다.

투자수익률 = 수입/투자금 * 100

투자를 결정할 때 한번쯤 검토하는 것이 미래의 현금흐름 추산표(cash flow)이다. 현금흐름 추산표는 추정손익계산서에 나온다. 부동산투자 의사결정을 할 때 많이 사용하는 계산법은 미국 부동산교과서에 나오는 것을 대부분 인용한다. 일반적으로 부동산에 투자한 후 5년 보유한다고 가정할 때 그 기간동안 이루어지는 투자분석이다.

하지만 일반 재무관리나 회계원리에서 다루는 감가상각을 부동산 손익계산에서 다루는 것은 무리가 있다. 회계학에서는 정해진 년수를 50년이나 100년 정해놓고 매년 일정 비율을 감가를 해가지만, 부동산은 가격상승이 될 경우 그러한 감가에도 불구하고 더 높은 양도차익을 발생시키기 때문이다.

투자수익이 높은 상권을 찾기 위해서는 할인율 분석을 하게 되는데 IRR(Internal rate of return, 내부수익률)과 NPV(Net Present Value, 순현재가치) 방법을 많이 활용한다. IRR은 일반적으로 투자를 하기 위해서 현재의 현금흐름 지출이 있고, 미래의 현금흐름 유입이 있는 경우에 현재의 현금흐름과 같은 크기로 미래의 현금흐름을 할인하는 비율이라고 정의한다. 결론적으로 IRR은 복리이자율이라고 볼 수 있다.

현재의 금액으로 예금이나 투자를 해서 미래에 더 큰 금액이 되는 것은, 투자원금에 수익률이 곱해져서 그렇게 되는 것인데, 미래에 불어난 큰 금액을 현재의 작은 원금과 같게 하는 할인율이 바로 수익률이라는 것도 우리는 쉽게 알 수 있다.

IRR을 공부하는 이유는 초년도에 예금을 하거나 월세가 지속적으로 나오는 수익형부동산에 투자를 한 경우, 1차년도 말기의 수익, 2차년도 말기의 수익, 3차년도 말기의 수익이 있는 경우에 해마다 매년도의 수익률을 계산하기가 쉽지 않기 때문이다.

NPV법은 부동산의 미래 가치를 현재 투자하는 돈의 가치와 비교할 수 있도록 현재 시점으로 현가화한 후에 투자비와 손익을 따져서 비교하는 방법이다. 우리가 인정하는 투자자는 최대의 이윤을 추구하는 사람들이다.

이러한 경제인들은 플러스 수익이 발생하면 투자검토를 할 수 있기 때문에 절대값의 차이는 큰 의미가 없다. 이러한 투자분석을 통해서 두 개 이상의 대안 중 선택한다면 절대값이 큰 부동산에 먼저 투자를 결정할 수 있는 자료를 제공받을 수 있다.

이러한 분석을 마친 후라면 투자수익이 높은 지역인지 아닌지 알 수 있을 뿐만 아니라 그 지역의 현재가치나 미래가치까지 예측하는 자료로 활용할 수 있다. 하지만 부동산투자는 수치에 반영할 수 없는 변수들이 너무 많기 때문에 이러한 분석자료는 참고용으로만 사용해야 한다.

투자수익이 높은 상권은 세전수익단계인 NOI(순운영수익)까지만 분석을 해도 예측이 가능하다. 순운영수익은 잠재수익에서 공실을 반영한 유효수익을 산출한 후 운영비용과 금융비용을 공제한 후 수익이다.

투자수익률을 계산할 때 일반적으로 총투자수익(ROI)를 갖고 따지는 경우가 있는데 그것은 잘못된 방법이다. 부동산투자는 금액이 크고 성격상 은행대출을 99% 받는 경우가 많기 때문에 자기자본수익(ROE) 즉, 은행 대출을 공제하고 내호주머니에서 나간 투자금액을 얼마인가를 기준으로 투자수익률을 분석하는 것이 바람직하다.

투자수익이 비교적 높게 나타나는 상권은 첫째, 중소형 상권이다. 대형상권의 경우 대기업들이 이미 많이 진출해 있어서 경쟁력도 약하고 약해진 경쟁력은 가격인하로 이어져 수익률이 낮아질 수밖에 없다. 현재는 수익률이 높아도 대기업 진출이 예상되는 곳은 수익률 게임이 시작된다고 예상해야 한다. 만약 이 게임이 본격적으로 시작된다면 개인 투자자들은 출구를 찾는데 게임비용 부담이 커진다. 투자된 내 부동산을 매각하는데 시간과 비용이 많이 들어간다는 의미이다.

둘째, 유동인구보다 상주인구 비율이 높아야 수익률이 높은 상권이 될 가능성이 크다. 유동인구는 그 지역에서 머무르지 않고 다른 지역에 거처를 정해 놓고 움직인다는 특성을 갖고 있다. 흘러다니는 인구비율이 높은 상권은 높은 수익률을 보장하지 않는다. 따라서 머무르는 인구가 많은 지역을 찾아내는 것이 수익률 높은 상권에 투자하는 지름길이 된다.

수도권 대중교통 이용 현황 (2015년)

(단위 : 만 명)

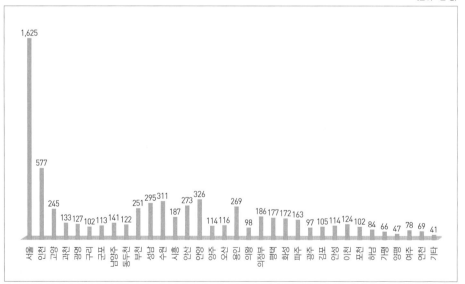

셋째, 교통 컨버전(conversion)이 높은 상권을 선택하는 것이 바람직하다. 대도시일수록 자가용이용보다는 대중교통 이용률이 높아지는 추세이기 때문에 버스와 지하철, 버스환승센터 인근, 복합역세권 등이 실례이다. 이러한 지역으로는 왕십리역, 교대역, 신도림역, 구로역, 사당역, 구의역, 신촌이나 홍익대 인근, 합정역, 양재역, 강남역, 선릉역, 잠실역 등이다.

3. 특별이슈 있는 상권

　상권은 큰 시장속에서 만들어지는 상권의 울타리를 형성하는 현상들의 연결이다. 이 상권 속에서 판매자와 구매자가 만나기도 하고 공급자와 사용자가 만나기도 한다. 판매자와 구매자의 만남은 1회성에 그치는 만남이다. 부동산을 팔고 사는 매매행위가 그 사례이다. 그 동안 우리나라의 부동산시장은 바로 판매자와 구매자가 한번 만났다가 헤어지는 1회성 시장에서 주로 투자활동이 이루어져 왔다. 이러한 시장에서 나타는 특징들을 살펴보자.

　첫째, 시장이 불안전하다는 특성을 보인다. 불안정하다는 것은 시장을 예측할 수 없다는 것이다. 예측할 수 없기 때문에 계획세우기가 어렵고, 지역상권마다 떳다방이 부동산 거래분위기를 이끈다. 정부의 부동산정책은 시장에서 통하지 않는다. 마치 엔진 꺼진 배가 태평양에서 표류하는 것과 비슷한 일들이 벌어진다.

　부동산에 투자를 해도 운이 좋은 사람은 돈을 벌고, 운이 나쁜 사람은 망하는 현상들이 빈번하게 벌어진다. 실력이나 지식과 관계없이 승패가 갈린다는 것이다. 지식이 많은 사람보다 내질러버리는 사람들이 돈을 버는 시장이다. 좀 무식하고 우직하게 움직이는 사람들이 투자활동에 성공하는 시장이다. 일반적으로 개발도상국에서 나타나는 부동산 시장의 특성이다. 매매가 이루어진 후 매도인과 매수인은 만날 일이 없고 만나려고 하지도 않는다.

　둘째, 전문가가 필요 없다. 돈이 돈을 버는 세상이다. 1997년 12월에 일어난 외환위기 때 현금을 갖고 있는 사람들이 돈방석위에 올라 앉았다. 전문가들의 예측이나 전문지식이 있는 사람들에게는 돈을 벌 수 있는 기회가 오질 않았다. 자본가들만이 부실화된 채권이나 부동산을 하이에나처럼 먹어치웠다.

아파트를 구입해서 일부는 대출을 받고, 전세금을 받으면 다른 아파트 한 채를 다시 살 수 있는 목돈이 마련되었다. 사 놓으면 올라가는 시장이 형성되었고 아파트를 담보로 제공하면 많은 은행대출을 받을 수 있었다. 이런 식으로 많은 사람들이 투기를 통해서 부를 축적했다.

셋째, 부동산 투자의 수익 중 대부분이 양도차익, 즉 매매를 통해서 매도자와 매수자가 만나는 1회성 거래였다. 이러한 분위기속에서 우리는 부동산은 팔기 위해서 취득하는 것이라는 잘못된 학습을 하게 되었다. 싸게 사서 비싸게 팔아치우는 부동산투자의 공식이 부동산시장을 오랫동안 담금질해왔다.

이러한 시대를 살아온 우리는 부동산 매매행위를 통해서 얻는 양도차익으로 재산을 모아야 한다는 원초적 본능을 학습하게 된다. 부동산투자에 실패한 사람들이 쏟아내는 악담을 훈계하면서 성공투자의 찬가를 불러왔다. 이렇게 부를 축적한 사람들은 부동산 투자의 매력을 찬양해왔다. 이러한 현상들이 판매자와 구매자들이 존재하는 부동산시장에서 나타나는 특성들이다.

외환위기 이후 이러한 원칙들이 서서히 무너지기 시작했고, 오래전부터는 부동산시장에서 자산관리의 중요성이 부각되고 있다. 수십년 이어져온 판매와 구매자들이 이끌고 왔던 매매시장이 임대시장으로 변하고 있는 것이다.

1회성 만남으로 그치는 판매자와 구매자의 시장과 달리, 이러한 시장을 우리는 공급자와 사용자 시장으로 표현할 수 있다. 매매시장이 한 번의 매매로 끝나버리는 1회성 시장임에 비해서 임대시장은 지속적이고 반복적으로 만나야 하는 공급자와 사용자 관계가 만들어진다. 이러한 공급자와 사용자 시장에서 나타나는 특징을 살펴보자.

첫째, 매매시장이 1회성 만남임에 비해, 반복적인 만남이 이루어진다. 임대사업을 통해서 수익을 창출해야하기 때문에 집주인인 임대인과 세를 들어오는 임차인이 매월 월세를 주고 받으면서 지속적이고 반복적으로 만나는 시장이 형성된다. 투기세력으로 간주되는 가수요자들의 양도차익 머니게임보다 임대인과 임차인 실수요자들이 만나는 시장이 형성된다. 비정상적인 시장 흐름으로 만들어졌던 거품이 꺼지면서 대출금 외 남는 게 없는 깡통아파트가 나타나기 시작하고, '아파트푸어' 라는 신조어가 등장했다.

둘째, 주택을 많이 보유한 사람들에게 다주택 보유에 따른 세금을 부과하기 시작하면서 본인이 살기위한 주택 외 추가로 주택을 보유하는데 많은 부담을 느끼기 시작했다. 보유세와 거래세를 중과함으로써 이들이 취하는 소득을 국가에서 세금으로 거두어들이기 시작하면서 1회성 주택투기가 서서히 줄기 시작했다.

셋째, 위 두 가지 정책도 공급자와 사용자 시장이 만들어지는데 영향을 주었지만 더 큰 영향을 미친 것은 대출시 담보인정비율(LTV)과 소득대비 부채상환 비율을 보고 돈을 빌려주는 DTI 금융정책이 결정적인 영향을 주었다.

담보만 있으면 경쟁적으로 대출을 해주던 대출관행에 제동이 걸리면서 시장에 투기자금이 줄어들기 시작했고, 대출 없는 투자를 생각할 수 없는 부동산 투자의 특성상 시장의 분위기는 경색될 수밖에 없었다. 물론 정부도 고민은 많았을 것이다. 시장에 돈이 돌지 않음으로 인해 경제 전반에 부정적인 영향을 주어 국가 경제가 침체될 수 있다는 부담도 있었다.

결과적으로 대출규제 정책은 시장에서 약발을 받았고 주택시장의 투기수요는 대부분 사라졌다. 물론 한때는 미분양 아파트 증가라는 또 다른 문제점이 야기되고 있기는 하지만, 투기시장 확산에 따른 사회적인 양극화와 박탈감을 감소시켰다는 긍정적인 면이 더 크다고 볼 수 있을 것이다.

이렇듯 최근 몇 년 동안의 부동산시장에서 실제로 접하는 상황은 빠르게 움직이고 정신없이 바뀌어 왔다. 부동산투기에 따른 양극화와 박탈감이 사라지면서 요즈음의 젊은이들은 자기개발이나 미래를 준비하는데 집중할 수 있게 되었고,

스마트폰을 매체로 하는 네트워크속에서 공통의 관심사를 중심으로 공존을 지향하는 분위기속에서 생활하고 있다.

부동산시장에서 투기로 귀결되는 1회성 거래시장이 감소하고 반복적인 거래를 통해서 상호 이익을 얻은 환경이 조성되면서, 꾸준한 월세형 임대수요가 있는 곳이 이슈상권으로 떠오르고 있다. 임대사업을 검토할 때 약방의 감초처럼 튀어나오는 대학상권, 역세권, 산업단지 주변지역, 복합역세권, 트리플역세권 등이 특별한 이슈가 있는 상권으로 떠오를 수밖에 없다.

이러한 지역의 프리미엄은 계속될 것이다. 특히 2호선을 중심으로 하는 모든 역세권에는 주변상권의 특성을 반영하는 나름대로의 전문화되거나 아니면 일반적인 이슈상권으로 떠오를 것은 확실하다. 교대역의 경우 법조인과 일반인들의 상권으로 특화되고 있고, 구로 디지털단지역은 중소기업이나 벤처회사에 다니는 젊은 상권으로 다시 태어나고 있다. 당산역 역시 9호선과 만나는 복합역세권으로 정비되면서 새롭게 태어난 상권이 되었다.

수익형 틈새아이템 투자에 관심있는 사람이라면 이슈상권을 연구하는 일부터 시작해야할 것이다. 오프-라인상에서 하는 모든사업은 '어디서 할 것인가' 와 '무엇을 할 것인가' 가 사업의 성패를 좌우하기 때문이다.

4. 젊은인구 많은 상권

● 서울지역 인구집중 10대 역세권
　(서울지하철 2015)

호선	역명	승하차 인구
2	강남	212,364
1 · 4	서울역	168,522
2	잠실	168,325
3 · 7	고속터미널	153,553
2	신림	147,726
2	삼성	143,969
2 · 7	건대입구	129,608
2	선릉	120,527
2	홍대입구	119,840
2	구로디지털	119,656

● 부산지역 인구집중 10대 역세권
　(부산지하철 2015)

구분 역명	승 차			하 차	
	승 차	일평균	순위	하 차	일평균
합계	229,390,551	420,129		227,827,648	417,267
서면	20,026,570	36,679	1	21,564,705	39,496
연산	11,796,284	21,605	2	11,943,725	21,875
동래	10,843,392	19,860	3	11,802,285	21,616
남포	10,586,870	19,390	4	11,967,049	21,918
자갈치	10,581,853	19,381	5	10,816,650	19,811
부산역	10,480,540	19,195	6	10,820,421	19,818
노포	10,129,444	18,552	7	9,878,943	18,093
범일	9,508,729	17,415	8	9,612,391	17,605
부산대	9,174,432	16,803	9	10,067,475	18,439
온천장	9,171,650	16,798	10	9,186,506	16,825

　한 지역에서 10년 이상 살다보면 그 상권의 변화를 스스로 감지할 수 있다. 언제부터인지 아침 출근시간에 버스정류장에 사람들의 숫자가 늘기 시작하고, '버스를 타고 자리에 앉지 못하고 서서 가는 빈도가 잦아진다. 만원버스로 인해 다음차를 기다려야 하는 일이 빈번해진다' 라고 생각이 될 때, 주변상권의 변화를 살펴보라.

　없었던 커피숍이 한두 곳 생겨났고, 빵집도 눈에 띈다. 어느새 길거리에는 출퇴근 시간도 아닌데 유동인구가 늘어나고, 노점상도 들어서기 시작한다. 심야시간에도 인구가 빠지지 않고 머무르는 모습들이 보이기 시작한다. 평소에는 안 보이던 외국인들이 조금씩 눈에 띄기 시작한다. 이러한 현상들이 일어나면 지역상권이 변하고 있다는 증거이다.

　반면에 출퇴근 시간에는 사람들이 좀 많아 보이는데 낮 시간이나 야간에는 한산하다는 느낌이 들고 밤에도 문을 열지 않는 상가가 한 두 개씩 보이기 시작한다. 대로변에는 사람들이 조금 있지만 골목만 들어가고 사람들이 별로 보이지 않는다. 야간에 혼자 지나가려면 무섭다는 생각도 느낀다.

그 많던 노점상들이 없어지기 시작하고, 음식점과 소매점들이 일찍 점포문을 닫기 시작한다. 가까운 인근 상권이 갑자기 커지기 시작하고, 밤길이 밝아진다. 특히 1층 상가에는 손님들이 보이는데 지하나 2층 이상에 있는 음식점, 노래방, 술집 등에 손님들의 발길이 줄어들기 시작한다.

이러한 일련의 현상들이 일어난다면 그 지역은 인구가 감소하고 해가 지는 일몰상권으로 가는 중이라고 보아야 한다. 상권의 변화는 주변지역의 변화와 밀접하다. 그래서 강물은 아니지만 '상권은 흐른다'는 표현을 사람들은 사용하곤 한다. 흐르는 상권을 감지하지 못하는 사업주는 출구전략에 문제가 생기고 투자금을 회수하지 못하는 상황에 직면하게 된다.

오프-라인에만 상권이 있는 것이 아니다. 온-라인에도 상권이 형성되고 있다. 사이버세계에서 살아가는 인사이더(insider)가 있는 반면에, 사이버세계 밖에서 살아가는 아웃사이다(outsider)가 있다. 인간은 원래 아웃사이더이다. 인터넷이라는 제2의 세상이 만들어지면서 인사이더가 생겨났다.

사이버스페이스가 생겨나면서 중요하게 떠오는 것이 연결이라는 단어이다. 경제적으로 가진자와 못가진자들의 격차도 크지만 온-라인에 들어가는 사람과 들어가지 않거나 못들어가는 사람들의 격차는 더 크게 나나타고 있다. 운전을 하는 사람은 하루에 500㎞를 간다면 운전을 못하는 사람은 그 십분의 일인 50㎞밖에 못가는 이치와 같을 것이다.

온-라인에 인구가 증가하면서 그 곳에 들어가지 않는 사람들은 지금까지 느끼지 못했던 커다란 박탈감을 체험하게 된다. 오프-라인에서의 만남보다 온-라인에서의 만남이 더 중요한 세상이 되어버렸다. 기업들도 사업방향을 온-라인에 집중하지 않으면 미래 먹거리를 찾기가 어려질 것이다.

부동산시장도 온-라인 상권이 점점 더 커지고 있음을 실감한다. 특히 항상 휴대하고 다니는 핸드폰은 또 다른 나의 분신이고 각자의 아바타이다. 배타적인 소유가 가능하고, 언제나 나만의 권리를 행사할 수 있는 핸드폰이 온-라인으로 들어가는 매표소 역할을 하고 있는 것이다.

과거에 데스크-탑을 통해서 인터넷 세상으로 들어가던 사람들이 지금은 스마트폰을 통해서 온-라인으로 들어가고 있다. 즉 인구가 온-라인 시장으로 몰리고 그 곳에 수많은 비즈니스의 기회가 주어지고 있다. 온-라인 마켓은 나라와 나라 사이의 물리적인 경계선을 무너뜨린 지 오래다.

인구가 몰리는 상권이라면 어디든 찾아가는 상황적공동체들이 탄생하고 있는 것이다. 공통의 관심사를 중심으로 그룹을 만들고, 정기적인 모임을 갖는 공동체들이 속속 탄생하고 있다. 사람들이 모이는 곳이라면 온-라인과 오프-라인을 수시로 들락거릴 수 있는 켄타우로스가 되어야 한다는 것이다.

1970년대 산업자본주의 시대를 살아왔고, 2000년대는 문화자본주의를 경험했다. 미래는 지식자본주의 시대가 열릴 것이고, 더 미래에는 사이버자본주의 시대가 열릴 것으로 필자는 확신한다. 사이버자본주의 시대에는 경제활동의 대부분이 사이버세상에서 이루진다.

모든 사람들이 자기만의 또 다른 아바타를 사이버 세상에 띄워놓고 온-라인 상에서 또 다른 인생을 살아가고, 비즈니스를 하게 될 날이 멀지 않았다. 사람들이 이동하는 거대한 흐름속에서 사이버상권이 만들어지고 사람들은 그 곳에서 물건을 교환하고 지식과 정보를 팔고 사는 새로운 시장이 형성된다.

인구가 몰리는 곳에서 나타나는 또 다른 현상은 직거래시장이 활성화된다는 것이다. 지금도 느끼는 것이지만 미래는 모든 것이 넘쳐나서 문제가 되는 세상이 온다. 많이 먹어서 병들고, 너무 많아서 한번 쓰고 버린다. 고장나서 다시 고쳐 사용하는 비용이 새것을 구입해 사용하는 비용보다 많이 들어간다. 반복해서 사용하는 것보다 편리하게 한번 사용하고 버리는 1회성 용품을 더 선호한다.

아파트 쓰레기장에 가보면 재활용품들이 매일 매일 쏟아져 나온다. 한번 사용하고 버리는 듯한 물건들이 수북하게 쌓여있다. 우리들의 옷장을 한 번 보자, 몇 번 입고 옷장 깊은 곳에 걸어 놓고 잊어버리고 있다가 몇 년 뒤 어느 날 옷장을 정리하다가 비싸게 주고 구입했었던 옷이 유행이 지나서 입지 못하는 상황을 흔하게 볼 수 있다.

이렇듯 너무 풍족한 세상을 살아가는 세상에서, 사용하는데 지장이 없는 물건들이 사용할 필요성이 없어졌거나 유행이 지나서, 아니면 실증을 느껴서 버려지고 있다. 인구가 몰리는 시장에서는 이러한 현상들이 더 심해질 것이고, 중개자가 필요없는 그들만의 직거래시장이 어떤 방식으로든 만들어질 것이다.

부동산 역시 블로그, 카페, 분야별 어플 등을 통해서 직거래 시장이 활성화되고 있다. 과수원에 묘목을 심어 과일나무로 성장시키는 심정으로 인구가 몰리는 온-라인에 나만의 묘목을 심어보자. 우리의 2세들에게 물리적인 자산보다 온-라인에 심어서 가꾼 나무 한 그루(홈페이지. 블로그, 어플 등)를 부모로서 자식에게 물려주는 상속재산으로 만들어보면 어떨까.

실패사례로 보는 성공전략

1. 100세 시대 유망분야

한국과학기술기획평가원은 100세 시대에 개발해야 할 10대 유망기술로 10가지 정도를 언급하고 있다. 그 중 가장 중요한 것이 줄기세포관련 기술개발이다. 황우석박사가 시도했던 기술개발과도 관련이 있다.

화장실에 앉아서 일을 보는 동안 개인의 그날그날 컨디션이 체크되고 건강보고서가 안방에 있는 컴퓨터를 통해서 출력이 된다. 몸 속에 묻어 놓은 소형의 칩 하나가 개인의 건강상태를 수시로 체크해 처방까지 내려주는 시대가 오고 있는 것이다.

새로운 기술개발도 중요하지만 기존의 건강관리 케어 플렛폼을 활용하고 발전시키는 기술개발이 날개를 달 것으로 보인다. 본격적인 고령사회에 접어들고 있다. 10년 이내에 65세 노인인구가 100명당 20명에 이르고, 15년 후에는 65세 이상 노인인구가 인구 5명당 1명인 사회가 된다. 의료관련 비용은 증가하고 생산성이 낮아지며, 사회전반에 활력이 떨어지는 것을 경험하게 된다.

이러한 현상에 대비하기 위한 스마트에이징(smart aging) 관련 연구가 여기저기서 활발하게 이루어지고 있다. 부동산도 스마트투자(smart investment)가 필요하다. 남들이 다 하는 투자방식을 따라하거나, 투자경험이 없거나 검증되지 않은 전문가를 만나서 30년 회사생활을 통해서 벌어놓은 전 재산을 하루아침에 날려버리는 일이 있어서는 안 된다.

임상시험 경험이 없거나 부족한 의사에게 나의 생명을 맡기는 어리석은 일을 해서는 알될 것이다. 암에 걸린 환자가 수술여부를 판단하는데 의료장비의 도움도 중요하지만 의사가 환자를 보아온 기간과 수술경험은 더 중요할 것이다. 부동산투자도 마찬가지이다. 현장경험이 없거나 부족한 전문가에게 부동산투자 자문을 받는 파트너로 하는 것도 마찬가지이다.

100세까지는 살지 못한다 하더라도 생존하는 시간이 길어지면, 생존비용을 준비하는 것도 변해야 한다. 수입 없이 살아야 하는 시간이 그만큼 길어지기 때문에 노후 생활비 지출전략도 과거와는 다르게 세워야 한다.

100세 시대를 맞이해서 개발할 기술로 첫째, 치매치료를 위한 신경줄기세포 개발이다. 나이가 들면서 누구에게나 찾아올 수 있는 치매를 정복하는 대안으로 줄기세포를 이용하는 방법을 들고 있다.

둘째, 생활을 케어하는 보조 로봇개발 관련 산업이 각광을 받을 것으로 보인다. 요양병원이나 실버관련시설에서 노인들에게 재활치료 등을 도와주고 일상생활을 지원하는 지능형 로봇이 그것이다.

셋째, 생체신호 인터페이스이다. 손과 발을 이용하지 않고 눈동자나 근육의 움직임 등으로 운동기구, 컴퓨터, 전자장치 등을 제어하는 시스템이다.

넷째, 각종의 유전자 중에서 나쁜 유전자를 제거하면 유전성이 강한 자가면역질환을 근본적으로 해결할 수 있다. 인간게놈(유전체)을 분석하는 유전자 해독기술이 반드시 필요한 시대가 오고 있다.

다섯째, 근력지원 로봇이다. 근력이 약해진 사람들에게 특별히 설계된 옷을 입히면 강한 근력의 힘을 낼 수 있는 기술이다.

여섯째, 무인자동차이다. 외국 TV에서 종종 볼 수 있는 운전자 없는 차량이다. 스스로 교통상황을 판단하고 장애물을 피해가는 기술이다. 노인과 장애인을 위한 기술이 될 것이다.

일곱째, 스마트워크 기술이다. 회사가 아닌 제3의 장소에서 회사업무를 하거나, 가상의 공간에서 일을 하는 근무환경이다. 스마트워크가 활성화 되면 부동산 투자 시장에서는 스마트워크센터가 각광을 받게 된다. 지금도 국내에서 초보수준의 스마트워크센터가 운영되고 있다.

지금까지는 단순 임대형 상품에 머물고 있지만 미래의 워크센터는 다양한 기능들이 접목되어야 한다. 실례로 센터에 입주한 사람들 중에는 기업체 위탁근로자, 정부에서 위탁한 공무원들과 개인사업자들이 근무하게 될 것이다.

공무원신분이나 회사원들은 주어진 고유의 업무를 하겠지만 1인이 개별 사업자로 근무하는 경우에는 그들을 지원하는 인큐베이팅 역할을 워크센터가 해주어야 한다. 세부적인 내용은 뒷부분에서 자세히 설명하기로 한다.

여덟째, 나노바이오 기술이다. 침 한방울로 온 몸의 질병을 진단하는 기술이다. 한 방울의 물방울이 온 몸을 돌면서 독성물질을 제거하고 나쁜 병균과 전투를 벌이는 기술이기도 하다.

아홉째, 분자영상진료 기술이다. 인체의 조직을 분자단위까지 영상화하는 기술이다. 현재 가장 실생활에 근접한 분자영상기술은 방사성동위원소를 이용한 핵의학기술이다.

열번째, 대화형 자연어 치료기술이다. 애플이 선보인 시리와 같은 상대방 역할을 해주는 시스템이다. 사용자의 경험을 데이터베이스화 해서 대화형으로 지원을 해주는 기술이다.

이러한 내용을 이 책에서 언급하는 이유는 미래의 트렌드를 알아야 부동산투자도 앞서갈 수 있기 때문이다. 너무 많이 앞서가도 안 되지만, 미래의 세상이 어떻게 변할 것인가를 남보다 미리 알 수 있다면 남보다 부동산시장의 흐름을 빨리 읽을 수 있다.

2. 지역선택을 잘못한 경우

서울과 수도권을 동서남북 방향에서 수익형부동산 투자 지역을 분석해보자. 먼저 서울의 경우 1인 가구들이 가장 선호하는 지역은 지하철 2호선상의 상업지역이다. 지하철이 연결되고 버스노선이 많다고 해서 수익형부동산 투자 유망지역이라고 볼 수 있을까? 그렇지는 않다.

지역상권의 특성과 상권의 발전방향을 읽지 못하면 지역선정을 잘못한 경우가 된다. 2호선 라인에서 구로인근 상권을 보자. 옛날의 공단지역에서 현대적인 첨단 산업단지로 변한 이곳을 처음 찾는 사람은 천지개벽이라는 4자 성어를 떠올리지 않을 수 없다.

굴뚝에서 연기 펑펑 나는 공장들이 즐비했던 이곳이 지금은 아파트형 공장이라는 이름을 달고 지식산업센터가 되어서 고층빌딩의 마천루를 이루고 있기 때문이다. 건물 하나하나가 대규모이고, 그 속에서 근무하는 인력은 30대와 40대들이 주축을 이루고 있어서 서울지역에서도 가장 젊은 상권이다.

상권이 젊다는 것은 지역이 살아 움직인다는 의미이고, 소비활동이 왕성하다는 것을 뜻한다. 하지만 이곳에서도 항상 좋은 일만 있는 것이 아니다. 월세가 지속적으로 나오는 수익형부동산에 투자했다가 낭패를 당한 사람들이 나타나고 있다는 것이다. 젊은 상권은 골고루 상권이 아니다. 일부에 국한되어서 발달된 경우가 많다.

지방자치제가 되면서 지자체장들에게 힘이 실리고 있다. 중앙정부인 국토부에서 정책을 내 놓아도 각 구청장들이 부정적인 입장에서 접근하면 중앙정부의 의도와는 달이 각 지역에서는 전혀 다른 상황이 일어난다.

구로동 인근에서도 마찬가지이다. 국토의 계획 및 이용에 관한 법률에 정해진 토지의 용도가 지자체들의 개입으로 그 목적대로 사용하기가 쉽지 않기 때문이다. 지역지구별 용적률 규정이 지자체들의 조례우선정책에 밀리고 있어서 투자자들을 당황하게 만드는 경우가 많다.

준공업지역의 용적률이 400%인데 건물의 사용용도에 따라서 250%로 줄어들기도 한다. 전혀 예상하지 못했던 일들이 벌어지고 있는 것이다. 구로지역의 준공업지역 근린생활건축물의 용적률이 400% 이었던 것이 건물의 구체적인 용도에 따라서 오락가락하기 때문이다.

따라서 수익형부동산 투자시 지자체들의 지역개발 우선방향이 무엇인지 사전조사를 한 후 투자여부를 결정해야 한다. 수익형부동산 사업은 임대사업이다. 임대사업은 토지의 용도나 크기보다 건물의 용도와 크기가 더욱 중요하다. 따라서 건물의 용도에 따라서 지역의 용적률을 100% 활용할 수 있는지 없는지를 잘 따져봐야 한다.

성동지역도 마찬가지이다. 구로지역과 유사한 상권인데, 준공업지역 위주의 개발정책을 추진하는 곳이다. 따라서 수익형부동산 임대사업을 하기 위해서는 구로지역과 같은 맥락에서 접근하지 않으면 평생 돌이킬 수 없는 큰 실패를 경험하게 된다.

정부의 정책을 읽지 못하는 지역선정 역시 실패의 악몽을 경험하게 된다. 서울 신림동 지역은 오래 전부터 국가고시를 위한 수험생들이 집중되는 곳이다. 특히 사법고시, 행정고시, 외무고시, 감정평가사, 공인회계사, 변리사, 세무사 시험을 준비하는 사람들이 모여서 공부하는 곳이다.

서로 정보교류가 쉽기 때문에 자연발생적으로 만들어진 상권이다. 이러한 국가고시 중에서 사법시험을 준비하는 사람들은 반드시 이 곳을 거쳐 가야 하는 필수 코스였다. 하지만 사법시험제도가 법학전문대학원인 로-스쿨로 변하면서 사법시험 강의를 하던 학원들이 파편을 맞아 문을 닫기 시작했고, 시험준비를 하던 수험생 숫자가 감소하면서 지역전체가 슬럼화되고 있다.

물론 또 다른 상권으로 변하기 위한 과정이기도 하지만, 그 속에서 원룸이나 고시원등에 잘못 투자한 사람들의 신음소리가 여러 곳에서 들리고 있다. 수익형 부동산 시장 역시 아파트시장과 다를 바 없다. 정부의 정책방향 속에서 움직인다는 것을 알지 못하면 잘못된 지역선정의 희생자가 될 수 있다.

지하철 9호선 라인도 투자 시 신중을 기해야 하는 지역이다. 공항으로 가는 노선이라는 점을 항상 잊어서는 안 된다. 김포공항에서 강남의 잠실지역으로 연결되는 노선을 잡아놓고 있기는 하지만 공항과 강남을 연결한다는 큰 축에서 만들어진 노선이다.

따라서 급행전철이 운행되고, 급행열차가 통과하는 지하철역은 유동인구가 그만큼 감소할 수 있다. 기차역 상권이 활성화되지 않는 이유 중 하나는 목적지형 상권이 아니라 경유형 상권이라는 점 때문이다.

기차를 타고 서울역에 내리는 사람들은 서울역이 목적지가 아니라 그 어딘가 각자의 또 다른 목적지가 있다는 것이다. 서울역에 내린 사람들의 대부분은 최종 목적지를 향해서 뒤도 돌아보지 않고 썰물처럼 이 곳을 빠져나간다. 일부는 걷지도 않고 뛰면서 간다. 기차역의 대부분이 이런 특성을 갖고 있기 때문에 인근 상권이 활성화되는 것을 기대하기가 어렵다.

9호선 역시 중간 중간에 역세권이 만들어지고 있으나 다른 노선과 비교할 때 상권자체가 대규모가 아닌 곳이 많아서 지역상권에 크게 기여하지는 못할 것으로 보인다. 물론 지하철 9호선의 모든 역세권이 그렇지는 않겠지만, 9호선을 주로 이용하는 사람들은 공항손님과 회사원들이다.

이러한 특성을 감안할 때 9호선 라인은 게스트하우스 사업을 하기에 적합하다. 외국손님과 여행객들이 많이 이용하는 노선이기 때문이다. 특히 일본으로 취항하는 노선이 많기 때문에 일본사람들을 위한 게스트하우스 사업이 유리하다. 인천공항이 국제공항으로 만들어지고 김포공항은 국내 로칼 공항으로서 역할을 하고 있지만 서울시내 접근성이 양호하다는 특성 때문에 점차적으로 외국 항공 사들의 이용이 확대될 것으로 보인다.

3. 아이템이 안 좋은 경우

외식업을 시작할 때 첫 번째 고민이 어디에서 무엇을 할 것인가이다. 혹자는 어디서 할 것인가, 즉 입지선정이 중요하다고 말하고 혹자는 무엇에 해당하는 아이템이 입지보다 더 중요하다고 얘기한다. 누군가 필자에게 이 두 가지 문제를 갖고 상담을 해오거나 질문을 한다면 당연히 '무엇을 하는가'가 중요하다고 말할 것이다.

오프-라인에 상가를 갖고 창업 후 성공하는 사람들을 보면 장소를 잘 선택해서 성공하는 사람도 있지만, 아이템이 좋아서 성공하는 경우도 더 많다. "아이템이 좋으면 50%는 먹고 들어간다"는 말이 있다. 그만큼 무엇을 하느냐가 중요하다.

대부분의 사람들이 창업이나 투자를 할 때 초기투자비용이 넉넉한 경우는 없다. 자금이 충분하다면 엄청난 권리금을 주고 최고의 상권에서 사업을 한다면 모르겠지만… 권리금에서 자유로운 주체는 법인일 것이다. 모 커피전문점처럼 막대한 법인 자금을 활용하여 최고의 위치에서, 인테리어 사업을 한다면 성공가능성을 높일 수도 있을 것이다.

하지만 이런 경우도 투자자금에 대한 효율성이나 실속을 따져봐야 한다. 좋은 상권의 경우 임차보증금, 권리금, 시설비용 등이 예상보다 많이 투자되기 때문에 실속이 없는 경우가 대부분이다.

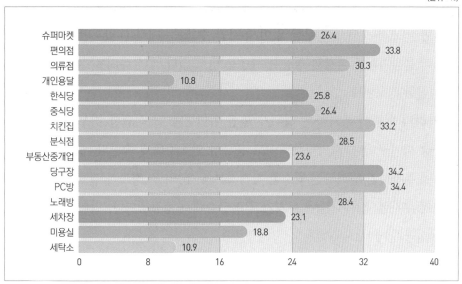

생계형 자영업 신규등록 점유율 (2015년, 서울시)

(단위 : %)

업종	점유율
슈퍼마켓	26.4
편의점	33.8
의류점	30.3
개인용달	10.8
한식당	25.8
중식당	26.4
치킨집	33.2
분식점	28.5
부동산중개업	23.6
당구장	34.2
PC방	34.4
노래방	28.4
세차장	23.1
미용실	18.8
세탁소	10.9

'줄을 잘 서야한다'는 말을 많이 한다. 아이템을 잘 선택하면 줄을 잘 선 경우이다. 성공할 가능성이 높기 때문이다. 김밥전문점은 성공확률이 높은 아이템이다. 가격부담이 없고, 김밥 한 줄이면 한끼 식사를 해결하는데 충분하기 때문이다. 김밥전문점의 객단가는 일반식당에 비해서 전혀 손색이 없다.

왜냐하면 일반적으로 매장에 들어선 손님들이 김밥 한 줄만 먹고 가는 것보다 이것저것 추가를 하기 때문이다. 객장에 들어온 손님들이 머무는 시간 역시 다른 식당보다 짧다. 그러다 보니 탁자 회전율이 매우 높은 편이다. 장사가 잘 되는 집은 7~10회전이 넘는 경우도 있다.

노래방 역시 성공확률이 높은 아이템이다. 술 마신 후 대부분의 사람들이 가는 2차나 3차 장소는 노래방이기 때문이다. 노래방 창업은 일단 아이템 실패는 아니다. 다른 원인에 의해서 실패한다면 몰라도... 성공가능성이 높은 업종을 일일이 언급할 수는 없지만 어떤 아이템으로 사업을 할 것인가는 매우 중요한 문제이다. 수익형부동산 역시 같은 기준으로 접근하면 된다.

수익형부동산 투자 시 제일 많이 생각하는 아이템이 오피스텔이다. 금융을 활용하면 비교적 소액으로 부담 없이 투자할 수 있는 매력은 있지만 오랜 과거로 거슬러 올라가서 살펴보면 성공한 사람은 별로 없다. 현상유지를 잘 하는 케이스가 성공한 경우이다.

차라리 원룸에 투자하는 경우가 훨씬 아이템을 잘 선택한 경우이다. 원룸은 법규상 다가구이다. 다가구주택이고 분류상 단독주택에 속한다. 물론 서울에서 원룸에 투자하기 위해서는 최소한 자기자본 5~10억 원 정도가 필요하다. 그래도 원룸에 투자한 경우 나중에 토지가격이 상승해서 성공했거나, 임대사업이 잘 되어서 성공한 케이스는 많다.

안 좋은 아이템 투자에서 두 번째는 일반상가를 처음에 분양받는 경우이다. 상가는 처음 신축 후 분양 받을 때가 가격이 가장 비싸다. 상가를 할인된 가격에 분양 받으려면 좀 기다리면 된다. 최초 분양한 시점부터 1~2년이 경과되면 미분양분이나 회사 보유분이 할인된 가격에 매물로 나오는 경우다 비일비재하다.

드물기는 하지만 100% 분양된 경우, 기존에 분양받은 사람들(충동구매를 했거나 개인 사정)로부터 급매물이 나오기 시작한다. 이때 투자하면 되는데 성격이 급한 대부분의 사람들이 분양회사의 눈가람 판촉행사에 판단력이 흐려져 성급하게 분양을 받아버리고 만다. 상가투자 법칙 중 하나는 '숙성시켜서 먹어라'이다.

토지 투자에 실패한 경우는 여유자금이 아닌 타인 자본으로 토지를 매입한 경우이다. 대출금이나 빌린 돈으로 토지를 투자했다면 투자 방향이 잘못된 경우이다. 아이템을 잘못 선택한 것이다. 토지가격이 올라 대박을 낼 수도 있지만 토지투자는 투자금 회수에 대한 리스크가 가장 높다. 여유자금으로 투자한 경우는 상관없지만... 사람 얼굴 다르듯이 돈에서도 성격이 다 다르다고 말하곤 한다.

펜션에 투자한 경우는 어떨까? 역시 아이템이 안 좋은 경우이다. 물론 모두 그런 경우는 아니다. 일반적으로 펜션은 수익형부동산이 아닌데, 수익형부동산으로 오인하는 경우가 종종 있다. 동호인들이 십시일반으로 자금을 모아 사용을 공유할 목적으로 펜션에 투자했다면 문제가 될 게 없다. 하지만 개인이 평생 모은 자금으로 펜션사업에 투자한다면 매우 위험한 게임을 시작한 경우이다. 위험한 게임인 이유는 비수기가 너무 많기 때문이다. 주말이나 휴가철에는 손님이 좀 있을 수 있지만 대부분의 평일이나 휴가철이 아닌 경우는 유지비만 나가게 된다.

사람들의 혈액형이 각각 다른 것처럼 부동산 투자 아이템도 형액형이 모두 다르다. 생긴모양, 위치, 개발전망, 현재가치, 용적률, 건축면적, 주변환경 등 모든 것들이 달르고 그 나름대로 특성이 있다. 수익형부동산은 투자자가 어떻게 접근하고, 관리할 것인가에 따라서 투자 결과는 많이 달라진다.

상가건물 하나만 놓고 보더라도 구체적으로 검토하다보면 종류가 매우 많다. 단지내상가, 집합상가, 길거리상가, 지하상가, 1층상가, 2층상가, 스카이상가, 전문상가, 대학상가, 병원상가 등 그 종류가 무수히 많다. 이러한 상가들에 투자할 때는 캐리커처 작업을 통해서 특징을 뽑아내야 실패를 줄이는 전략을 만들어낼 수 있다.

4. 잘못된 정보로 투자한 경우

흔히 하는 얘기로 사업은 정보가 중요하다. 정보는 어떤 사업이 일정기간 유지되면서 얻어지는 해당 아이템에 대한 본래의 냄새라고 표현할 수도 있다. 김치국을 끓이면 김치국 냄새가 나고, 라면을 끓이면 라면냄새가 나는 것이 정상이다. 국수를 끓이는데 라면냄새로 착각했다면, 그것은 정보가 아니고 개인적인 편견이었거나 착오이고 투자 실패라는 과실을 따야 한다.

정보는 냄새라고 했는데, 가스가 누출되어서 방 안에 가득 고여 있는데 인식하지 못하고 라이터를 켰다면 폭발사고로 이어진다. 정확한 냄새를 맡지 못하면 예상치 못한 일들이 발생한다. 정보를 얻는 것도 중요하지만 그 정보를 발굴하는 경로가 더 중요하다. 정보는 직접경험에 의해서 만들어지는 것이 가장 신뢰성이 높다. 어떤 본인이 자기만의 체험을 통해서 얻어지는 정보는 그 무엇과도 바꿀 수 없는 소중한 자료가 된다.

설렁탕집을 10년 운영한 사장이 본인의 설렁탕 육수 만드는 비법을 정리해서 누군가에게 전해준다면 가장 생생한 자료가 될 것이다. 그런데 그 설렁탕집에 단골로 다니던 어떤 손님이 상상이나 예측으로 만들어낸 설렁탕 레시피로 창업을 했다면 그 결과는 뻔한 일이다.

전자는 얻기 힘든 정보이고 후자는 쉬운 작업이다. 그래서 제러미리프킨이라는 학자는 "우리 개인들이 갖고 있는 파편같은 경험 조각을 모아서 정리한다면 매우 가치 있고 소중한 정보가 될 것이고, 높은 가격을 인정받는 자산이 될 것이다"라고 얘기한 바 있다. 개인들이 직접 얻은 정보를 모으면 소중한 자료가 된다는 것이다.

얼마 전 필자의 사무실에 70대 백발 노인 한분이 상담 차 방문했다. "토지주택공사에서 그 곳의 땅을 개발한다는 정보가 있어서 투자했습니다." "투자한 지 얼마나 되었나요?" "10년 되었는데 아직도 깜깜무소식입니다" 이 노인은 형제들에게서 돈을 빌려 투자를 했다. 잘못된 정보로 투자한 한 사람으로 인해서 형제들까지 궁지로 몰린 사례다.

토지 투자 시 가장 중요한 것이 무엇일까. 도로 상황이다. 사람들에게 혈관이 있어서 필터링 된 깨끗한 혈액이 온 몸에 전달되듯이, 도로는 토지에 신선한 피를 공급해주는 혈관이나 마찬가지다. 위 사례에서 나온 토지는 진입로가 없는 맹지상태의 토지였기 때문에 더욱 안타까운 경우였다.

사방팔방으로 도로는 없어도 최소한 진입할 수 있는 도로라도 있는 땅을 구입해야 한다. 출입구가 없는 토지는 옆 토지 주인에게 헐값으로 팔거나 내가 옆 토지를 비싼 가격에 매입해야 하는 선택의 문제로 귀결된다. 그래서 맹지는 가격이 저렴하다. 건물을 살 때도 도로가 중요하지만 토지는 도로가 가격을 결정하는 중요한 요인이 된다.

지역특성을 정확이 모르고 부동산에 투자한 경우도 있다. 지역정보를 가볍게 생각한 투자 역시 큰 손실을 야기한다. 서울 근교에는 유원지가 많이 있다. 북쪽으로는 일영유원지가 있어서 강북지역에 사는 사람들이 여름철이면 많이 찾아가곤 한다. 필자도 종종 찾는 일영유원지는 참 좋은데 20년전이나 지금이나 별로 발전이 없다. 모텔과 음식점이 너무 많고, 특별한 이슈가 없는 지역이기 때문에 그렇다.

동쪽으로는 북한강을 끼고 많은 유원지가 있어서 서울 동북권에 사는 시민들이 경춘국도나 경춘고속도로를 통해서 북한강 주변의 유원지를 이용하곤 한다. 남쪽으로는 양평이나 남한강변에 집중적으로 유원지가 형성되어 있다. 서쪽에는 인천바닷가나 영종도 을왕리 해수욕장, 인천앞 바다에 몰려있는 섬 여행을 즐긴다.

각 지역에 이렇게 많은 유원지와 유명한 산들이 있지만 개발이 활성화된다거나 상권이 불처럼 타 오르는 일은 쉬운일이 아니다. 자연훼손을 금지하기 위해서 다양한 법규로 개발을 제한하고 있기 때문이다. 매물이 싸게 나왔다는 이유로 투자했다가 낭패를 당한 경우도 흔하게 볼 수 있다.

상담 손님 중 한 분이 북한산 인근 그린벨트지역에 경매로 감정가 15억 원인 토지를 8억 원에 매입했다. 면적은 약 1,500㎡였고, 지상에는 600㎡인 카페형 건물도 있었다. 그 손님은 거의 반 가격에 해당 부동산을 구입했고, 기쁜 마음에 주변 지인들을 초대해 취득축하연까지 열었다.

그린벨트가 풀릴 것이라는 정보를 사전에 입수한 후에 취득했기 때문에 주변의 부러움을 한 몸에 받았다. 그 후 풀린다던 그린벨트는 풀리지 않고, 불법건축물 단속에도 걸려서 지금은 이행강제금까지 납부하고 있다. 그린벨트여서 매각할려고 해도 순탄치 않아 취득당시 대출받은 6억 원에 대한 이자를 매월 250만 원씩 부담하고 있다. 임대가 되지 않아 월세도 나오지 않는 상황에서 매월 거금의 이자를 납부하느라 생고생을 하고 있는 것이다.

이번 사례의 문제점은 무엇일까? 그린벨트가 풀리고 안 풀리고는 내 의지가 아니고 정부의 의지이며 정책적인 문제이다. 내 의지가 반영이 안 되는 부동산에 투자를 한 것이다. 대박이 나거나 토지가격이 상승하기 위해서는 정책이 변해야 한다. 본인의 체력도 모르면서 너무 큰 산을 넘으려고 한 것이나 다름이 없다.

주식투자에 실패하는 개인들의 사례와 비슷하다. 주식가격을 움직이는 1차적인 원인은 해당기업의 사업 실적이다. 그런데 그 기업의 사업전망은 사장만 알 것이다. 외부에 있는 개인들은 그 회사의 실체를 잘 알 수 없다. 각종의 차트나 숫자정보를 갖고 분석도 하지만 워낙 많은 변수들이 회사실적에 영향을 주기 때문에 종잡을 수 없는 것이 주식가격이다.

부동산에 투자를 할 때도 정책방향을 예단하기는 매우 어려운 일이다. 주식가격처럼 변수가 너무 많고, 각종의 민원으로 인해서 개발이 중단되는 경우도 많다. 필자는 개인투자자들에게 자신있게 권한다. '본인의 의지를 반영할 수 있는 부동산투자 전략을 세우라'고...

투자 리스크관리

1. 성공투자 가치분석

부동산 투자 시 가치분석은 세 가지 평가방법에 기인한다. 부동산을 감정하고 평가하는 일반적인 방법 세 가지 중에서 첫째는, 재조달시 가격을 기준으로 평가하는 원가방식이다. 원가방식은 해당부동산을 다시 취득한다고 가정할 때, 예상 가격을 얼마로 할 것인가를 기준으로 한다.

둘째, 거래사례비교방식이다. 해당부동산과 유사성이 있는 부동산이 얼마에 거래되었는가를 기준으로 평가하는 방법이다. 이 평가법은 시장에서 실제 거래되는 가격을 중요시한다. 주로 주택이나 아파트 등 주거관련 부동산에서 주로 적용한다. 거래사례비교 방식이 가장 많이 활용되는 것은 아파트이다.

셋째는 수익환원법이다. 이 방법은 해당 부동산이 일정기간 내에 얼마의 수익을 발생시키는가를 기준으로 한다. 상가건물이나 수익형부동산과 같은 상업용부동산에 주로 적용된다. 특히 제도권 자금이 투자를 검토할 때는 수익환원율에 따라서 투자금액이 결정된다.

　우리나라에도 부동산 감정평가제도가 도입된 후 거래사례비교방법과 원가방법을 주로 적용해왔고, 수익환원법은 이론연구와 기법개발 부족으로 평가기관들로부터 기피되어 왔다. 실무면에서는 자료 부족과 적용상의 어려움으로 인하여 그 동안 외면 받아 왔다.

　1997년 12월에 외환위기가 일어났고, 그 이후 외국자본이 국내 부동산시장에 본격적으로 진입했다. 이 때 외국자본과 함께 국내 부동산시장에는 선진금융기법도 같이 유입되었다. 주로 토지는 공시지가를 기준으로, 건물은 원가법을 적용하여 평가를 하였으나 외국자본은 과거의 거래사례나 재조달시 원가측면보다는 미래의 수익이나 자산가치의 변화에 더 관심을 갖고 있었기 때문에 그에 적합한 부동산평가를 원했고, 정부 역시 상업용 건물에는 이러한 변화에 부응하여 수익환원법을 권장하고 있다.

　수익형부동산의 경우는 특히 해당부동산이 갖고 있는 미래의 예상수익을 현재시점으로 할인하여 순 현재가치(NPV)를 산출해봄으로써 해당 부동산의 객관적인 가격을 결정할 수 있다. 부동산시장이 안정되고 부동산시장의 정보가 쌓이면서 부동산매각 시 발생하는 자본이득의 가능성이 낮아짐에 따라서 상업용부동산평가에 있어서 수익환원법의 중요성은 더 높아지고 있다.

　감정평가사가 구하는 부동산의 이상적인 가격을 정상가격이라 한다. 부동산을 팔려고 하는 판매자와 사려는 구매자가 충분한 시장정보를 가지고 어떤 강요됨이 없이 공정한 매매교섭을 거친 가격시점에 교환되어야 하는 해당부동산 자산에 대한 추정된 가치라고도 볼 수 있다. 상업용부동산의 정상가격을 산출하기 위해서 꼭 필요한 평가방법이다.

　수익환원법은 미래수익 예측에 대한 불확실성을 인식하는 방법으로 순수익을 조정하거나 할인율을 조정하는데 주로 할인율을 조정하는 것이 일반적이다. 상업용부동산의 경우 미래의 시장변화나 기타 변수에 대한 리스크환경이 각각 다르기 때문에 원가방식이나 거래사례비교방식보다 수익환원방식이 적절한 평가 방법이나 실제로는 많이 활용되지 못하고 있다.

하지만 부동산을 팔고 사는 우리들은 잠재적으로 이미 수익환원방식을 적용하여 상업용부동산이나 수익형부동산의 매매를 하고 있다고 볼 수 있다. 그 실례로 "그 건물 월세가 얼마 나오는데?" 라고 하는 질문이 바로 그 증거이다. 투자자 의사결정 시 나름대로 기대수익을 정하게 된다. 이 때 월세를 기대수익으로 계산하여 부동산의 가격이 매겨지기 때문이다.

이러한 가치분석 방법이 완벽하게 모든 부동산의 객관적인 가치를 짚어주지는 않는다. 부동산, 특히 상업용부동산에 해당하는 수익형부동산의 경우 가격변동성이 너무 크고, 시장가치에 영향을 주는 변수들이 너무나도 많기 때문이다. 실제로는 이러한 이론을 무시한 채 개인적인 경험이나 감각으로 부동산 투자활동을 하는 사람들이 더욱 성공하는 사례가 많다. 너무도 아이러니한 일이기도 하지만 경험에 의한 정보나 지식의 중요성이 중요시되는 이유이기도 하다.

TIP **'허락받지 않고 뺀 이사짐'에 관한 판결**

'임차인이 임차주택에서 짐을 뺀다고 해도 임대인으로부터 보증금을 반환받지 못하고 있었다면, 점유권을 인정해야 한다'는 판결이 나왔다. 대법원은 재물손괴및 건조물침입 혐의로 기소된 신모(65세)에게 무죄를 선고한 원심을 확정했다고 밝힌 바 있다(2012년 12월 27일자). 신씨가 짐을 옮기기는 했으나 보증금을 반환받지 못한 상태에서 출입문 열쇠를 계속 보관 중에 일어난 불상사에 대해서 정당행위에 해당한다고 판단해 무죄를 선고한 것이다.

2. 층별업종 취사선택

　　수익형부동산은 투자자들의 기대수익을 충족시켜줌과 동시에 지속적이고 반복적인 월세나 수익을 발생시켜주는 부동산을 말한다. 수익형부동산은 대부분이 상업용부동산에 속한다고 말할 수 있으나, 상업용부동산이 전부 수익형부동산은 될 수 없다. 7층 상가건물이 있고, 매수비용이 10억 원 투자되었다고 가정해보자. 이 부동산을 취득한 투자자는 7%의 수익을 기대했다면 매월 573만 원의 수익이 발생해야 한다. 그런데 실제로는 매월 350만원의 월세수익만 얻고 있다면 연간 수익률은 4.2%에 불과하다. 물가상승률을 감안한다면 실제 투자수익률은 1~2%에 그치고 있는 셈이다.

　　위 사례와 같은 경우 대부분이 상가건물에 입주한 아이템들이 안 좋은 경우가 많다. 특히 층별 특성에 맞지 않는 업종으로 임대를 주었거나, 잘못된 아이템으로 건물주가 직접 사업을 하고 있는 경우일 것이다. 수익형부동산 대부분이 상가건물인데 층별 특성에 적합한 업종들이 입주하게 하거나 직접 사업을 해야 기대수익을 얻을 수 있다. 설렁탕집을 지하층에서 한다면 실패하거나 매출부진에 고전할 가능성이 90%이상이다. 일반적으로 소비자는 냄새나는 지하층에서 음식을 먹으려고 하지는 않을 것이기 때문이다.

　　그래서 지하층에는 술집이 많고, 술 취한 손님을 받는 노래방이나 단란주점 등이 많이 있다. 술에 취하면 냄새감각이 사라지고, 지하층에 대한 거부감이 없어지기 때문이다. 지하층의 경우는 입구의 역할도 중요하다. 지하층 바닥이 1층에서 보이는 직선형 계단이 있고, 한번이나 두번 꺾여서 지층에 도달하는 꺾임형 계단도 있을 것이다. 직선형 계단이 꺾임형 계단보다 매출을 올리는데 절대적으로 유리하다.

　　상가건물에서 장사나 사업을 하고자 하는 경우, 대부분이 1층을 선호하지만 무조건 1층이 좋은 것은 아니다. 업종에 따라서는 굳이 1층에서 사업할 필요가 없는 아이템인 경우는 비싼 보증금과 월세, 권리금을 주고 1층에서 장사할 이유가 없기 때문이다. 1층에서는 김밥전문점, 커피, 패스트푸드 등과 같이 객당가나 매출이 높은 업종이 들어오거나 객단가는 낮으나 탁자회전률이 높은 업종이 입주해야 높은 비용지출을 감당할 수 있다.

일반적으로 오락이나 휴식을 취하려는 사람들을 대상으로 하는 업종은 층이 높으면 매출증가에 지장을 받는다. 반대로 조용한 환경이 필요한 독서실이나 고시원 등은 저층보다는 고층이 유리하다. 건물이 상업지역에 있는 경우는 각종 소음에 노출이 안 되는 윗층으로 입주하게 하거나 임대를 놓아야 한다. 그래야 자동차, 취객, 각종 생활소음에서 차단될 수 있다.

그 동안에는 대부분의 투자자들이나 상가건물 소유자들이 업종과 층수의 궁합을 중요시 하지 않았다. '어떡하든 장사만 잘 하면 매출이 올라오겠지' 하는 안이한 생각으로 임대를 주거나 건물주가 직접 사업을 하곤 했다. 업종과 층수의 궁합이 좋아야 하는 이유가 있다.

업종별 적정층수를 찾아가지 못하면 사업부진의 원인이 되고 결국에는 침몰하는 상황이 되고 만다. 치킨집이 초창기에는 임대료가 저렴한 2층에서 장사를 많이 했는데 거의 망했다. 그 후 치킨 냄새를 환풍기를 이용해 밖으로 내 보내는 냄새 마케팅과 더불어 1층에서 주로 사업을 하게 되었다.

지하층의 경우 투자비용은 2층 투자비용의 70%정도로 기준을 정하면 되면 환기시설이 중요하고, 조명을 최대한 활용해서 지하층의 이미지를 벗어날 수 있는 환경조성이 필요하다. 지하층의 경우 층고가 높을수록 좋고 한 계단의 높이가 15센티를 넘지 않아야 한다. 지층에 적합한 업종으로는 노래방, 비디오방, 휴게 관련, 골프연습장, 주류관련 업종, 주점, 중국집 등의 업종이 입주하는 것이 바람직하다.

지상1층은 얼굴값을 하는 층이다. 외식이나 기호식품관련 업종은 반드시 1층으로 입주해야 하고, 판매업이나 쇼윈도우상의 모델들이 보여야하는 의류, 악세사리, 화장품 등의 업종도 1층에 입주를 시켜야 한다. 1층은 건물의 얼굴이고 첫 인상이다. 가능하면 좋은 향기가 나는 커피숍 등을 입주시켜야 건물가치도 올라 간다. 1층에 적합한 업종은 패스트푸드, 커피, 베이커리, 치킨, 팬시점, 생활용품 점, 미용실, 세탁편의점, 생활편의점, 애완견관련 업종을 입주시켜야 한다.

건물의 지상 2층은 큰 아들 다음인 둘째 아들이라고 말할 수 있다. 건물의 내 부계단을 이용해서 2층으로 올라가는 구조는 매출증가에 나쁜 영향을 주기 때문 에 외부에서 직접 올라갈 수 있는 외부계단을 만들어주어야 한다. 그렇게 함으로 써 임대료도 높게 받을 수 있다. 2층의 경우 1층의 일부를 입구로 활용한 전용계 단을 만들어주는 방법도 임대료를 높게 받을 수 있는 전략이다. 1층에 입주해야 하는 업종인데 높은 임대료를 피해가는 방법으로 이런 전략을 구사하는 외국 프 랜차이즈업체가 많다.

3층 이상은 접근성이 낮지만, 손님들이 찾아 들어오는 업종을 선택한다면 성 공할 가능성이 높다. 3층 이상인 경우는 엘리베이터가 없는 경우와 있는 경우로 나누어 검토해야 한다. 없는 경우는 출입빈도가 높지 않는 업종이 입주해야 한 다. 실례로 주거용도인 경우 아침과 저녁에 한번만 출입하면 되기 때문에 엘리베 이터가 없는 3층 이상이라도 큰 부담은 없다.

3. 건물지층 활용방안

상업건축물(상가건물)을 신축할 때 지하층을 만드는 이유는 몇 가지가 있다. 첫째는 주차장을 확보하기 위해서 지하층을 만들게 되는데 지상층의 건축비보다 최고 2배 이상이 들어간다. 암반층이 나오는 경우는 3배 이상이 투입될 수도 있고, 심한 경우는 지하층 파는 것을 포기해야 할 경우도 있다.

상가건물을 신축할 때 지하층 설계는 매우 중요하다. 지하층은 중요하지 않기 때문에 투자비용을 최소를 정하는 경우가 많은데, 건물 완공 후 큰 낭패를 당할 수 있다. 필자는 건축물의 리모델링을 주제로 석사와 박사학위를 받았다. 필자가 리모델링을 위해서 건물을 진단하고 처방을 위해서 전국의 상업용 건물을 찾아다닐 때, 신축당시 건축주가 조금만 알았더라면 하는 아쉬움이 너무 많다.

아무리 건강한 사람도 나이 들면 여기 저기 망가지기 시작하는데 건축물도 마찬가지다. 신축 후 10년이 지나면 10년 단위로 외부 리모델링을 검토해야하고, 내부 역시 어떤 용도로 사용하는가에 따라서 기간은 달라지지만 필요시 인테리어 및 내부 리모델링 작업을 해야 한다. 지하층을 근린생활용도로 사용하고자 할 경우에는 처음 신축하는 사람이라면 전문가의 자문을 충분히 받아야 한다. 이 때 전문가는 건축사나 건설회사가 아니고 건물 리모델링 수술을 최소 50회 이상 실행안 사람이나 회사이다.

의사에게 가장 중요한 것은 임상시험 횟수이다. 위함 수술을 50회 이상 해본 의사와 4~5회 해본 의사를 비교할 때 성공적인 수술을 할 수 있는 경우는 불 보듯 뻔하다. 의사가 환자를 진단하고 처방하는 과정이나 건축물 전문가가 건물을 진단하고 처방하는 원리는 동일하다. 실용학문이라는 공통점이 있는 의료나 건축분야에서 현장에서 써먹지 못하는 이론적 지식은 의미가 없다.

건물의 지하층은 각종 암이 발생할 가능성이 가장 높은 층이다. 건물의 기초가 되는 부분이지만 지하층이라는 것 때문에 큰 관심을 두지 않는다. 하지만 신축 후 시간이 지나면서 가장 많은 하자가 발생하는 층이기 때문에 신축을 위한 설계단계에서부터 세심한 관심을 기울여야 하다.

이러한 애물단지가 될 가능성이 높은 지하층도 신축설계 시 전문가(건축사 아닌 현장 경험이 많은 사람)의 힘을 빌린다면 매출에 일등 공신이 될 수 있다. 지하층은 건축 연면적에는 포함이 돼도 법적으로 용적률에는 포함되지 않기 때문에 합법적으로 건물의 연면적을 늘릴 수 있기 때문이다.

지하층을 공사할 때 가장 중요한 것은 대지로부터 올라오는 습기를 차단하는 것이다. 습기차단 공사가 제대로 안 될 경우 지하층 사용을 폐기해야 하는 사태로 발전할 수 있다. 경기도 성남의 어떤 건물은 신축 후 20년 되었는데, 신축당시 지하층 방수공사를 소홀히 한 관계로 솟아오르는 물을 막지 못해 현재 지하층 전체가 물로 가득 차 있다.

건물주는 지하층에 대한 매립도 검토하고 있다. 습기차단 공사가 안 될 경우 스며드는 물과 습기로 인해 곰팡이 천국이 되어 사람이 출입할 수 없는 상황이 되기도 한다. 따라서 지하층 공사는 건설회사나 건축사 말만 믿지 말고 제3의 전문가로 하여금 자문을 받아야 한다.

근린생활시설 지하층을 가장 유효하게 활용하기 위해서는 몇 가지 방법이 필요하다. 먼저, 신축을 위해서 설계할 때 지하층으로 접근하는 계단은 가능한 한 꺾이지 않고 직선으로 만들어야 한다. 깊은 지하층이어서 문제가 되는 경우는 직선계단으로 설계를 하고 중간 중간에 참(오도리바)을 만들어 주는 설계 방식을 택해야 한다. 계단면적이 증가한다는 단점은 있으나, 신축 후 지하층을 임대하거나 건축주가 직접 사용할 때 '너무 잘했다'라는 생각을 갖게 될 것이다.

둘째, 집수정(지하층에서 나오는 물을 모으는 시설)을 반드시 만들어야 한다. 대지가 암반층이어서 지하수가 나올 가능성이 없는 경우라도 집수정 공사는 꼭 해놓아야 한다. 물은 바닥에서만 나오는 것이 아니고 시간이 지나고 건물이 노후되면 벽면에서도 나오기 때문이다.

셋째, 환기시설이 중요하다. 창문이 만들어지는 지하층이나 안 만들어지는 지하층 모두 환기 시설을 해야 한다. 지상층은 시간이 지나면서 각종 냄새들로 가득차는 경우가 많은데, 지하층은 예상치 못한 일들이 수시로 발생한다. 따라서 반드시 흡기와 배기시설을 해서 공기순환이 잘 되도록 해야 한다.

넷째, 지하층을 만들고자 하는 경우 토지 모양은 경사가 있는 것이 좋다. 서울의 경우 이화여대 정문 근처가 대표적인 사례이다. 주변 땅 대부분이 15˚ 이상 경사가 있어서 지층을 만들기 적합하다. 이런 경우 지하 1층은 건물 뒷부분에서 보면 지하층이나 앞부분에서 보면 1층으로 보인다.

이런 지역에서는 지하층을 1층 가격으로 임대를 놓을 수 있다. 건물 준공 후 지하층에 주류취급관련, 휴게시설관련, 소호사무실(스마트워크센터), 캡슐호텔(역세권이나 대학가 주변), 전시장이나 미술관, 일부 외식업, 사우나, 찜질방 등이 입주한다는 가정하에 설계를 검토하면 건물 지하층을 보다 더 효율적으로 사용할 수 있다.

다섯째, 근린생활시설 용도로 사용하고자 하는 지하층은 층고(바닥슬라브에서 천정슬라브까지의 높이)를 최대한 높게 해야 한다. 일반적으로 텍스(천정마감)를 기준으로 2m 30㎠ 정도로 마감기준을 정하는데, 할 수 있으면 그 이상 높게 하면 할수록 좋다. 혹자는 천정이 높으면 겨울에 난방, 여름에 냉방비용이 많이 나온다고 하는데, 지상층의 경우는 그럴 수 있으나 지하층은 자동 단열효과가 지상보다 훨씬 높기 때문에 큰 문제가 되지는 않는다.

● 실전투자 사례분석

아래 표는 종로지역에 감정가 36억인 지하 2층 상가를 8억 5,000만원에 낙찰 받아 공사비용 7억원을 투자하고 농협으로부터 6억원의 대출을 받아 스마트워크 센터 50실을 만든 후 3년 동안 운영하고 매각한 사례이다. 필자와 지인들이 함투 (함께 투자) 했으며, 죽은 건물 살리기의 대표적인 실전 사례였다. 3년 동안 운영 하면서 매월 1,500만원씩 5억 4,000만원을 벌어들였고, 매도하면서 양도차익 5 억 5,000만원이 발생했다. 운영수익과 매도에 따른 양도차익을 합쳐서 총 10억 9,000만원의 세전 투자 수익을 얻은 실전 사례이다.

상가건물 낙찰 받아 스마트워크센터 50실 운영수익

(단위 : 만 원)

투 자			수 익 (매월)		
구 분	금 액	내용	구 분	금 액	내용
매수(낙찰)	85,000		잠재매출	3,000	
인테리어	70,000		유효매출	2,550	OCR : 85%
명도비용 외	20,000			200	인건비(변동)
투자합계	175,000			625	운영비(변동)
은행대출	60,000	낙찰가의 70%	비용지출	175	대출이자
				50	기타
				1,050	소계
순투자금	115,000		세전수익(률)	1,500	15.65

3년 운영 후 매도에 의한 총 투자수익

(단위 : 만 원)

투 자			수 익 (매월)		
구 분	금 액	내용	구 분	금 액	내용
매수(낙찰)	85,000	전용면적 : 726㎡	매도금액	230,000	
인테리어	70,000	공사면적 : 726㎡	은행대출	60,000	
명도비용 외	20,000		차액(1)	170,000	
투자합계	175,000		투자원금(2)	115,000	
은행대출	60,000	낙찰가의 70%	양도차익(3)	55,000	(1)-(2), 세전
			운영수익(4)	54,000	3년(36개월)
순투자금	115,000		총 투자수익	109,000	(3)+(4)

4. 주차장이 수익좌우

과거에 도시형 생활주택이 인기가 있었던 이유는 1~2인 가구 증가에 맞추어서 관련 주거시설 공급을 늘리기 위한 정책으로 주차장 설치 기준을 완화해 주었기 때문이다. 도시형생활주택은 1~2인 가구로 정책입안을 했지만 실제 현장에서는 2인 가구가 아닌 1인가구를 위한 원룸형 구조가 90% 이상 공급되었다.

주된 이유는 1인가구가 급증한 2010~2012년 동안 시장의 움직임과 관련이 있다. 1인가구 공급규모가 400만 명에 육박했기 때문에, 부동산시장의 분위기도 1인 주택 공급에 맞춰질 수밖에 없었다. 2인 주택을 공급해봐야 분양이나 입주시킬 자신이 없었을 뿐만아니라 수익률 역시 1인 전용 주택을 공급하는 것이 유리했기 때문이다.

기존의 일반원룸은 1가구 1주차장 제도였으나 도시형생활주택은 3.5가구당 1주차장으로 건축이 가능했기 때문에 수익률 때문에 고민했던 땅주인들이 대거 건축에 뛰어들면서 2~3년 동안 엄청난 물량의 1인 주택이 시장에 공급되었고, 나중에는 공급과잉 논란이 생기기도 했다.

수익률 비교표

(단위 : 만 원)

구 분	공동생활주택(구:고시원)	도시형생활주택	일반원룸
룸수(실)	40	20	6
보증금	무	유	유
월세	1,260	1,000	480
토지매입	120,000	120,000	120,000
건축비	42,000	48,000	48,000
총투자비	162,000	168,000	168,000
수익률(%)	9.33	7.14	3.43

주차장 설치기준에 따른 수익률표 산출기준

지역지구	2종 일반주거지역
토지면적	165㎡
건물면적	330㎡
토지가격	727만원(㎡당)
건축비용	140만원(㎡당)
주차대수	원룸텔 : 2대, 도생주택 : 6대, 일반원룸 : 6대
룸당월세	원룸텔 : 45만원, 도생주택 : 50만원, 일반원룸 : 80만원
룸별면적	원룸텔 : 약 8.25㎡, 도생주택 : 약 18.15㎡, 일반원룸 : 약 49.50㎡
기준지역	서울지역

02

수익형부동산
보유전략

목에 살고 목에 죽는다

1. 교통 접근성

수익형 부동산은 주택법을 근거로 건축된 주택, 아파트, 연립, 다세대와 같은 주거용 건축물이 아니라 건축법에 근거를 두고 지어진 건축물이라고 해도 틀린 말은 아니다. 대부분이 상가건물이기 때문이다. 주택을 구입하거나 투자하는 경우에는 교통 접근성 뿐만 아니라 여러조건을 검토해야 한다.

예를 들어 주변의 자연환경, 나중에 자녀들이 성장해서 다녀야할 학교들의 배치현황, 운동을 할 수 있는 공원이나 산책로, 내 집 주변에 거주하는 사람들의 생활수준, 사교육을 위한 학원들이 있는지, 교육에 나쁜 영향을 미치는 사회시설 등 많은 것들을 종합해서 살펴봐야 한다.

수도권 교통수단별 분담률

구 분		서울	인천	경기
승용차		25.5%	43.9%	49.3%
대중교통	버스	33.4%	31.2%	30.8%
	철도	27.0%	9.9%	7.5%
	소계	60.4%	41.1%	38.3%
택 시		9.1%	8.6%	6.2%
기 타		5.0%	6.5%	6.2%
합 계		100.0%	100.0%	100.0%

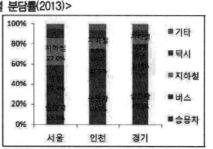

<수도권 교통수단별 분담률(2013)>

자료 : 수도권교통본부(2013), 『2013년 수도권 여객 기종점통행량(O/D) 현행화 공동사업』.

하지만 수익형 부동산에 투자하거나 구입하려는 사람들은 대상 부동산을 구입 후 단순임대를 통해서 임대수익을 얻고자 하는 경우가 있을 것이고, 한편으로는 투자자가 대상 부동산을 활용해서 어떤 사업을 직접하거나 전대사업을 검토하는 경우가 있을 것이다.

전자의 경우는 가장 일반적인 투자 방법이지만 현실적으로 높은 수익을 낼 수는 없다. 강남의 경우 3%대, 강북의 경우 5%대, 수도권과 지방의 경우 약 7%대의 수익을 기대할 수밖에 없다.

후자의 경우는 경우에 따라서는 비교적 높은 수익을 낼 수 있다. 오피스텔과 같은 일반적인 투자는 전자와 같은 단순 투자라고 볼 수 있기 때문에 후자의 범위에 포함시키지는 않으려 한다.

수익이 높은 틈새아이템을 본인이 구입한 상가건물에 직접 접목한다면 단순임대업보다 2배 이상의 수익을 낼 수 있다. 1인가구 전용 주거공간인 코쿤하우스, 스마트워크센터, 캡슐호텔이나 게스트하우스, 홈스테이, 위클리맨션, 노인홈, 숙소와 아침식사를 제공하는 비엔비모텔, 기숙형오피스 등이 대표적인 틈새아이템이다.

먼저 서울의 경우 대중교통을 살펴봐야 한다. 대표적인 대중교통은 지하철과 버스인데, 버스정류장이나 통행상황보다 지하철 역세권에 더욱 비중을 두어야 할 것이다. 버스의 경우도 2008년경부터 도입된 버스환승 시스템은 세계적으로 볼 때도 전혀 손색이 없는 이용자 편의형 버스교통 시스템으로 알려져 있다. 노선만 알면 지하철보다 더 편하다는 것을 알 수 있다.

버스의 경우는 우리 몸의 핏줄과 비교될 수 있다. 도시 교통 혼잡완화를 위해 대중교통에 대한 투자는 지속되어 왔다. 1996년 서울시의 버스 수송분담률은 30.1%에서 2007년 27.6%로 감소하였다. 버스의 수송분담률이 낮아진 이유는, 지하철이 주된 대중교통으로 등장하였기 때문이다.

또한 극심한 도로 정체와 버스 서비스 수준의 저하 등 종합적인 문제에 기인한다. 따라서 시내버스의 승객은 감소하고 시내버스 업체의 수입은 증가하지 않아 경영여건이 더욱 악화되어 서비스수준을 저하시키는 악순환이 되었다. 이러한 문제점을 보안하고, 안정적인 시내버스 서비스를 제공하기 위해 서울시는 2004년 7월부터 시내버스 준공영제를 시행하고 있다.

시내버스업체별 노선 독점 방식에서 노선공공관리, 운행실적 기준 수입금 공동관리 체제를 마련한 것이다. 준공영제 정책의 목표는 안정적인 대중교통 서비스 제공기반을 마련한다. 합리적인 경영개선을 도모하여, 시민에게 고품질의 교통 이동권 서비스 제공을 목표로 한다.

교통접근성 문제는 부동산 임대업에 큰 영향을 주기 때문에 서울지역 전체적인 교통량을 먼저 분석할 필요가 있다. 특히 한강에 설치되어 있는 다리들의 교통량 분석은 주변지역의 인구 이동량과 비례하고 인구밀도와도 밀접하기 때문에 수익형 틈새부동산 임대사업에도 영향을 준다.

한강다리 교통량 분석 (2015)

순위	다리명칭	점유율(%)
1	한남대교	10.50
2	성산대교	9.86
3	양화대교	9.25
4	영동대교	8.08
5	마포대교	7.38
6	동호대교	6.58
7	한강대교	6.56
8	천호대교	6.21
9	성수대교	6.19

한강다리 교통량 분석 결과 한남대교가 가장 많은 버스노선이 운영되고 있는 것으로 조사되었다. 이것은 강남지역 신사동과 논현동 상권의 상주인구와 유동인구에 영향을 주는 것으로 나타나고 있다. 관련해서 강남역과 양재역 주변의 인구 밀도와 상권활성화와 밀접한 관련이 있다. 강북지역으로 한남동, 이태원동, 장충동과 명동, 종로일대의 인구이동과 상권현황과도 관련성이 있는 것으로 나타나고 있다.

성산대교의 경우 두 번째로 버스통행량이 많은 것으로 나타나고 있는데, 이 자료를 바탕으로 분석한 결과 강서구, 양천구, 영등포구 지역의 인구인동과 상권에 영향을 주는 것으로 나타나고 있다. 특히 양천구 목동지역과 강서구의 등촌동, 김포공항지역 주변의 인구이동이나 상권과 관련성이 있는 것으로 나타나고 있다. 좀 더 멀리는 부천지역의 인구가 서울의 마포구의 홍대상권, 서대문구의 신촌상권이나 이대상권 지역의 젊은 유동인구들이 이동하는 동선과 관련이 있는 것으로 조사되었다.

양화대교의 경우 당산역 주변, 영등포구청 주변, 문래동과 신도림지역의 인구이동이나 상권과 관련성이 있고, 합정동, 서교동, 연남동, 연희동 상권으로 유입되거나 유출되는 유동인구들이 주로 이용하는 노선으로 나타나고 있다.

영동대교의 경우는 강남구 압구정동, 청담동 주변지역과 성수동 한양대 상권으로 연결되는 상권으로 이동하는 젊은 유동인구들의 이동경로로 분석되고 있다. 특히 영동대교는 강남지역에 직장을 둔 강북지역의 회사원들이 많이 이용되고 있는 것을 나타나고 있다.

마포대교는 우리나라 대표적인 업무시설 지역인 여의도 일대의 회사원들이 주로 이동하는 경로인데, 강북지역으로는 마포, 공덕동, 아현동, 충정로, 시청, 을지로, 청계천 지역까지 이동하는 연결선상에 놓여 있다.

동호대교는 강남지역의 압구정동, 신사동, 논현동과 강북지역의 약수동, 충무로, 을지로와 종로지역으로 연결되는 경로이동을 나타내고 있다. 동호대교의 버스노선은 강남구 삼성동과 역삼동으로 이어지고 있다는 면에서 주변상권의 부침에 많은 기여를 하고 있다.

한강대교의 경우 동작구 상도동, 노량진, 중앙대학교가 있는 흑석동 지역과 용산구, 숙명여대가 있는 남영동, 서울역으로 이어지는 이동경로를 나타내고 있다. 용산개발 프로젝트와 관련해 한강대교 확장도 예상되었으나 용산개발사업의 무산으로 기대가 물거품이 되었다.

천호대교는 한때 서울지역 빅3상권까지 부상했었던 천호동 상권과 강동구 둔촌동, 명일동, 길동지역과 강북의 구의동, 군자동, 건대상권으로 연결되는 경로상에 있어서 대중교통량이 꽤 높은 다리이다.

성수대교는 강남지역의 압구정동, 청담동 일대와 강북지역의 왕십리상권을 연결하는 다리로 왕십리 지역을 활성화하는데 중요한 대중교통 경로이다. 이와 같이 한강지역의 모든 다리를 분석하지는 못했지만 교통량이 높은 한남대교에서부터 아홉 번째인 성수대교까지 교통량이 높은 순서대로 어느 지역의 상권과 관련성이 있는지 살펴보았다.

수익형부동산 임대사업은 인구밀도가 매우 중요하다. 특히 중년층이나 장년

층이 아닌 젊은층들의 인구 유입경로와 이동경로과 관련성이 높다. 이러한 버스 등의 교통량 분석을 통해서 주변상권의 인구 이동상태를 살펴보고, 인구가 머무는 지역에서 임대사업을 검토한다면 투자위험을 회피(hedge)할 수 있을 것이다.

2. 발전 가능성

수익형 틈새부동산에 투자를 검토할 경우에는 기왕이면 발전가능성이 높은 지역에서 해야 한다. 발전가능성이 높다는 얘기는 상권의 규모가 커야한다는 것을 의미하는 것은 아니다. 상권자체에 작은 특징이 있고, 그것들이 숙주가 되어서 비슷한 점포나 업소들이 증가하는 현상들이 나타나는 지역이면 좋다. 실례로 경복궁역 인근에 공장형 커피숍이 하나씩 보이고 있는데 최근에는 그 숫자가 많이 증가하고 있다.

일반적으로 임대사업을 생각하는 사람들이 1순위로 꼽는 곳은 신촌지역이다. 상권이 크고 주변에는 대학들이 많이 있기 때문이다. 연세대, 이화여대, 홍익대, 서강대, 명지대 등, 대학들이 여기처럼 밀집되어 있는 곳도 드물다. 어찌보면 투자하면 무조건 성공할 수 있는 지역으로 보인다. 반면에 다른 지역보다 투자에 따른 함정이 많은 곳이다. 상권이 크다보니 대기업들이 속속 진입하고, 단위별 공급규모가 최소한 몇 만평이다. 오피스텔의 경우 400~500채씩 공급되는 경우가 비일비재하다.

크고 좋은 상권이 반드시 높은 수익을 내는 것으로 연결되지는 않는다. 투자 안전성을 선택할 것인가, 실속있는 투자를 할 것인가는 중요한 문제이다. 신촌지역이 미래 언젠가는 재개발이나 상권리모델링을 통해서 다시 태어나는 시대가 오겠지만, 현재 상황으로 볼 때 지금의 상태를 벗어나는 것은 그리 녹록지 않다.

상업지역이 아닌 곳이 대부분이어서 토지가격에 비해 투자 수익률이 높지 않고, 무질서한 건축물의 배치상태는 건물주간 이해관계를 복잡하게 만들어 놓고 있다. 4~5층 되는 건물들이 산재해 있고, 건축연도가 40~50년 된 경우가 많아 건축도면 자체도 없고, 위법내용이 없는 건물이 거의 없을 정도로 많다. 서대문 구청에서도 민원이 들어오지 않는 한 손을 델 수 없을 정도로 불법건물과 위법건물이 널려있다.

필자의 지인 한 분도 최근 퇴직금 전액을 쏟아 부어 사들인 건물이 1층 말고는 투자 수익이 나오질 않고 있어 고민이 크다. 건물이 노후되어 어디서부터 손을 대야 하는지 몰라 손을 놓고 있는 상황이다.

신촌지역을 '발전가능성이 높은 지역이다' 라고 표현하는 사람은 거의 없다. 그냥 '강북지역에서 제일 규모가 큰 상권이다' 정도로 알고 있는 경우가 대부분이다. 물론 어떤 아이템으로 임대사업을 하는가에 따라서 다르긴 하지만, 10여년 전부터 하향곡선을 그리고 있는 상권이라고 필자는 결론을 내리고 싶다.

반면 성북구에 위치한 국민대의 경우 주변에 상권도 없고 교통도 불편하다. 북한산 밑에 위치하고 있어서 접근성도 별로다. 일반인들도 투자를 선호하는 상권도 아니다. 그렇지만 현실은 그 반대이다. 신촌지역 투자수익률의 2배 이상을 올릴 수 있는 곳이기도 하다. 왜 그럴까? 신촌은 공급과잉 상권이고 국민대는 공급부족 상권이기 때문이다.

부동산시장의 특성 중 국지성이라는 놈이 있다. 수익형부동산 투자를 고려하는 사람이라면 이 특성을 주목해야 상권을 읽을 수 있다. 요즘에는 비도 국지성 호우라고 한다. 수익형 틈새부동산 투자에는 국지성 공부를 많이 해야 성공할 수 있다.

근접한 지역이라고 할지라도 세부적인 내용은 너무 차이가 많이 난다. 필자는 20여년간 수익형 틈새부동산만 만들고, 투자해왔다. 그 동안 500여건을 검토했고 100여건을 실제 투자하거나 개발을 하였다. 매입할 때는 하자가 많은 건물만을 골라서 매입했고, 리모델링을 통해서 하자를 없앤 후 정상적인 건물로 만드는 작업을 전문으로 해왔다.

가끔 이런 상상을 해본다. 의대를 졸업하고 암환자 1,000명을 진찰하고 암수술을 100회 실시한 의사에 필자를 비유해본다. 의사가 수술을 할 때 의대에서 공부한 내용도 중요하지만 실제 환자의 진찰과 수술을 통해서 수술성공의 완성도를 높일 수 있다. 필자 역시 1,000여 건의 건축물을 진단하고 100여 건은 대수술을 통해서 죽은 건물에 새로운 생명을 불어넣었다.

그러한 일만 20년, 강산이 두 번 변했다. 법대를 졸업하고 부동산학으로 석사와 박사학위를 받았다. 온-라인과 오프-라인을 넘나들면서 정신없이 살아왔다. 그리고 이론과 실무경험(임상시험)을 통해서 부동산 하이브리더(hybrider)가 되었다. 남들의 인정 여부를 떠나서… 왜 이런 일을 하냐고 물어본다면 좋아서 한다고 말한다.

발전가능성 얘기를 하다가 잠시 옆길로 가버렸다. 위에서 두 상권의 사례를 통해서 발전가능성에 대한 얘기를 전개했다. 위 두 지역간 발전가능성이 높은 곳이 어딘가는 위에서 언급한 내용을 참고로 독자 여러분의 판단에 맡긴다.

민법에 부동산은 토지 및 그 정착물이라고 표현하고 있다. 토지는 땅이고 정착물 중 대부분은 건축물이다. 따라서 부동산 얘기는 토지에 관한 얘기와 건축물에 관한 얘기가 될 수 밖에 없다. 토지는 국토의 계획 및 이용에 관한 법률에서 규정하고 있다.

토지 이용관련 대분류로 도시지역과 비도시지역이 있다. 도시지역은 다시 주거지역, 상업지역, 공업지역, 녹지지역으로 나누어진다. 비도시지역은 관리지역, 농림지역, 자연환경보전지역으로 구분된다. 이런 구분을 지역지구라 하고, 영어로 조닝(zoning, 지역분할)이라고 한다. 우리나라는 이러한 지역, 지구, 구역제를 통해서 전국의 토지를 대분류, 중분류, 세분류 형태로 관리하고 있다.

건물의 경우 건축법 시행령에서 건물의 용도를 9가지로 대분류하고 있다. 자동차관련시설군, 산업시설군, 전기통신시설군, 문화집회시설군, 영업시설군, 교육 및 복지시설군, 근린생활시설군, 주거 및 업무시설군, 그 밖의 기타시설군이 9가지 대분류이다. 자세한 내용은 뒷부분에서 다시 검토하기로 한다.

이처럼 토지와 건물에 대한 이해가 두 법률을 통해서 정리될 때 전문성이 생기고 투자하기 전 정확한 판단을 할 수 있다. 부동산투자는 실물자산을 다루는 투자활동이다. 주식은 유가증권을 다루는 투자활동이다. 유가증권은 권리증서이며 실물자산을 의미하지는 않는다.

실물자산과 유가증권 투자는 완전히 다른 각도에서 접근해야 할 것이다. 유가증권은 정보분석이 중요할 것이고, 실물자산인 부동산은 임장활동을 통한 상권분석과 물건분석이 포인트다. 부동산은 오프-라인에 가깝고, 유가증권은 온-라인에 가까운 시장이다. 따라서 부동산은 투자나 개발경험이 중요하다.

사람마다 얼굴이 다르듯 모든 부동산이 모양과 형태 및 위치가 다르다. 따라서 매수전략도 각각 다르고 보유전략과 출구전략도 개별적으로 검토해야 하다. 아파트의 경우는 비슷한 거래사례들이 합쳐진 후 가격기준을 만들어내지만, 상업건축물은 거래사례 비교를 통해서 가격산출이 불가능하다. 같은 위치에 같은 모양의 건물이 거의 없는 매장용 건축물의 경우, 거래사례를 통해서 가격을 결정하기가 쉽지 않다.

상가 건물은 개별적인 가치분석을 통해서 각자의 가격이 매겨진다. 어찌보면 사람들에 대한 가치결정 과정과 상가건물의 가치결정 과정이 동일하다고 볼 수 있다. 수익형부동산의 미래가치는 건물보다는 대상지역의 토지가 미래에 개발가능성이 있는가와 토지가격을 상승시킬 이슈가 있는가에 달려있다.

그 동안 대도시지역, 특히 서울지역의 경우는 뉴타운이라는 재개발정책에 따라서 가치상승이 이루어지곤 했는데, 건물이 밀집된 도시지역의 경우 이해관계가 복잡하고 보상에 대한 불만이 갈등으로 확산되어 재개발추진에 많은 시간이 걸렸다. 게다가 주택공급 과잉과 투기억제 정책에 따라서 주택가격이 폭락하고 재개발에 따른 가치상승 효과는 없어지고 있는 상황에서 도심재개발 정책에 대한 새로운 대안이 필요하게 되었다.

부동산 중 토지가격 상승요인이 없어진 이유 중 첫번째는 공급과잉에 무게를 두고 싶다. 공급이 넘치는 시대에는 가격 현상유지는 어렵기 때문이다. 두 번째는 개발정책의 비탄력성이다. 토지는 그 위에 지어지는 건물로 인해서 빛을 본다고 해도 과언이 아니다. 각종의 재개발 재건축이 탄력을 받지 못하고 있는 상황에서 그 기초가 되는 토지가격 상승은 기대하기 어렵다.

그러면 부동산의 미래가치는 소멸한 것인가? 주택의 경우 수요시장 확대로 재개발, 재건축이 활성화되기도 하고 위축되기도 하는 그래프를 반복해왔다. 주택의 경우는 가격 탄력성이 수요와 공급에 의존하지만 매장용으로 많이 사용되는 상업건축물의 경우는 가격탄력성은 수익률에 의존한다.

사람도 개인별 능력에 따라서 급여나 인건비가 정해진다. 마찬가지로 상업건축물도 각자의 능력에 따라서 가치가 결정된다는 것이다. 이것이 수익환원법에 의한 건물의 미래가치이다. 월세를 많이 받아내는 건물은 가치가 높아지고, 월세를 조금 받는 건물은 신축건물이라 해도 현재가치, 즉 매매가격은 낮아질 것이다. 다시말해 상가건물은 월세수익에 따라서 건물의 가격이 결정된다.

미래가치를 스스로 만들어낸다는 것은 높은 월세를 받을 수 있는 건물을 만드는 것이다. 상가건물을 매입 후 보증금 00만 원에 월세 00만 원 하는 식으로 단순임대를 하지 말고, 매입한 상가건물이나 보유한 상업건축물을 1인 가구전용 주거공간인 코쿤하우스로, 단독주택은 여행자를 위한 저가형 숙소인 게스트하우스 등으로 만들어 임대사업을 한다면 단순임대보다 2배 이상 수익을 얻을 수 있다.

이때 추가로 얻는 월세만큼 건물의 가치는 높아진다. 이러한 과정을 통해서 아파트와 달리 상가건물이나 단독주택을 수익형 틈새부동산으로 컨버전(conversion)시킨다면 수요와 공급, 정부의 정책 등과 무관하게 스스로 몸 값을 높이는 작업이 가능한 것이 상업용건축물이다.

압구정동에 성형외과가 넘쳐나고, 성형수술을 하는 인구가 급증하고 있다. 예쓰게 보여서 스스로의 가치를 높이고자 하는 것이다. 이런 측면에서 사람과 상업 건축물의 가치 높이는 작업은 거의 유사하다고 볼 수 있다. 미래는 부동산이나 사람들이 공통적으로 스스로 노력에 의해서 자기의 가치를 올리는 작업이 지금 보다 더 활성화될 것이다.

발전가능성이 없는 지역의 부동산을 매수한 후 가치 높이기를 포기할것인가? 포기할 필요가 없다. 상가건물이나 주택의 경우 스스로 가치를 만들어낼 수 있는 아이템이 있기 때문이다. [1]셀프머니(selfmoney)시대가 시작되고 있다.

그 동안에 부동산에 투자하는 사람들은 부동산에 투자했다기 보다는 발전가 능성에 투자해 왔다. 도심지역의 재개발 지분에 투자한 경우가 그 대표적인 사례 이다. 강원도나 제주도 지역에 투자한 경우는 지역개발 정보에 의존하거나 기획 부동산들이 허공에 날리는 허황된 정보에 현혹되어 투자한 경우도 있었다.

몇년전, 많은 사람들은 부동산시장이 너무 침체되어 있다고 표현했지만, 필자 는 다른 견해를 갖고 있다. 오랫동안 사 놓고 한 밤 자고나면 올라가는 불안정한 시장이 안정된 시장으로 들어선 것이다. 또한 혹자는 부동산가격이 떨어지고 있 다고 표현했지만 필자는 "거품이 꺼지고 있는 중이다"라고 표현했다.

부동산을 보유하고 거래하는 과정도 투명해졌다. 보유에 따른 세금부담이 만 만치 않다. 거래과정에서 생기는 세금도 100% 납부해야 한다. 부동산투자에 따 른 전 과정이 노출되고 있다. 부동산시장이 블라인드 마켓(blind market)에서 선 진국형 누드마켓으로 변하고 있는 것이다.

---

1) 스스로 가치를 높여서 벌어들이는 돈

3. 수요 예측성

'시장은 수요를 먹고 산다'. 소비자는 수익형부동산 시장에서 공급자(투자자)를 위한 먹이사슬이다. 소비자가 없는 공급은 밑빠진 장독에 물을 붓는 허망한 작업이다. 수요예측은 생각보다 어려운 일이다. 보이지 않는 곳에 숨겨져 있기 때문이다. 수요라는 놈은 자신의 모습을 남에게 드러내 보이는 것을 싫어한다.

이러한 상태에서도 공급자 입장인 투자자는 그 수요란 놈을 찾아내야 투자의 안전성을 담보받을 수 있는 것이다. 남들의 입을 통해서 수요가 존재하는지 알아낼 수 있지만, 가장 안전한 방법은 전수조사를 하는 것이다. 전수조사란 말 그대로 전체를 이 잡듯이 모두 조사하는 것이다.

전수조사하는 방법은 첫째, 특정지역을 설정한 후 원룸에 대한 수요가 있는지, 다중생활시설(구 고시원)에 대한 수요가 존재하는 것인지 조사를 하는 것이다. 조사할 때 물론 수요의 규모파악은 물론이고, 예상 가격을 조사하고 현재 운영 중인 곳의 공실률은 어떤지 같이 조사를 하게 된다.

두 번째 전수조사 방법은 정해진 지역을 반복적으로 조사하는 방법이다. 기간을 설정하고 그 기간 동안 여러 번 반복해서 조사를 해야 한다. 가능하면 1년 365일을 4회 이상을 하는 것이 바람직하다. 봄, 여름, 가을, 겨울 동안 각 1회 이상 시장조사를 함으로써 계절별로 나타나는 특징과 장, 단점을 체크할 수 있다.

첫 번째 대상은 내가 투자하고자 하는 임대아이템으로 사업을 하고 있는 사람이나 업체이다. 가장 정확한 시장조사를 할 수 있는 대상이기도 하지만 결코 만만한 작업은 아니다. 아는 사람도 아니고 모르는 사람들이기 때문이다. 이런 경우 잠행취재 형태로 가능하기도 하고 대상업체에서 살고 있는 임차인을 통해서도 얼마든지 정보를 얻을 수 있다. 반드시 운영주체인 주인을 통해서 정보를 얻을 필요는 없다.

두 번째 대상은 관련사업에 종사하는 사람이나 업체를 통해서 수요예측 조사를 하는 것이다. 대표적인 관련업체는 중개업소들이 될 것이다. 해당지역의 최전 방에서 가장 많은 정보를 갖고 있기 때문이다. 그들은 많은 정보를 갖고 있기도 하지만 가장 현실적이고 정확한 정보원이다.

수요예측 방법을 학문적으로 접근해보자. 그 첫 번째가 정성적 예측법이다. 정성적 예측법은 네 가지 정도로 구분되는데 첫째, 예측을 하는 본인들의 주관적 인 판단에 의존하는 방법이다. 전문가들의 의견을 개진하여 일치되는 의견을 모 아서 그 결과를 갖고 예측하는 방법이다.

둘째, 시장조사방법이다. 앙케이트를 만들어서 직·간접으로 관련이 된다고 하 는 사람들에게서 나온 결과를 갖고 수요를 예측하는 방법이다. 시간과 비용이 많 이 들어가는 방법이지만 정성적 방법 중 시장의 현황을 잘 반영한다는 평가를 받 는 기법이기도 하다.

셋째, 수명주기법이다. 새로 런칭하려는 수익형부동산 상품이 있다고 가정을 한다면 기존 임대상품의 주기별 특성이나 수요공급의 변화를 유추해볼 수 있다. 일종의 사례분석을 통해서 시장진입의 수요예측을 해보는 방법이다.

넷째, 델파이법이다. 이 방법은 수요예측 절차의 전반부에서 얻어진 의견과 정보를 중간단계에 반복적으로 적용하여 또 다른 정보를 얻어내려고 할 때 사용 되는 기법이다. 주로 장기적인 수요예측을 하고자 할 때 이용되는 이론이다.

10대 미래 유망기술

1	스마트폰 이용 진단기기	6	비콘 기술
2	의료 빅데이터 기술	7	진공단열물질 기술
3	바이오스템프(신체부착센서)	8	에너지 하베스팅 나노소재
4	Li-Fi 기술	9	개인맞춤형 스마트러닝
5	가상 촉감 기술	10	실감공간 구현 기술

학문적 예측법 중 두 번째는 정량적 예측법이 있다. 시장에서 상품의 수요량이 과거 일정기간 동안이나 계절별로 어떤 형태의 그래프 곡선으로 나타나는지를 조사하는 방법이다. 변화하는 형태나 패턴분석을 하여 결과를 얻고자 하는 방법이다. 정량적 예측법에서 가장 많이 사용하는 것은 시계열적 분석법이다. 종적으로 시간이 흘러가는 과정을 따라서 일어나는 현상들을 체크하고, 수요공급의 패턴변화를 분석하는 방법이다.

정량적 예측법 중 또 다른 방법은 인과관계를 분석하는 방법인데, 수요를 영향을 받아 변하는 종속변수로 놓고, 그 수요변화에 영향을 주는 변수인 독립변수를 설정한 후 양 변수 간 인과관계 분석을 통해서 시장수요를 예측하고자 하는 방법이다. 즉, 독립변수가 종속변수에 미치는 영향을 보고자 할 때 사용된다.

종속변수와 독립변수 간 상호 어떤 영향을 주는지 분석하는 상관관계 분석과는 다르다. 이론적인 시장예측법은 통계를 따로 공부해야 체계적으로 정리를 할 수 있는데, 수익형부동산 수요를 예측하고자 할 때는 석·박사 논문 수준의 통계분석 이론까지는 필요하지 않다.

목에 살고 목에 죽는 부동산시장의 특성으로 볼 때, 수요예측은 개발사업을 하거나 부동산 상품을 분양하거나 임대를 할 때 성공여부를 좌우하는 중요한 자료가 된다. 정확한 수요예측을 통해서 분양상품의 물량이 정해지고 개발규모와 마케팅 전략이 세워진다. 특정한 역세권이나 대학가에서 원룸이나 오피스텔의 수요가 어느 정도 필요할 것인지를 아는 것은 중요할 수밖에 없다. 정확한 수요예측은 수익형부동산을 분양하고자 하는 업체나 투자하고자 하는 개인들이 투자의사를 결정하는데 중요한 정보가 된다.

정확한 수요예측으로 우리가 얻을 수 있는 효과는 무엇인가? 첫째, 불필요한 투자를 피하고, 경제적이고 꼭 필요한 규모의 공급기준을 설정할 수 있다. 상권이 크다고 수요가 무한정하게 있는 것도 아니다. 홍대상권이나 강남역상권을 우리는 공룡상권이라 부른다. 상권규모가 큰 이유로 이 지역에는 이미 많은 업체들이 원룸이나 오피스텔을 공급하고 있고, 현재도 공급을 위한 리모델링 활동이 꾸준히 이루어지고 있기 때문이다.

해당지역의 임차수요를 보다 정확하게 분석한다면 꼭 필요한 공급시기를 정할 수 있고, 수요공급 불균형으로 인한 투자 위험을 줄일 수 있다. 수익형부동산은 해당지역의 수요량과 밀접한 관련이 있기 때문에 정성적 방법과 정량적 방법을 잘 조화시켜 투자자가 얻고자 하는 결과물을 찾아내는 작업이 필요하다.

필자 개인적으로는 익명의 전문가 집단으로부터 얻고자 하는 결과도출을 시도하는 델파이법을 선호한다. 특정전문가의 개인적인 영향을 받을 수 있다는 단점도 있고, 다수의 의견을 취합 후 분석하고 재배포를 통해서 많은 시간과 비용이 투입되어야 하지만, 해당지역 현장에서 관련업을 반복적으로 하는 전문 집단이라면 객관성 있는 결과가 나올 수 있다고 보기 때문이다.

또한 전문가들이나 해당지역에서 반복적으로 업무를 하는 중개사들의 도움을 받아 1차적으로 개인들의 의견을 취합하고, 평균치와 사분위 값으로 나타낸 후 그 결과를 다시 알려준 후 2차적으로 합치된 결과를 만들어낼 수 있다면, 가장 객관적이고 현실적인 시장자료를 취득할 수 있기 때문이다.

주거시설 임대사업은 시행사업이나 분양사업보다 수요예측의 중요성은 더 커진다. 상권규모가 크다고 해서 수요가 많다고 판단하는 것도 위험한 일이고, 작다고 해서 수요가 없을 것이라고 예단하는 것도 잘못된 판단이다. 상권의 규모가 커도 공급이 부족한 지역, 상권규모가 작아도 공급이 넘치는 지역이 있기 때문이다.

수익형 부동산 중 임대시설에 투자하기 위해서는 투자하고자 하는 지역을 중심으로 4㎞ 이내에 중요한 시설물이나 관공서가 있는지 분석해야 한다. 관공서는 인구를 집중시키는 역할을 하기 때문이다. 관공서 중에서 민원실 규모가 클수록 인구 집중효과가 크게 나타난다.

반대로 인구를 분산시키는 업종이나 시설물이 있다. 병원은 인구를 집중시키는 시설물이 아니다. 병원주변에는 일반상권이 형성되지도 않을뿐더러 상권발달이 거의 없다. 모든 사람들은 병원에 갈 일이 없기를 바라고 병원에 가는 자체를 꺼린다. 우리가 살아가는데 꼭 필요한 시설이기는 하나 한편으로는 기피시설물이다.

개천 역시 인구를 남북이나 동서로 갈라놓는 역할을 하기 때문에 상권을 활성화시키는 시설물이 아니다. 청계천은 종로지역과 을지로 충무로 지역의 상권을 끊어 놓고 있다. 도심지역에서 개천물이 흐르는 모습을 시민들에게 보여줌으로써 시내중심에서 항상 물이 흐르는 개천을 제공한다는 의미는 있으나, 상권활성화에는 큰 도움이 안 되고 있음을 우리는 지금 지켜보고 있다.

청계천 지역을 복개한 수 청소년들의 이벤트 공간으로 만들었다면 프랑스의 몽마르뜨 언덕 같은 세계적인 명소가 대한민국 서울 한복판에 만들어졌을 것이다. 예술가들이 거리예술을 펼치고, 화가들이 도시의 모습을 화폭에 담아내고, 음악가들이 곳곳에서 음악을 연주하고, 성악가들이 행인들을 위해서 꾀꼬리 같은 목소리로 노래를 부르는 그런 공간이 되었으면 어땠을까 하는 상상을 해본다.

그렇게 되었다면 역사의 거리 종로, 청계천이벤트광장, 인쇄의 메카 을지로, 영화의 거리 충무로가 거대한 메트로 상권으로 화려한 꽃을 피우지 않았을까. 청계천은 하천 복원에 만족함으로 인해서 세계적인 명소가 될 수도 있는 기회를 잃어버렸다. 지금이라도 일부를 복개하여 이벤트광장으로 변경하는 것도 검토해봐야 할 것이다.

공원 역시 인구를 집중시키는 시설물은 아니다. 꽃 박람회 등과 같은 이벤트 행사를 할 경우에만 반짝 인구가 집중되지만, 그러한 행사가 없는 평소에는 인구를 모아주는 시설물이 아니다. 여름에는 노숙인들이 붐비고, 겨울에는 새들만이 오락가락하는 시설물이기 때문이다.

수익형 부동산 임대사업은 내용별로 그 결과가 다르다. 1인가구들이 거주하는 다중생활시설(구 고시원)이나 원룸을 활용해 임대사업을 한다면, 도보로 10분 이내에 이동할 수 있는 지역에 종합대학교가 하나쯤 있으면 좋다. 종합대학교는 보통 학생수가 1만 명을 넘기 때문에 지역의 소도시 하나와 동일한 지역적인 영향력이 있다.

아니면 역세권에 위치해야 한다. 도보이동으로 10분 이내의 거리상에 지하철역이 있으면 금상첨화다. 젊은 청년층이 주를 이루는 회사원과 대학생들은 누구나 지하철로 이동하는 것을 선호하기 때문이다. 타 교통수단에 비해서 약속시간을 지켜주고 한꺼번에 수많은 인구를 이동시킬 수 있다는 장점이 있다.

수익형부동산의 특성상 정확한 수요예측은 투자의사결정의 중요한 포인트이다. 따라서 해당지역 중개업소를 통해서 투자자 본인이 얻고자 하는 정보와 자료를 충분하게 확보한 후 투자여부를 결정해야 할 것이다. 특히 상권은 커 보이나 실제 수요 분산 현상이 심해 수요가 나누어질 경우 낭패를 당할 수 있다. 개인 투자자들이 수익형부동산을 투자할 때, 수요예측 실패를 피하는 방법 중 하나는 대기업이 싸우는 공룡상권을 피하는 것이다.

서울지하철 2호선 라인상에서 본다면 이대역, 신촌역, 강남역, 삼성역 등이 그 대표적인 역세권이다. 필자가 추천하는 지역은 강북지역의 변두리 상권에서 종합대학상권을 반경 10분 이내에 끼고 있는 2호선이 아닌 기타 지하철라인이 지나가는 역세권에 틈새시장이 의외로 많다. 수익형부동산 상권도 사람얼굴 다르듯 모두 제 각각이다. 따라서 특정 상권에서 수회 반복해서 투자해본 사람들은 그 해당지역을 너무도 잘 안다.

증권시장 상장법인이나 코스닥시장 등록법인의 사장들만이 알고 있는 내부정보를 그들은 알고 있기 때문이다. 어떤 개인이 특정상권에서 부동산투자를 반복적으로 한다는 것은 그 지역을 잘 알아서이기도 하지만 돈이 되는 지역이기 때문이다. 또 그들만의 리그가 벌어지는 상권의 수요예측은 정확할 수밖에 없다.

필자는 20년 이상 서울지역의 구석구석에서 투자활동을 하고 있다. 그렇기에 그 누구보다 수요예측을 위한 각 지역의 내부정보를 갖고 있다. 이 책을 읽고 계시는 독자여러분은 본 저서를 통해서 잠깐씩 속살을 드러내는 필자만의 내부정보를 접하게 될 것이다. 본 저서의 곳곳에 숨겨져 있는 내부정보를 캐내기 위해서는 2회독 이상을 권한다.

4. 트렌드 창출성

트렌드(trend)는 현상들의 집합이다. 우리의 생활공간인 시간과 공간 속에 하나 하나의 파편으로 떠다니는 현상들이 모여서 현상들의 집합이 만들어지고 그 집합체들을 우리는 트렌드라고 말한다. 트렌드는 각각의 현상들이 모여져야 우리들 눈에 보이기 시작한다.

파편으로 떠다니는 현상 하나하나는 우리가 인식하기가 쉽지 않다. 연결되고 이어져 있어야 우리의 뇌가 기억을 하게 되는데, 1번 현상과 2번 현상이 보이는 시간이 길어지거나 불규칙적으로 나타나면 인간의 뇌 창고에 보관되지 않고 흘러가 버리기 때문 눈에 쉽게 띄지 않는다.

수많은 정보가 넘쳐나고, 다시 망각되는 하루하루가 반복되고 있는 현실속에서 우리는 특정 분야의 정보를 따로 모아서 보관하고 기억하는 것도 어렵다. 왜 그럴까? 1번 정보가 들어온 후 곧바로 분야가 다른 2번 정보가 들어오고, 잠시 후에 또 다른 분야의 제3의 정보가 매표소에서 표도 구매하지 않고 바로 들어오는 일상이 이어지기 때문이다.

트렌드는 현상들의 집합이라고 했다. 목에 살고 목에 죽는 수익형부동산 투자를 할 때, 트렌드를 창출하는 상권에 투자한다면 금상첨화이다. 트렌드 창출이 이루어지는 지역상권은 미래가 열리기 때문이다. 트렌드가 만들어지는 지역의 부동산 상권은 가치가 창출되고, 그 가치창출은 그 지역 부동산 가격을 보장해 줄 뿐만아니라 프리미엄까지 얹어주기 때문이다. 이런 점에서 '트렌드 창출성'은 큰 의미가 있는 것이다.

또한 트렌드는 인식을 공유해야 만들어진다. 한 사람의 행동이나 생각이 현장에서 어떤 형태로 노출된다고 해서 생성되는 것이 아니기 때문이다. 둘이나, 셋 이상, 더 나아가서 수많은 사람들의 공감과 인식을 통일해서 행동하고 만들어내는 작업을 통해서만이 현상들의 집합인 트렌드가 우리들 눈에 보이기 시작한다.

이러한 트렌드는 누구에게나 쉽게 보여지는 것이 아니다. 일반인들은 넘쳐나는 정보 속에서 헤매기 때문에 특정분야나 아이템에서 꿈틀거리는 현상들의 집합이 쉽게 보이지 않는다. 특정분야에 집중하고 오랫동안 그 분야의 업무를 반복적으로 할 때 비로소 큰 물길의 흐름이 보이기 시작한다. 그러한 이유로 필자는 "부동산 투자활동은 넓게 시작해서 좁혀가라"고 주장한다.

맥주를 맥주통에서 뽑아올리듯이 트렌드는 전문 트랜더들이 뽑아올린다. 이 사람들을 우리는 트렌드헌터(trend honter)라고 부른다. 트로피나 상장을 전리품으로 전시하고자 하는 트로피헌터(trophy hunter)와는 차원이 다르다. 트렌드헌터는 트렌드를 뽑아내서 전리품으로 전시하고자 하는 사람들이 아니다.

트렌드헌터들은 일반인들보다 관찰력이 뛰어나고 자기만의 전문분야를 갖고 있는 전문인력들인 경우가 많다. 각각의 분야에서 적게는 10년, 많게는 20~30년을 집중해서 일을 한 사람들이다. 의류 디자이너들은 유행하는 의상트렌드를 일반인들보다 쉽게 찾아낼 수 있는 가능성이 높다. 외국의 유명한 외식업체들은 트렌드 헌터를 통해서 사전에 시장을 조사한 후 신 상품을 개발하는 과정을 밟고 있다. 음식, 의류, 장남감, 인스턴트 식품, 부동산관련 아이템 등, 수많은 분야에서 트렌드헌터들이 활동하고 있다. 우리나라에서는 아직 트렌드헌터라는 직업이 일반화되고 있지는 않지만, 외국의 경우 많은 전문가들이 트렌드를 찾아내는 전문가로서 활동하고 있고, 엄청난 급여와 인센티브를 받고 있다.

수익형부동산 시장에서도 트렌드헌터는 있다. 남보다 앞선 외국여행을 통해서 부동산시장의 변화를 국내에 소개하는 경우도 있고, 우리나라의 부동산트렌드가 외국으로 건너가는 경우도 있다. 필자가 개발한 맴버쉽 오피스인 코쿤피스도 그 사례이다. 오피스도 맴버쉽으로 가입해서 사용하는 시대가 도래한 것이다. 좀 생소하기는 하지만 자기 회사 사무실이 아닌 집 근처 스마크워크센터로 출근해서 근무하는 근무형태 속에서 맴버쉽오피스라는 트렌드를 뽑아냈다.

최근 사례를 보면 일본의 캡슐호텔이 중국에서 각광을 받고 있다. 일본 숙박문화의 산물인 캡슐이 중국시장에서 먹히고 있는 것이다. 스타벅스는 10여년 전에 우리나라에 새로운 커피트렌드를 창출하는데 기여했다. 프림에 설탕을 넣어서 마시던 옛날 다방커피 시장에서 진정한 커피의 맛을 국내에 알리는 역할을 했다.

신라면은 매운 맛을 좋아하는 우리나라 국민 한명 한명의 현상들의 집합속에서 만들어진 히트상품이다. 매운 맛을 즐기는 우리나라 사람들의 트렌드 기반에서 만들어졌다는 의미이다.

부동산임대업과 관련된 또 다른 트렌드 아이템으로는 다중생활시설(구:고시원)이 있다. 한 지역에 오래 살지 않고, 많이 이동하는 1인가구들의 주거욕구 트렌드의 기반위에서 1개월 단위로 거주가 가능한 다중생활시설이라는 임대상품이 세계적으로 독특하게도 우리나라에서 만들어졌다.

물론 보증금 대신 예치금만 받는 미국이나 일본의 임대시장에서 영향을 받기도 했지만, 혼자 사는 1인가구들의 생활패턴 변화를 감지한 결과물이기도 하다. 트렌드의 창출은 공급자와 수요자의 기대공감도가 높을수록 많이 만들어진다.

다중생활시설의 경우 주방과 휴게실을 공동사용하게 함으로써 동일한 면적에서 원룸보다 2배 이상의 방들이 만들어지고, 방이 많아지면 월 임대매출이 증가한다. 수요자 입장에서는 외부에서 식사해결을 주로 하는 1인가구들의 특성상 주방이 각 방에 만들어짐으로써 차지하는 면적을 공동사용 공간으로 반납하고 그만큼 월세부담을 줄일 수 있다.

서울기준 원룸이 보증금 1,000만 원에 월세 60~70만 원이다. 또한 매월 전기, 수도, 가스, 기본관리비 등을 별도로 지출해야 한다. 이것을 모두 합치면 매월 80~90만 원의 총 지출이 발생한다.

반면에 주방이라는 부분을 공동사용공간으로 반납함으로써 보증금 없이 매월 45~55만 원만 지출하면 추가 부담 없이 1개월 생활이 가능한 완벽한 내 집을 얻을 수 있다. 이렇게 공급자와 수요자의 공통분모가 만들 수 있는 상품개발이 된다면 어느 분야이든 트렌드 창출이 가능하다.

트렌드는 현상 속에서 뽑아내기도 하지만 자금과 인력을 동원해서 인위적으로 만들어지기도 한다. 초코파이가 그 사례이다. 수십 년 전에 출시된 초코파이는 당시만 해도 인기가 없었다. 배고픈 시절에는 같은 값이면 큰 빵을 먹어야 배가 불렀고, 질보다 양적인 상품을 선호했기 때문이다. 하지만 국민소득이 증가하고 수십 년 동안 같은 맛의 빵을 반복적으로 제공함으로써 국민들이 초코파이 맛에 길들여지고 만 것이다. 자금과 인력, 시간의 흐름, 소득증가에 따른 선호도의 변화가 초코파이라는 상품을 히트하게 만든 것이다. 지금도 우리나라의 수많은 젊은이들이 새로운 트렌드 창출의 시험무대에서 본인들의 한계에 도전하고 있다.

트렌드창출 상권의 대표적인 지역은 홍대입구역이다. 오래전부터 피카소거리라는 색다른 네이밍으로 젊은이들의 호기심을 자극했다. 실질적으로 피카소 거리에는 피카소와 관련된 것이 없다. 주차장이 복개천을 덮고 있고, 양쪽으로 평범한 상가들이 있을 뿐이다. 하지만 전국의 호기심 많은 젊은이들이 피카소를 만나기 위해서 홍익대 피카소거리를 찾기 시작했고, 각자의 호기심을 이 지역에 뿌리기 시작한 것이다.

한 개의 호기심이 비록 1회성 유행으로 묻혀버린다 해도 그들은 기꺼이 자신들의 끼를 발산하기 시작했다. 이렇게 10여년이 흘러가면서 지금은 홍대상권 전체가 자신만의 능력을 시험하려는 젊은이들로 길거리마다 넘쳐나고 있다. 지금 홍익대입구역과 홍대앞 상권은 미국의 실리콘벨리에 버금가는 지역으로 하루가 다르게 변하고 있다. 실제로 외국의 젊은이들이 서울은 몰라도 홍대상권은 알고 있다고 한다. 세계속의 홍대상권이 되어버린 것이다.

그 영향으로 지금 그곳에는 외국에서 주로 볼 수 있었던 게스트하우스라는 숙박시설이 넘쳐나고, 세계 각국의 음식을 전공한 쉐프들이 그들만의 가능성을 타진하는 플레이를 연남동 이곳 저곳에서 하고 있다. 골목 골목이 세계각국과 한국 젊은이들의 꿈틀거림으로 파도치고 있고, 수많은 사람들이 개성 넘치는 의상으로 길거리를 활보하고 있다.

일부에서 이런 현상들을 걱정도 하지만, 결과적으로 그 지역의 부동산시장이 꿈틀거리고, 지역경제가 살아 움직이기 시작했다는 것이 중요하다. 공장 하나 없이 브랜드 하나로 세계시장을 누비는 나이키라는 회사 역시 신발의 새로운 트렌드를 만들어가면서 출발했다. 지금은 신발 뿐만아니라 의류 등 많은 분야에서 자본과 인력을 투입해 세계의 모든 인구에게 먹일 새로운 트렌드를 만들어내고 있다.

목에 살고 목에 죽는 수익형부동산에서 트렌드 창출성은 어느 무엇과 바꿀 수 없고, 지역부동산을 활성화시키는 비타민 역할을 한다. 이러한 현상들이 물결치는 상권에서 수익형부동산을 보유하고 있다면, 투자자에게는 복권당첨과 동일한 행운을 가져다 줄 것이다.

🔑🚂 TIP 신도시 상가 수익형부동산으로 적합한가?

1기 신도시는 일산, 분당, 산본, 평촌, 중동으로 1990년대에 개발되었다. 이때만 해도 우리나라 최초의 신도시여서 개발계획에 통계적인 자료 반영이 제대로 되질 못했고, 아파트 세대수 대비 상가공급 비율 또한 적절하지 못했다.

이러한 이유로 개발 후 상가공급 과잉이라는 문제에 봉착해서 상가 수분양자들은 오랫동안 고통의 나날을 보내야 했다. 1기 뿐만아니라 2기 신도시 때도 검단과 같은 곳은 10여 년 동안 빈 상가가 남아도는 현상을 경험했다.

신도시는 상가공급이 목적이 아니라 대통령이 공약으로 제시했거나 주택정책으로 추진한 주택공급 정책이었다. 따라서 상가공급에 대한 구체적인 시뮬레이션이 부족했기 때문에 공급과잉에 따른 문제점들이 오랫동안 해결되지 못하고 빈 상가들이 남아돌곤 했다. 지금도 상동이나 중동의 경우 제 값을 받지 못하는 임대인들이 임차인이 원하는 조건에 맞추어 임대차 계약을 체결하는 경우도 있다.

한 때는 관리비만 납부한다는 조건으로 무상임대차 계약을 체결하는 웃지못할 일도 벌어지곤 했다. 20년 넘게 부동산시장에서 일하면서 얻은 필자의 경험상 신도시 상가는 준공시점부터 10년이 넘어야 제대로 활성화 되는 것을 수없이 지켜보았다.

인천 영종도의 경우도 10년째 되어서야 공실 상가들이 해소되는 상황이었고, 일산지역도 마찬가지였다. 이렇게 그 동안에는 공급아파트 규모에 비해서 넘치는 상가로 투자손실이 많았지만, 상가 공급과잉을 막기 위해서 비율제를 채택하고 있다. 독자 여러분의 택지개발지구 투자 검토자료로 참고하기 바란다.

기존의 점유 비율제(%)에서 가구숫자 대비로 공급한다는 원칙이어서 공급과잉문제에 따른 손실 위험성이 1기나 2기 신도시 상가보다는 적다고 볼 수 있다. 토지주택공사에 따르면 100세대 당 1개의 상가를 공급한다고 하니 상가분양을 희망하는 사람들에게는 좋은 뉴스이다.

하지만 상가를 분양 받은 후 임대를 놓을 때 임차인의 전문성을 봐야 하고, 사업아이템이 무엇인가 꼼꼼히 따져보지 않으면 큰 낭패를 당할 수 있다. 어떤 장사를 하는지, 임차인은 그 장사에 대한 경험과 노하우가 있는지, 전문적으로 지원해주는 체인본사가 있는지를 사전에 깊이 있게 검토해야 한다.

상가임대사업이 그렇게 녹록하지 않다. 임차인은 보증금이 있다는 핑계로 장사가 안 될 경우 바로 월세를 연체하는 경우가 10명 중 7명꼴로 나타나고 있다. 이 중 세 명은 보증금 손실을 걱정하는 사람이어서 빌려서라도 월세를 내는 경우이지만, 연체하는 7명은 보증금에서 공제하면 될 것 아니냐는 식으로 나오는 경우가 허다하다.

연체된 월세와 보증금이 상계처리로 보증금이 제로 상태가 되면 임대인과 임차인의 관계는 매우 험악해진다. 소송으로 발전되는 경우 시간과 비용을 낭비하고 서로가 상처만 남는 결과로 이어지기 때문이다. 결론적으로 상가를 분양받아 임대를 주는 경우도 임차인이 하고자 하는 아이템이 무엇이고, 경쟁력이 있는지 꼼꼼히 따져봐야 한다.

보다 더 적극적인 방법은 상가를 분양받아 직접 장사를 하는 것이 바람직하다. 여러 가지로 신경쓸 일은 많지만 주변에 인력이 있고 높은 매출을 기대한다면, 분양받은 상가를 활용해서 직접사업도 고려해볼 만하다. 직접 사업을 하는 경우 단순임대를 주는 것보다 일반적으로 2배 이상의 수익이 창출된다.

이때도 역시 아이템이 중요하다는 것을 잊어서는 안 된다. 지하층, 1층, 2층 3층 이상 등 각 층에 적합한 사업아이템이 반드시 있다. 옛말에 '시작이 절반이다'라는 말이 있듯이, 장사는 좋은 아이템 선택이 절반의 성공이라는 것을 항상 명심해야 한다.

상권특성에 따른 보유전략

1. 주거지역 상권

2015논울 기점으로 부동산 정책이 대대적으로 바뀌었다. 7년 이상 부동산시장이 장기불황에 빠져서 국가경제에 부정적인 영향을 주어왔기 때문이다. 물론 주택시장과 매장용 상가 건축물시장은 별개로 다루어야 하겠지만, 분야별로 빈익빈 부익부 현상은 심화될 것으로 예상한다. 이슈가 없는 지역과 있는 지역으로 구분되어서 시장상황이 달라질 수도 있다.

이 중 가장 주목해야 하는 내용이 수십 년 동안 해왔던 택지개발 후 주택을 공급하는 정책을 폐지하고 도심을 재생하는 재개발, 재건축 사업을 통해서 주택을 공급하겠다는 것이다. 특히 재건축 연한이 기존의 조건보다 최장 30년으로 단축되었다. 하지만 이런 정책적인 변화가 장밋빛 미래를 보장하지는 않는다. 그래서 정책과 무관한 틈새시장을 공략하자고 하는 게 필자의 일관된 주장이다. 틈새시장은 정책이나 시장변화에 민감하게 대응할 필요도 없고 영향도 받지 않는다.

재건축 연한 계산시에는 1986년과 1996년을 기준으로 접근하면 기억하기가 좋다. 1985년 12월 31일 이전에 준공된 아파트는 재건축 연한이 20년이다. 1986년 1월 1일부터 1996년 12월 31일까지 준공된 5층 이상의 건축물은 준공년도에서 1986년을 뺀 후 21년을 합친 숫자에 2를 곱해서 나온 연도가 재건축이 가능한 시점이다.

1996년 1월 1일 이후에 준공된 5층 이상의 아파트는 그냥 일률적으로 40년으로 되어 있다. 그런데 2014년 9월 1일 부동산 활성화 대책으로 1996년 1월 1일 이후에 준공된 4층 이상의 아파트도 30년으로 앞당겨진다.

재건축 활성화를 위해 바뀌는 세 가지 핵심내용은 준공년도를 기준으로 재건축연한이 최장 30년으로 단축되고, 재건축을 위한 안전진단 심사기준에서 주거환경비중을 기존 15%에서 40%로 상향조정하는 것이며, 전체 대비 85㎡ 이하 연면적의무비율을 폐지하는 것이다.

아파트 재건축 기준연한 (서울시)

준공년도	1985	1986	1987	1988	1989	1990	1991	1992	1993	1994	1995	1996
변경 전 재건축 가능년도	2013	2016	2019	2022	2025	2028	2031	2032	2033	2034	2035	2036
재건축연한 (변경 전)	28	30	32	34	36	38	40	40	40	40	40	40
재건축연한 (변경 후)	28	30	30	30	30	30	30	30	30	30	30	30
단축년도	0	0	2	4	6	8	10	10	10	10	10	10
변경 전 재건축 가능년도	2013	2016	2017	2018	2019	2020	2021	2022	2023	2024	2025	2026

본 저서에서 다루고자 하는 내용적 범위에서 조금은 벗어나는 것이지만 워낙 중요하기 때문에 팁 메뉴에서 도표를 통해서 정리하였으니 참고하기 바란다.

다시 본 내용으로 돌아가서 주거지역에서 수익형부동산을 보유하는 전략은 무엇인가? 주거지역은 전용주거지역, 일반주거지역, 준주거지역으로 분류되는데, 전용주거지역은 다시 제1종 전용주거지역과 제2종 전용주거지역으로 구분된

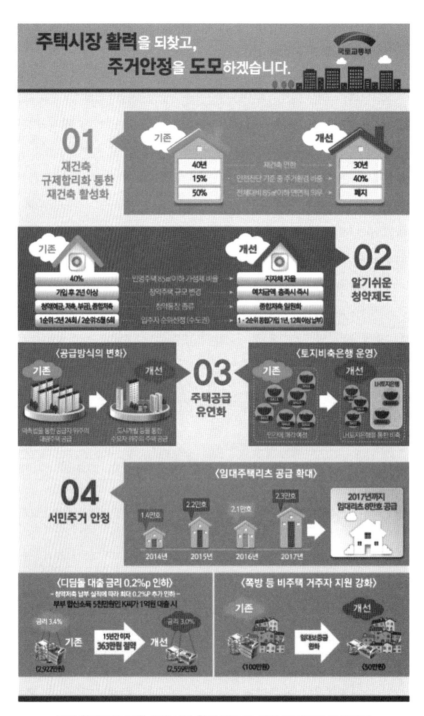

규제 합리화를 통한 주택시장 활력회복 및 서민 주거안정 강화방안

다. 일반주거지역은 제1종 일반주거지역, 제2종 일반주거지역, 제3종 일반주거지역으로 분류된다.

전용주거지역은 쾌적한 주거환경 보호, 일반주거지역은 편리한 주거환경 조성, 준주거지역은 주거기능을 위주로 이를 지원하는 일부 상업,업무기능을 보완하고자 하는데 그 목적이 있다.

또한 용도지역별 용적률과 건폐율이 각각 다르게 적용되기 때문에 각 용도지역에 건축되는 주택의 규모나 층이 달라진다. 실례로 제2종 일반주거지역의 경우 중층 건축물을 중심으로 주거환경을 조성하고자 하는데 목적을 두고 있다.

수익형부동산이 주로 만들어지는 근린생활시설(이하 근생으로 표기)의 경우도 용도지역별 용적률의 적용을 받아 건축되기 때문에 용도지역에 따라서 토지가격이 달라진다.

실례로 서울시 제2종 일반주거지역에서 330㎡의 토지에 근생건물을 신축한다고 할때 용적률은 200%이기 때문에 토지면적의 2배에 해당하는 660㎡의 근생건물을 지을 수 있으나, 제3종 일반주거지역이라고 하면 용적률이 250%이기 때문에 토지면적의 2.5에 해당하는 825㎡의 근생건물을 신축할 수 있다.

물론 도로폭이나 일조권으로 인한 사선제한으로 법규상으로 가능한 용적률을 모두 사용하지 못하는 경우도 비일비재하다. 다행히 도로사선제한 2015년 7월에 폐지되어서 현재는 일조권에 따른 사선제한만 적용된다.

주거지역에서 수익형부동산투자의 첫 번째 포인트는 근린생활시설이 주가 되는데, 주거지역의 근생건물에는 지역주민들의 생활밀착형 아이템들이 주로 만들어진다. 근생건물 1층의 경우는 음식점, 세탁소, 부동산사무소, 편의점, 제과점, 은행 등이 입주하며, 2층의 경우는 배달음식점, 중국음식점, 방문수리센터 등이 입주하게 된다.

3층 이상은 주로 지역주민의 자녀들을 위한 각종 학원이나 체육관 등이 주로 입주하게 된다. 따라서 주거지역 상권에서 수익형부동산에 투자하기 위해서는 임차료 조사가 선행되어야 할 것이다. 임차료 조사 후 투자금액 대비 7%이상의 투자수익률이 발생한다고 판단될 때 투자의사결정을 하는 것이 좋다.

주거지역의 수익형부동산 투자의 두 번째 포인트는 단독주택이나 아파트, 연립주택, 다세대주택 등과 같은 공동주택인데, 월세기준으로 환산하여 역시 7% 이상의 임대수익을 얻을 수 있다는 전제하에 투자의사결정을 해야 한다.

주거지역 수익형부동산 투자의 세 번째 포인트는 토지가격 상승요인이 존재하는 곳이어야 한다. 수익형부동산의 수익은 토지와 건물에서 발생하는데 건물은 보유기간 중 월세 임대료를 통해서 토지는 가격상승에서 수익이 창출된다.

수익형부동산의 제1차 수익영역은 건물에서 발생한다. 건물임대를 통해서 임대료를 받는 방법이 있고, 건물에서 직접 사업을 하여 매출을 통해서 수익을 얻은 방법이 있다. 전자는 기존에 많이 하던 일반적인 방법이고, 후자는 최근에 더 많은 수익을 얻기 위한 공격적인 젊은 건물주들에게서 나타나는 현상이다.

주거지역 수익형부동산 투자의 네 번째 포인트는 낡은 근생건물을 매입하거나 임차하여 리모델링 후 임대를 주거나 본인이 직접 사업을 하는 경우로 구분된다. 임대를 주는 경우는 일반적으로 5%의 투자수익률의 한계를 벗어나기 어려우나 직접 사업을 할 경우 10%이상의 수익창출이 가능하다. 물론 직접 사업을 할 경우에는 해당지역에 적합한 참신한 아이템을 선택해야 한다.

주거지역 수익형부동산 투자의 다섯 번째 포인트는 집합건물의 한 개 층을 매수하여 직접 사업을 하거나 임대를 주는 방법이 있다. 집합건물이란 각 층마다 주인이 다른 경우를 말한다. 반대로 일반건축물이란 건물전체의 주인이 1인인 경우를 말한다. 물론 공동소유도 있기는 하지만...

일반적으로 집한건축물의 일부에 투자하는 경우는 동일한 면적이나 투자금액을 전제로 한다면 일반건축물보다 집합건축물이 투자수익률은 2배정도 높게 나타난다.

일반건축물과 집합건축물의 차이

2. 역세권 상권

역세권은 기차역과 지하철역 상권으로 구분된다. 먼저 기차역의 역세권에서 수익형부동산 투자는 오피스텔이나 원룸과 같이 월세 중심의 투자방법보다는 장사를 할 수 있는 상가건물을 매수하거나 임차 후 임대를 주거나 직접 사업을 하는 방법이 좋다.

아래층은 외식업이나 생활밀착형 아이템으로 장사를 하는 경우가 대부분일 것이고, 2층 이상의 상층부는 휴게 오락 중심의 아이템, 3층 이상은 사무공간으로 임대를 주거나 다중생활시설, 또는 캡슐호텔 등이 유망하다. 사무공간 임대를 목적으로 기차역세권에서 상가건물을 매수한다면 스마트워크센터가 유망하다.

스마트워크센터는 1인 창조기업들이 주로 입주하는 1인 전용 오피스이다. 전체를 사무실로 단순임대하는 것보다 스마트워크센터를 만들어 임대하거나 직접 운영하면 투자수익률은 2배 이상 발생한다.

둘째, 전철역세권에서 수익형부동산 투자를 고려한다면 선택의 폭이 매우 넓다. 전철역세권의 경우는 대부분이 상업지역이다. 따라서 수많은 업종이 혼재되어 상권을 형성하고 있다.

오피스텔, 도시형생활주택, 다중생활시설, 스마트워크센터, 일반음식점, 커피전문점, 베이커리, 의류, 부동산사무소, 오피스 등 헤아릴 수 없을 정도로 많은 아이템들이 뒤엉켜서 상권을 형성하고 있다.

특히 지하철 역세권의 경우 토지가격이 매우 높기 때문에 일반건축물 투자는 50억 원 이상의 자본이 필요하다. 따라서 상가건물의 한 개층만을 매수하거나 임차하는 방법을 적극 권한다. 즉 위에서 설명한 바 있는 집합건물의 일부를 활용하여 사업을 하면, 최저 자본으로 최고의 수익을 얻을 수 있다.

역세권 수익형부동산하면 제일 먼저 오피스텔을 생각할 것이다. 오피스텔은 보유기간 중 월세가 발생하는 상품이기는 하지만, 몇 년 후 매도하고자 할 때 양도차익은 얻기 어려운 상품이다.

따라서 역세권 오피스텔 투자를 고려한다면 신축분양하는 오피스텔보다 오래된 낡은 오피스텔을 구입 후 리모델링하여 임대를 주는 것이 좋다. 감각상각이 빨리 진행되는 오피스텔 투자는 싸게 사는 것이 중요하기 때문이다. 신축 분양시점의 오피스텔 매수는 가장 비싸게 투자하는 것이다.

3. 대학지역 상권

대학상권은 역세권과 더불어 수익형부동산 투자에 가장 좋은 상권이다. 서울지역이나 부산, 대전, 대구, 광주광역시 등 대도시의 대학에는 주변 지역에서 유학 온 학생들이 많기 때문에 원룸이나 다중생활시설, 도시형생활주택 등의 수익형부동산 수요는 항상 풍부하다.

어떤 면에서는 역세권보다 더욱 안정적인 상권이라고 볼 수 있다. 서울지역의 경우 대학교는 강남보다 강북지역에 더 많이 몰려있다. 따라서 대학상권 수익형부동산 투자를 생각한다면 강남지역보다 강북지역에서 찾는 것이 유리하다.

대학상권이라고 다 좋은 것만은 아니다. 대학상권은 실속있는 상권과 실속없는 상권으로 나누어지는데, 실속있다는 것은 투자수익률이 높다는 것을 의미한다. 높은 수익률이 나오는 상권, 즉 실속있는 상권은 다른 말로 저평가된 상권을 뜻한다. 어디가 저평가된 상권이냐는 귀신도 알 수가 없다.

하지만 실속있는 상권을 아는 사람은 있다. 누굴까? 해당지역에서 임대사업을 직접 해본 경험이 있는 선배 투자자이다. 그 사람만이 그 대학상권이 실속이 있는지 공급이 넘쳐 공급과잉이 나타나고 있는지 알 수 있다.

공급과잉에 이어서 나타나는 현상은 가격경쟁이다. 공급이 넘치기 때문에 가격경쟁으로 들어가기 때문이다. 공급과잉 현상이 나타난 후 임대료 경쟁이 나타나면 백약이 무효이다. 월세를 깎아주는 방법밖에 특효약이 없는 것이다. 공급과 잉이 없는 상권, 실속 있는 상권을 찾아서 투자하는 것이 대학상권에서 수익형부 동산 보유전략이다.

4. 지하상가 상권

지하상권은 주로 관리주체가 공공기관이나 국가기관인 경우가 많다. 서울에서 지하상권 중 최고로 치는 곳은 단연 강남역 일대이다. 서울시에서 관리하는 이곳은 임대조건과 임대기간을 놓고 임대인과 임차인이 첨예하게 대립하고 있는 상권이다. 지하상권의 경우 반포지역의 고속버스 터미널도 둘째가라면 서러워하는 지역이다.

지하상권의 핵심은 찾아오는 손님이다. 유동인구가 많은 곳이어야 한다. 도로 위에 횡단보도가 잘 만들어져 있어서 지하를 통과할 필요가 없는 곳도 있다. 구 서울역에서 남대문 방향으로 건너오는 지하도가 그런 사례인데, 지하도를 통과하는 사람들이 많이 없다보니 밤이 되면 노숙자들의 숙소로 변한다. 일반인들이 지나가는 것이 두려울 정도로 분위기가 험악하다.

도시지역의 지하상권은 지상상권을 넘볼 정도로 활성화된 곳이 많이 있다. 지하상권 수익형부동산 투자는 전문화된 곳이 좋다. 의류면 의류, 핸드폰, 성남시 종합시장의 경우처럼 간식전문점으로 전문화된 경우도 좋은 지하상권이다.

특히 최근에는 지하철역 내 지하상권이 매우 활발하게 확장되고 있다. 지하철을 이용하는 사람들의 특성은 이동하는 속도가 빠르다는 것이다. 그렇기 때문에 고민하고 생각하는 상품을 취급하면 100% 실패한다.

순간적으로 선택하는 심플한 아이템으로 사업을 해야 수익형부동산으로 성공할 수 있다. 아침손님을 위한 단순한 김밥을 판매하는 상가투자, 인트턴트 간식을 취급하는 상가, 이벤트성 상품을 저가로 판매하는 신발이나 의류, 악세사리를 취급하는 상가투자를 권장한다.

🔑 TIP 미래유망 아이템

번호표 뽑는 화장터, 현찰 세는 장례식장!

선진국의 장례식도 3일장을 치루는 경우가 많은데 그 절차를 보면 우리의 인스턴트 장례식과는 많이 다르다. 첫날은 패밀리 뷰잉(Family viewing) 행사가 이루어진다. 관을 열어놓고 가족과 친지들이 마지막으로 고인의 얼굴과 대면하는 의식이다.

둘째날은 이웃과 지인들이 검은 옷을 입고 고인과 마지막 작별인사를 하는 패밀리 뷰잉이 이어진다. 셋째날은 성당에서 장례미사를 치룬 후 장지까지 동네 사람들과 지인들이 동행한다. 3일장 내내 주인공은 고인이다. 반면에 우리는 어떤가. 심한 경우 조문객이 상가집을 잘못 찾아와 문상을 하고 가는 경우도 있다.

울다가 누구 상가집이냐고 물어보는 사람도 있다고 하니 아이러니한 일이다. 고인을 아는 조문객은 없다. 주인공이 고인이 아니라 그 유족이다. 한 외국인은 수도권 화장장에서 유족들이 번호표를 받고 북적대는 현장에서 큰 충격을 받았다고 한다. 고인을 보내는 것은 후손이나 유족 개인들의 소중한 경험인데, 마치 패스트푸드점과 같은 모습이었다고 한다.

죽음이 슬픔이라는 시작부터가 잘못되었다고 그는 지적한다. 물론 부모보다 먼저 자식을 보내야 하는 사례처럼 슬픈 죽음이 있지만 살만큼 살고 세상을 떠난 경우는 애도와 존경을 바치는 시간이 되어야 한다고 주장한다. 우리나라의 경우 노인인구가 급증하는 상황에서 화장터와 장례식장을 유망 사업으로 꼽는 사람들이 증가하고 있고, 실제로도 민간화장터와 장례식장 매출이 급속히 증가하고 있다고 한다.

시작이 좋아야 결과도 좋다

1. 등잔 밑이 훤하다

등잔 밑이 어둡다는 것은 옛날 호롱불 시대에 통했던 말이다. 지금은 천정에 조명이 있어서 등잔 밑이 더 훤하다는 표현을 해봤다. 부동산도 내가 사는 지역이나 내 집 주변에, 좋은 부동산이 더 많이 있다. 무엇을 하든 내가 잘 아는 분야가 위험이 적다. 내가 사는 동네는 내가 가장 잘 안다.

우리 동네에서는 무슨 사업이 가장 잘 되고 있는지 매일 매일 보고 있다. 내가 가장 잘 아는 우리 마을을 다시 보자. 떠도는 정보가 가장 위험한 정보다. 다른 사람의 경험을 빌리는 것도 매우 위험한 행동이다. 내가 직접 얻은 정보가 소중하고, 위험이 적다. 내가 살면서 경험한 것들이 나만의 자산이 된다.

실패한 경험이 더 소중하다. 성공한 경험은 오히려 위험하다. 자만할 수 있기 때문이다. 실패한 경험은 나 자신을 항상 긴장시킨다. 실패한 경험은 두 번, 세 번 생각하게 만든다. 한강물 흘러가듯이 세상도 흘러간다. 등잔 밑이 어둡다는 것은 돌발변수는 내 주변에 있다는 말이다. 이제 내가 사는 동네의 상권을 살펴보자. 언제부터인지 집 주변에 오피스텔이 하나 둘씩 들어서고 있다. 무슨 일이지? 그냥 스치는 사람이 있는가 하면, 현장에도 들러보고 분양가격과 월 임대조건도 물어보는 사람이 있다.

오피스텔이 신축되는 상권은 준주거지역이나 준공업지역도 있겠지만, 대부분이 상업지역이다. 그렇다면 나는 상업지역에 살고 있거나 최소한 그 주변에 거주하고 있다는 증거이다. 이 때 현명한 사람이라면, 또는 감각이 있는 사람이라면, 우리 동네 상권이 변하고 있다는 것을 알아야 한다.

개발업자들의 특성상 분양가능성이 낮은 지역에서는 오피스텔을 신축하고 분양하지 않는다. 분양이 잘 될거라 믿기 때문에 그 지역에 오피스텔을 신축하는 것이다. 오피스텔은 특성상 전용면적이 작고 관리비가 높아서 아파트를 찾는 수요층보다는 신혼부부나 1인 가구들이 한시적인 주거공간이나 사무실 대용으로 사용하고자 하는 목적으로 주로 입주한다.

그렇다면 우리 동네에 1인 가구들이 증가할 것이고, 동네가 젊어진다는 의미이기도 하다. 이런 트렌드에 맞춰서 수익형부동산 투자전략과 연계한다면 많은 사업아이디어가 나올 수 있고, 수익형부동산 투자전략도 세울 수 있을 것이다. 지하철 9호선 상권을 보자. 9호선이 개통되기 전 당산역 주변을 생각하면 비오는 날에는 질퍽거리고, 사람은 많은데 보도는 좁고, 차로는 차들로 붐비곤 했다. 하지만 9호선 개통 후 모습은 천지가 개벽이 되었다. 어두운 등잔 밑에 태양이 떠오른 것이다.

9호선 개통 후 9호선 주변지역의 부동산가격은 급등하기 시작했고, 교통이 좋아지고 환경이 개선되니 젊은이들이 몰려들고 대형빌딩들이 들어서기 시작했다. 등잔 밑을 잘 살펴보자. 내가 살고 있는 지역부터 연구하자. 하늘이 높아 보이고 희망이 생길 것이다.

2. 중개업소에 감사하자

필자는 업무와 관련해서 중개업소를 자주 방문한다. 그 곳에는 생생한 지역정보가 있고, 지역부동산 시장의 흐름을 파악할 수 있기 때문이다. 하지만 그 곳을 방문할 때마다 중개업소 대표분들에게 항상 미안하다. 맨손으로 가서 좋은 정보를 얻고 현찰 안 들어가는 고맙다는 말 한마디 하고 나온다.

변호사는 상담료를 받는다. 병원에 가도 기본 진찰료라는 게 있다. 온라인에서 음악을 한 곡 들을 때도 유료이다. 이러한 현실과는 반대로 동네 중개업소에서는 무료상담이다. 그 분들이 오전에 방문하면 약간의 의욕이 있는 목소리인데, 오후에 가면 대부분의 중개사분들이 지쳐 있다. 무료상담만 하고 가는 손님들 때문이다.

중개업소에 가서 상담하는 것은 어쩌면 투자의 시작단계이다. 좋은 시작이 있어야 결과도 좋다. 좋은 정보를 얻기 위해서는 그 분들에게 좋은 인상을 주어야 한다. 진실성을 보여야 한다.

뜨내기 손님이 되어서는 안 된다. 최소한 내 연락처라도 남기고 오는 절차가 필요하다. 필자는 부동산 방문 시 항상 정중하게 명함을 전달한다. 상대방이 볼 때 진정성이 담겨있다고 보는 것이다. 물론 중개업소도 천차만별이다. 어떤 중개업소는 자기 손님이 아니면 매매절차에 개입해서 방해를 하는 경우도 있다. 하지만 대부분의 공인중개사들은 자기지역에서 최선을 다한다.

기왕이면 한 중개사무실을 반복해서 방문하는 게 중요하다. 신뢰를 쌓기 위해서이다. 여기에서 신뢰는 상호간 신뢰이다. 일방적인 신뢰는 모래성이나 다름이 없다. 중개업도 간판에는 드러나지 않지만 하는 업무가 전문화된 곳이 많이 있다. 아파트를 전문으로 하는데 그 중개업소에 가서 공장을 찾으면 어떻겠는가?

오피스텔 중개나 매매만을 전문으로 하는데 주택을 찾아달라고 하거나, 땅 투자 상담을 하면 돌아오지 않는 메아리가 될 뿐이다. 타 분야와 달리 중개업의 경우 부침이 매우 심하다. 경기에 민감하고, 지역상권의 분위기에 사업성이 달려있기 때문이다. 부동산 경기는 중개시장에 가장 많은 영향을 준다. 나와 궁합이 맞는 중개업소를 찾는다면 가장 좋은 시작이 될 것이다.

3. 흥부형 건물주를 찾아라

'시작은 절반의 성공이다' 라는 말이 있지만 좋은 시작이 성공을 예감하게 하는 것이고, 안 좋은 시작은 절반의 실패를 예감하게 한다. 임차형태로 수익형 부동산에 투자하려는 계획을 세웠다면 양심적으로 임차인을 대하는 흥부형 건물주를 만나기 위한 노력이 필요하다.

사람의 마음을 헤아린다는 것은 열길 물속을 들여다보는 것보다 어렵다. 필자역시 대방역 인근의 어떤 건물에 임차형 투자를 한 적이 있다. 벌써 10여년 전의일이다. 70대 노인 두 사람이 건물주였고, 그들의 속셈을 알지 못한 필자는 2억원이 넘은 시설비를 투자하였다. 1년 정도 사업을 하고 다른 사람에게 임차권을 양도하겠다고 하니 건물주들이 속마음을 드러냈다.

본인들의 건물에 아무리 시설투자를 했다고 하지만 임차권을 제3자에게 양도하는 것은 인정할 수 없다는 것이다. 하늘이 무너지는 얘기를 듣고 설득도 해보고 선의의 협박도 해봤지만, 필자보다 인생경험이 많은 그들과의 머리싸움에서는 승산이 없었다.

결과적으로 약간의 위로금조의 시설비를 받고 눈물의 건물퇴거를 해야 했던경험이 있다. 임대차 계약당시에 임차권 양도를 하지 못하는 건물이라는 사실을고지했다면, 억대의 시설비용을 투자하지 않았을 것이다. 좋은 건물주를 만나는것이 좋은 시작이다. 더 중요한 것은 좋은 시작이 계속 유지되기 위해서는 임대인과 임차인의 노력이 필요하다.

4. 인구는 현찰이다

흔히 "인구가 돈이다," 라는 말을 많이 한다. 중국의 국민소득이 낮음에도 불구하고 미국과 경쟁이 가능한 것은 13억 명의 인구폭탄 때문이다. 일본이 잃어버린 20년의 후유증으로 소니 등 세계적으로 유명한 회사들이 우리나라의 삼성과 LG에 뒤처지는 결과를 가져 왔다. 물론 회사경영상의 문제가 가장 크겠지만 산업 활동의 기본이고 내수시장의 인프라인 인구성장이 멈추고, 노인 인구가 급증한 현상과도 관련이 있다. 인구감소는 각 국가의 다양한 산업분야에 안 좋은 결과를 주고 있다.

수도권 중에서 인구밀도가 가장 높은 곳은 성남시이다. 성남시는 구시가지와 신시가지인 분당구로 구분되는데, 구시가지인 성남시는 난개발의 대표적인 곳이고, 분당의 경우는 1기 신도시 지역으로 체계적으로 개발된 곳이다. 성남과 분당을 비교할 때 시내의 인구 움직임과 활력은 분당보다 성남이 더 높게 나타나고 있다. 그 이유는 인구 밀도가 훨씬 높기 때문이다. 같은 성남시라는 행정구역내에 속해 있지만 중산층으로 이루어져 소득수준이 높은 분당보다 인구 밀도가 높은 성남 구시가지가 오히려 상권의 혈액순환이 훨씬 좋다.

반면, 남양주, 구리, 파주 등 비교적 인구밀도가 높지 않은 지역의 상권은 우울하다. 인구가 감소하는 지자체는 시장분위기가 활력이 없고 경제활동 역시 서울을 중심으로 이루어진다. 자기지역에서 경제활동이 안 되기 때문에 베드타운으로 전락하고, 소비활동이 위축됨으로 인해서 전반적인 시장경제가 악순환의 굴레에 빠져든다.

사업이든 상권이든 선순환구조가 안 되면 매우 어려운 상황에 빠지게 된다. 기본적으로 수익형부동산의 대표격인 상가건물은 인구와 너무도 밀접하기 때문에 인구가 많은 지역의 수익형부동산에 투자를 해야 하는 것은 진리에 가깝다.

서울의 경우 국가 전체적인 부동산경기가 침체되더라도 활력이 유지되는 것은 기본적인 1,000만이라는 인구가 움직이는 대도시이기 때문이다. 필자가 부동산업계에 뛰어든 지 만 20년째이지만, 최근 3~4년만큼 최악의 경기는 처음으로 경험했다. 1997년 외환위기 때보다 더 심했다. 그때는 회사원들이 가장 어려움을 겪었고, 개인사업자들은 그런대로 현상유지는 했으나, 4~5년 부동산경기가 죽은 이후에는 개인사업자들의 고통이 심했다.

　최근 당진, 평택, 세종시 주변의 원룸 공급이 증가하는 것도 이와 관련이 있다. 인구 중 유동인구가 많다는 것은 상권이 형성되어 있다는 것이고, 상권형성은 특히 1인가구들의 생활에 편리한 지역이다. 따라서 그들과 관련된 사업이 번창할 것이고 그들이 잠을 자는 주거공간이나 숙박시설의 수요가 있을 수밖에 없다.

　대학상권과 역세권은 수익형부동산 수요측면에서 가장 양질의 수요층이 존재하는 지역이다. 따라서 이 지역을 중심으로 투자활동의 폭을 넓혀간다면 성공가능성이 높고 부동산투자의 좋은 경험을 많이 축적할 수 있을 것이다.

한강변 수익형부동산 보유전략

1. 한강 이야기

조선시대로 거슬러 올라가면 태조 이성계는 즉위 후 불과 16일만인 1392년 8월 3일에 도평의사사에게 한양천도를 명하여 태조3년(1394년) 10월 25일(음력) 천도를 실현하였다. 한양천도의 배경은 다음 세가지로 나누어 볼 수 있다.

첫째, 주지하는 바와 같이 풍수지리설에 영향을 받은 바가 컸다는 점을 널리 알려진 사실이다. 즉 개경의 지덕이 쇠패한 땅이라 망국의 수도를 하루라도 빨리 피하려는 미신적 사상인 음양지리(풍수)적 사상에 영향받아 천도를 서둘렀다는 지적이다.

둘째, 태조 이성계 자신이 왕위획득과 관련되는 행위에 대한 가책과 개성의 왕씨를 중심으로 한 구가세족의 반발에 대처할 필요 때문이라고 볼 수 있다. 이러한 정치적 정황은 태조 이성계로 하여금 천도에 대한 강한 의지를 갖게 하였다.

셋째, 한강을 끼고 있는 한양의 인문지리적 위치의 중요성을 들 수 있다. 한

왕조가 도읍지를 선택할 때는 동서고금을 막론하고 우선 지리적인 위치를 고려하고 있음은 널리 알려진 사실이다. 한양은 지세가 훌륭하고 군사적인 방위에 있어서 천연의 요새지였다. 이러한 지세의 훌륭함은 일찍이 이중환도 그의 저서 「택리지」에서 한양의 진신인 삼각산이 수려하고 맑기가 나라 안에서는 사산중 으뜸이라고 예찬을 아끼지 않았다.

또한, 전근대사회에 있어서 국가재정의 운용을 위한 수입은 거의 농업생산물에 의지하고 있었다. 농업경제가 사회의 기반을 이루고 상태에서는 현물을 조세로 수취하였다. 따라서 조정에서는 세곡의 운송에 큰 관심을 가지게 마련이었다. 그러나 도로망을 포함하여 육상교통 수단이 별로 발달하지 못했던 까닭에 조세는 주로 대량수송이 용이한 조운을 통해 운송되었다. 그러므로 도읍지로서의 위치는 수륙의 교통이 편리한 곳에 있어야 함은 필수적이었다.

따라서 이러한 지리적 위치 등을 고려하여 선택한 한양은 천도때부터 한강을 끼고 있어 조운의 발전은 필연적인 것이라 할 수 있다. 전국의 세곡이 조운을 통하여 한강에 모였고, 한양에 거주하는 지주층이 지방농장에서 거두어 들인 소작도 대부분 선박으로 이곳에 운반되었다. 도성내 일반 생활품도 그 양이 많은 것은 대부분은 선박으로 한강을 통하여 공급되었다. 그리고 조선후기에 이르러 세제개혁과 아울러 대동법이 실시됨에 따라 한강은 더욱 중요성을 더하게 되었으며, 호남을 비롯하여 충청도 등지에서 수납되는 대동미는 조운선을 통하여 한강으로 수송되었다. 따라서 한강은 백관의 녹봉과 국가재원을 충당시켜 보급로가 되었다.

근세의 한강으로 가서 스토리를 살펴보자. 한강변에 입주했던 최초의 외국인은 프랑스인 신부들이었는데, 그들은 1887년 현 원효로4가 1번지의 6,500평의 땅을 구입하여 신학교를 건축하고 거주하기 시작하였다. 한강에 증기선이 최초로 운항한 것은 1888년이었는데, 그 뒤 1890년 독일계와 미국계의 증기선이 취항하게 되었고, 이어 중국인 거상 동순태가 100톤짜리 증기선을 들여와 용산과 인천사이를 취항하기 이르렀다.

1899년 착공한 한강철교공사는 다음해인 1900년에 완공, 우리나라 최초의 근대식 철교가 놓여졌다. 그리고 길이 26마일의 서울역에서 인천을 잇는 경인철도가 1900년에 개통되었다. 한강에 최초의 인도교가 가설된 것은 한일 합방 6년 후 1916년이었고, 새 인도교는 1934년에 착공하여 1936년에 완공되었는데 폭 20미터에 길이는 10,005미터였다.

한강에 큰 홍수가 있었던 때는 1912년과 1920년, 1925년의 세차례였다. 그 가운데 가장 큰 피해를 낸 것은 1925년(을축)대홍수로 7월 15일에서 18일까지 4일간에 걸쳐 400에서 500밀리미터의 높은 강수량을 보였다. 노도와 같은 홍수물은 한강 제방을 무너뜨리고 순식간에 용산, 남대문 앞까지 일대를 물바다로 만들었다. 현재 올림픽 주경기장이 위치한 잠실동과 신천동은 부리도(浮里島)라 불리는 하중도(河中島)였다. 이 섬은 오랜 세월 동안 흐름이 약간씩 북서류하게 됨으로써 생겨난 섬이다.

1970년 4월, 북쪽 하도를 넓게 하고 남쪽의 하천을 폐쇄함으로서 하중도를 육지화하는 대공사가 시작되었다. 이 대역사는 100만 평이 넘는 공유 수면 매립공사가 주축이었으며, 이를 중심으로 그 주변 340만평의 광역 구획정리사업이 동시에 실시되어 1975년에 마무리 되었다. 이 개발로 인해 남류하던 흐름이 폐쇄되면서 만들어진 호수가 하적호(河跡湖)인 석촌호수이다.

2. 홍대앞, 상암, 합정지구

한강개발 3.0 시대가 열리고 있다. 박정희대통령 시대부터 한강개발 과정을 살펴보면, 1단계는 자연 그대로 보존하는 정책을 펴왔다. 개발하면 망가진다는 인식 때문에 아예 개발 자체를 금지했다.

1960년대 한강은 여의도와 밤섬이 하나로 연결되곤 했다. 일제 강점기때부터 비행장으로 사용되었던 여의도가 개발되면서 선유도, 중지도(지금의 노들섬)라는 인공섬이 만들어졌고, 1970년 한강변으로 되어 있던 잠실일대를 육지로 만드는 작업 결과 340만평에 해당하는 공유수면 매립작업이 1975년 마무리 되면서 생겨난 호수가 석촌호수이다. 이것이 한강개발 1.0시대이다.

국회의사당이 준공된 1975년 이후를 한강개발 2.0시대라고 말할 수 있다. 한강개발이 본격적으로 시작되었고, 한강주변을 자연 상태로 놔두는 것보다 강둑을 쌓고 강 주변의 수변공간을 한 단계 높여 시민들이 사용하는 녹지를 조성하였다. 잠실지구, 망원지구, 난지지구 등이 한강개발 2.0의 결과물이라고 볼 수 있다.

이제 한강개발 3.0시대가 시작되고 있다. 한강개발 1.0을 보존의 시대, 한강개발 2.0시대를 사용의 시대라고 한다면, 한강개발 3.0시대는 활용의 시대로 얘기할 수 있다.

활용의 시대는 보다 더 한강을 공격적으로 사용한다는 정책이다. 홍수때 물의 흐름을 방해하지 않는 선에서 서울시민들이 최대한 활용할 수 있도록 하겠다는 것이 한강개발 3.0시대이다.

한강개발 3.0시대를 맞이해서 한강변의 부동산이 다시 관심의 대상으로 떠오르고 있다. 한강변은 도보로 30분, 자전거로 10분 정도면 도달할 수 있는 거리이다. 한강 바람을 맞으면서 살아가는 것은 엄청난 혜택이다. 또한 한강에 접근할 수 있는 거리상에서 거주한다는 것은 선택받은 사람들이다. 물론 산을 좋아하는 사람은 북한산이나 관악산, 양재역 인근의 청계산 주변을 선호하겠지만, 필자처럼 물을 좋아하는 사람은 한강변에서 거주하고자 할 것이다.

부동산 개발의 3대 축은 크게 교통접근성, 강물접근성. 산악접근성으로 나눌 수 있다. 교통접근성은 전철역이나 버스정류장, 각 대학캠퍼스가 중심이 될 것이고, 강물접근성은 위에서 언급했듯이 한강에서 도보로 30분 거리에 거주하는 사람들의 몫이고, 산악접근성은 서울지역의 큰 산 몇 개를 중심으로 경계선을 형성할 것이다.

이렇게 한강개발이 주변부동산시장에 미치는 영향은 예상하지 못할 정도로 크다. 홍대상권은 합정역을 경유하면 20분 정도면 한강에 접근이 가능하다. 상권 자체가 한강접근성과는 무관하게 발전하고 있지만, 홍대상권의 확장성이 한강에 다다르고 있다는 표현이 적절하다.

특히 홍대인구가 폭발적으로 증가하고 있는 상황에서 인근 원룸이나 다중생활시설, 오피스텔, 1인가구들이 거주할 수 있는 주거시설의 부족현상이 심화되고 있어서, 한강을 넘어 당산역까지 그 파도가 밀려오고 있다. 2~3년 전부터 홍대상권의 파도가 합정동, 망원동까지 밀려와 도시형생활주택을 짓는 붐이 크게 일어났었다. 그 결과 토지가격이 급등하였고, 원룸을 지을만한 토지부족현상까지 나타났다.

이제 합정역 상권과 홍대상권은 별개로 떼어서 말할 수 없다. 사실상 합쳐진 상태이기 때문이다. 서교동이나 합정동의 1층 점포 권리금이 동일하다. 이렇다 보니 연남동이나 연희동까지 상권이 확장되고 있다.

상암DMC 지역은 IT관련 업체나 벤처회사들이 입주했고, MBC를 포함한 각 공중파 방송사들이 포진하고 있다. 이 지역은 젊은 인구 비율이 타 지역보다 월등히 높다는 것이 특징이다. 따라서 그들이 거주하는 주거시설 수요가 급증하고 있는데 공급이 태부족이다. 게다가 한강을 끼고 있는 노을공원, 하늘공원, 난지캠핑장, 월드컵경기장, 평화의 공원 등이 있어서 유동인구의 유입도 매우 높은 지역이다.

이 지역에서 수익형부동산 투자 1순위는 1인가구들이 거주하는 다중생활시설 및 원룸이고, 2순위는 이 지역에서 창업을 하고자 하는 사람들에게 1인 오피스를 제공하는 1인창조기업전용 오피스이다. 3순위는 서교동, 동교동, 연남동, 합정동, 망원동, 홍대 앞을 찾는 외국관광객들이 단기간 저렴하게 머무를 수 있는 게스트하우스나 캡슐호텔이다. 4순위는 매월 월세를 70만 원 이상 부담할 수 있는 연봉이 높은 고수익 1인가구 전문인력들이 거주하는 오피스텔 임대사업이다.

3. 용산, 이촌, 뚝섬지구

용산은 개발후유증이 아직도 남아있는 곳이다. 강변북로를 운전하고 가다보면 이촌지역 중층아파트단지에 걸려 있는 개발반대 캐치프레이즈를 많이 볼 수 있다. 한강과 용산을 연결하려다 보니 지은 지 얼마 안 된 아파트까지 포함시켜 개발을 해야하는 상황이기 때문이다.

남산에서 용산을 거쳐 한강까지 연결한다는 계획을 처음에 발표했으나 좀 무리수를 둔 것이 사실이다. 하지만 용산이라는 지역이 그 동안 미군부대가 있어서 이태원과 더불어 동반상승하는 효과가 있었지만 앞으로 개발효과는 두고봐야 할 일이다.

최근 이태원의 경리단길과 이면골목이 1인 아이디어 창업자들의 노력으로 언론에 자주 언급되고 있다. 하지만 미군 중심의 상권으로 오랫동안 유지해온 이태원지역이 생존하기 위해서는 새로운 형태의 마케팅전략이 필요하게 될 것이다.

2016년 미군부대가 완전히 이전하고 나면 관련업종들의 폐업이 이어질 것이고, 미군 때문에 유입되었던 유동인구의 감소도 이어질 것이다. 기존의 대로변은 높은 임대료 때문에 젊은 창업자들이 넘볼 수 없었으나, 지대가 높은 경리단길 주변이나 이면도로는 임대료 부담이 적은 관계로 꾸준한 소자본 창업이 이어질 것으로 보여진다.

동양최대의 공원을 만든다고 하지만 필자의 경험상 공원이라는 시설은 지역상권 발달에 좋은 영향을 주는 것은 아니다. 용산역은 호남선 중심의 기차역이다. 따라서 교통의 중심지라는 표현도 애매하다. 경상도와 전라도를 모두 보듬는 교통시설이 아니기 때문이다.

이촌지역은 예부터 중산층 이상의 사람들이 모여사는 곳이고, 여의도의 연예인들도 많이 거주했던 지역이다. 성북동이나 청담동, 한남동, 서리풀공원의 공통점은 잘 사는 사람들이 모여사는 지역이고, 대중교통이 썩 좋은 곳은 아니라는 점이다.

따라서 이 지역은 용산역 인근을 제외하고는 수익형부동산 투자의 명당자리는 아니라고 본다. 대학교는 숙명여대가 있으나 여학교라는 한계가 있고, 해당지역 역시 난개발로 얽혀있는 지역이어서 많은 시간이 흘러야 개발이 되거나 환경이 정리되는 곳이다.

뚝섬지역은 수익형부동산 투자를 하기에 좋은 지역이다. 일단 2호선 역세권에서 멀지않고 주변에는 한양대학교, 건국대학교, 세종대학교 등이 있어서 젊은이들 상권이다. 특히 건국대 상권의 확장속도가 빠르다는 것도 이 지역의 발전에 기여할 수 있는 요소이다.

뚝섬지역의 장점은 뭐니뭐니해도 준공업지역이 많다는 것이다. 준공업지역은 용적률이 400%이다. 오랫동안 준공업지역이라는 지역지구에 묶여왔기 때문에 해당용도 외에는 수요가 없었으나, 준공업지역이 지식산업단지로 변화를 주는 정책이 본 궤도에 올라와 있기 때문에 미래가치가 높은 지역이다.

준공업지역으로 지정될 때만 해도 뚝섬지역은 서울의 중심인 4대문에서 벗어난 외곽지역이었고 변방에 속했으나, 지금은 중심상권이 되어 버렸다. 따라서 이 지역 수익형부동산 투자는 승산이 충분하다.

이 지역에서 수익형부동산 먹거리를 찾는다면 용산역이나 전자상가 주변의 경우 1인가구들이 거주하는 주거시설이나 1인 기업들이 찾는 1인 오피스, 관광객이나 여행객을 위한 캡슐호텔 등이 적합하다.

4. 반포, 압구정, 잠실지구

반포지역은 서울에서도 아파트 재건축이 가장 많이 시행된 곳이다. 터미널을 중심으로 서울 아파트가격을 리드해가는 상권이어서 많은 사람들의 관심을 받고 있기는 하지만, 지역 간 소득수준의 차이가 많은 곳이다.

전형적인 대규모 아파트단지가 그룹화된 지역이고 공동주택이 밀집된 곳이다. 이 지역은 서리풀공원 주변의 고급주택단지, 신반포지역, 잠원지구, 서울성모병원 등 대로변을 중심으로 도보로 이동하기에는 부담스러운 아파트 상권이다.

반포지역의 수익형부동산은 고속버스 터미널 건너편의 구 상가와 터미널 지하상가를 대표적인 메인상권으로 볼 수 있다. 반포 쇼핑타운이 재개발된다면 지역상권 활성화에 도움이 될 것이다.

압구정지역은 현대아파트, 한양아파트, 신현대아파트를 묶어 재건축이 이루어진다면 엄청난 대단지 주거지역이 형성된다. 재건축 최장연한이 30년으로 단축되면서 이 지역 아파트 재건축이 다시 관심을 받고 있다.

특히 한강공원 잠원지구를 끼고 있어서 한강을 내 마당처럼 이용할 수 있다는 점도 타 지역에 비해서 월등히 좋은 조건이다. 압구정동은 옛날처럼 젊은이들로 북적이지는 않지만 그래도 명성을 유지하는 상권이어서 수익형부동산 투자처로는 A급 지역으로 꼽힌다. 특히 한류영향과 의료관광차 오는 외국관광객이 많아서 게스트하우스 사업지역 1순위로 추천하는 곳이다.

청담동은 상류층을 상대로 하는 업종들이 즐비하다. 고가의 웨딩컨설팅, 의류브랜드, 명품가방이나 시계 등 일반적인 타 상권과는 한 차원 다른 세상이 펼쳐지는 곳이다. 특히 최근에는 연예인을 양성하는 전문 이벤트회사들이 속속 입주하고 있어 한류관광으로 입국한 외국 젊은이들을 흔하게 볼 수 있다.

역세권 수익형부동산 보유전략

1. 1,2,3호선

1호선 대표역세권 중 하나인 노량진 상권은 상주인구보다 유동인구가 많은 곳이다. 국가고시를 준비하는 사람은 반드시 거쳐가야 하는 분야별 전문학원들이 즐비하고 방학 때에는 특강 수강차 지방에서 상경하는 수험생들로 북적이는 곳이기도 하다. 노량진상권 수익형부동산 투자 1순위는 누가 뭐래도 다중생활시설(구:고시원)이다. 투자비용이 타 지역에 비해서 높긴 하지만 안정성과 수익성면에서 어느 지역보다 실속 있는 상권이다. 투자방법은 자금이 10억 원 이상일 경우는 소유권 투자를, 5억 원 이하일 경우는 임차형 투자방법을 권한다. 유동인구가 워낙 많은 지역이어서 높은 매출을 기대한다면 캡슐호텔 사업도 성공이 보장되는 지역이다.

종각상권도 대표상권으로 추천한다. 예전에 비해서 상권자체는 시들하지만 임대사업을 하는 수익형부동산 투자는 100% 컨디션을 유지하고 있는 곳이다. 투자비용이 적은 이면도로의 상가를 활용하여 본인의 적성과 전문성을 살릴 수 있는 투자방법이 좋을 듯하다. 종각은 인사동과 연결되는 상권이어서 숙박관련 사업도 성공할 수 있는 곳이다. 종각 일대는 인사동을 끼고 있어서 유동인구 중 상당수가 국내외 관광객들이다. 더구나 종로1가에서 광화문은 외국 관광객들이 선호하는 도보여행 코스로 자리잡고 있어서 숙박관련 시설에 대한 투자전략을 세우면 좋다.

인사동에는 항상 외국 관광객들이 넘쳐나는 곳이다. 여행사를 통해서 온 단체 관광객이 대부분이지만 최근에는 개별적으로 여행하는 배낭여행객들도 많다. 이 지역은 서울의 어느 지역보다 캡슐호텔의 수요가 많은 곳이다. 따라서 지하층을 저렴하게 임차한 후 이 사업을 한다면 성공가능성이 매우 높다.

1호선의 경우 수익형부동산 투자에 가장 적합한 구간은 신도림에서 종로3가 지역이다. 신길, 대방, 노량진역 상권은 노량진 일대 1인가구 수험생들의 주거시설 수요가 매우 높은 곳이기 때문이다. 노량진에서 방이 없어 밀려난 수험생들이 대방과 신길역 인근까지 확대되고 있다. 특히 최근에 인기가 많은 경찰학원이 대방역 인근에 자리잡고 있어서 그들을 수용하는 다중생활시설은 인기가 높다.

제기동과 신설동역 인근은 한때 한약관련 대형 상가들이 우후죽순으로 공급되었으나 성공한 사례는 거의 없고 현재는 애물단지로 남아서 투자자들을 애먹이고 있다. 외대앞이나 신이문, 광운대역 등은 1인가구 대학생들의 원룸이나 주거시설 수요가 많은 곳이다. 하지만 월세 70만 원이 넘어가는 경우 학생들에게는 부담이 되기 때문에 50~60만 원의 월세를 받을 수 있는 수익형부동산에 투자해야 한다. 4~5년 전에 회기역 인근에 90만 원 월세를 받을 수 있다고 분양한 오피스텔이 있었는데 지금은 역시 투자자들을 후회하게 만들고 있는 실정이다.

1호선의 신도림에서 동인천역까지 노선과, 도봉산에서 소요산 사이에서 투자하는 수익형부동산 월세는 30~39만 원을 넘지 않아야 성공할 수 있다. 분양하는 회사는 실제 받을 수 있는 월세보다 30% 이상 높게 책정하기 때문에 판단은 투자자 본인이 해야 한다.

2호선의 경우는 강북구간과 강남구간으로 구분하여 살펴보자. 강북구간 중 홍대역, 합정역, 신촌역, 이대역 구간은 월세형 상품, 숙박형 상품, 오피스형 상품, 오피스텔형 상품 모두 가능한 황금상권이다. 하지만 주의해야 할 점이 있다. 신촌, 홍대, 이대역 인근은 대기업들의 오피스텔들이 1,000실 이상 대규모로 공급된다는 사실을 간과해서는 안 된다. 따라서 이 지역에서 개인들의 경우 오피스텔과 경쟁하는 상품인 원룸보다는 다중생활시설이나 오피스형 상품에 투자하는 전략이 적합하다.

건대역, 왕십리역, 한양대역 구간 역시 홍합상권(홍대+합정)에 못지않게 1인가구들의 밀도가 높은 지역이다. 특히 건대역에서 청담동을 이어주는 청담대교는 개통 후 압구정동, 청담동에서 건대역 상권을 이어주는 브릿지 역할을 하고 있다. 건대야구장 부지에는 스타시티가 만들어졌고, 인근에는 서울에서 제일 고가의 실버타운이 운영되고 있다. 건대역 대각선 건너편에는 중화타운이 급속도로 확장되고 있는데, 이 곳에 가면 중국관련 음식점들이 즐비하게 늘어서 있다. 이처럼 건대역 인근은 강북지역에서 홍합상권과 더불어 양대산맥을 이루고 있다. 홍대역은 외국인들이 많이 찾는 반면에 건대역은 내국인 중심의 소비성향이 높은 역세권으로 분류된다.

강남지역으로 넘어오면 강남역 상권과 잠실, 신천상권을 대표적으로 꼽을 수 있다. 강남역 인근은 원룸이나 1인가구들이 거주하는 주거시설에 대한 수요가 서울에서도 가장 높은 곳이다. 대지가격이 2종 일반주거지역의 경우 3.3㎡당 3,000~4,000만 원을 호가하는 곳이어서 투자수익률은 개별적으로 따져봐야 하지만, 현재 이 지역의 평균수익률은 약 5%에 그치고 있다.

강남역 인근은 한류영향과 의료관광 인구 증가로 숙박시설 관련 수익형부동산 투자도 적합한 곳이고, 골목 골목이 하루가 다르게 상업시설로 변하고 있어서 투자가치는 높다.

잠실역은 제2롯데 월드 개장과 동시에 다시 관심을 받는 상권이다. 1인가구들의 주거수요는 많지 않으나 오피스텔 투자지역으로는 유망한 곳이다. 유망하다는 것이 높은 수익률이 나오는 지역을 의미하는 것은 아니다. 이 지역 오피스텔은 5% 내외의 수익을 얻을 수 있다.

신천역은 10여년 전에 비해서 상권자체는 많이 시들해졌지만, 임대관련 수익형부동산 시장은 그때나 지금이나 변함이 없다. 교통이 편리하고 기본적인 상업시설이 있는 곳이어서 1인가구들이 거주하는데 큰 불편함이 없고, 임대료도 강남지역에서는 제일 저렴한 곳이다. 새마을 시장 주변은 재개발이 예상되는 곳이기도 하다. 주변상권 변화로 볼 때 지금의 시장은 어떤 방식으로든 지역정비가 필요한 곳이라는 것을 시장 상가 소유자들 뿐만아니라 주변지역에서도 민원 아닌 민원이 접수되는 지역이다.

이곳의 투자는 시장상가를 매입 후 기다리는 투자를 검토해볼 수 있다. 주변의 아파트는 재건축이 완료단계이어서 주거지역으로 손색이 없는 환경을 유지하고 있다. 게다가 잠실사거리 지역이 롯데를 중심으로 개발이 완료되면 그 곳의 프리미엄이 신천역까지 영향을 줄 수 있다.

3호선은 강남지역의 가락시장, 오금에서 일산의 대화역까지 왕복하는 노선이다. 3호선의 경우 교대역에서 가락시장역까지 1구간, 교대역에서 연신내역까지 2구간, 연신내역에서 대화역까지를 3구간으로 묶어서 살펴볼 수 있다.

먼저 1구간에 해당하는 교대역에서 가락시장역까지는 강남상권이다. 편의상 1구간으로 명명한 역세권 중 수익형부동산 투자 유망지역으로는 양재역과 수서역이다. 양재역의 경우 강남역 인근에 있는 어학학원에 다니는 1인가구들이 거주하기에 적합하다. 강남역보다 비교적 월세가 저렴하고 접근성이 양호하기 때문이다.

수서역 상권은 판교와 수서 지식산업단지 등에 근무하는 1인가구들의 유동인구가 높은 지역으로 원룸이나 오피스텔, 다중생활시설, 1인 오피스 등 수익형부동산 투자가 유망하다.

2구간 중 압구정역은 대기업 파일럿 샵이나 중고명품 매장이 점차적으로 늘어나고 있는 지역이다. 이곳의 경우 수익형부동산 투자는 숙박상품 중 게스트하우스 사업을 검토해볼 수 있다.

충무로역이나 을지로역세권 역시 명동이나 남대문 등지에 관광 온 외국인들을 상대로 하는 숙박사업을 검토할 수 있다. 중저가형 호텔이 밀집된 명동지역에서 저가형 도미터리 위주의 숙박시설은 틈새시장을 공략할 수 있다는 장점이 있다.

경복궁역과 안국역 사이를 브릿지로 연결하는 구역이 북촌과 청와대지역이다. 종각역에서 출발하여 인사동 골목을 경유하여 풍문여고 입구를 지나 북촌지역 투어를 마친 후 청와대를 지나서 경복궁역으로 내려오는 코스는 유명하다. 따라서 이 지역도 1인가구나 1인 창조기업을 위한 오피스 임대사업과 숙박상품으로 투자전략을 세운다면 다른 어느 곳보다 좋은 결과를 얻을 수 있다.

3구간에 해당하는 연신내역에서 대화역까지는 외곽지역이고, 서울상권이라기 보다는 일산지역의 부동산시장이다. 이 지역은 화정과 마두역, 주엽역 모두 인구 밀도가 높은 역세권이고 최근 국제적 규모을 갖춘 전시장으로 유명한 대화역 인근 역시 비교적 적은 자본으로 투자를 할 수 있는 역세권이다.

화정역의 경우 한국관을 중심으로 한때는 나이트클럽으로 유명세를 탔으나 지금은 상권세력이 하락하는 추세이다. 경매물건이 대량으로 쏟아져 나온다는 것은 상권이 장사가 안 된다는 의미이다. 이런 지역은 투자 시 주의를 요한다.

2. 4,5,6호선

지하철 역세권 하나만 잘 연구해도 남들보다 빨리 부자가 될 것이다. 역세권에는 사람들이 몰릴 수밖에 없고, 상권 확장은 유동인구가 많은 전철역을 중심으로 시작되는 것이 일반적이기 때문이다.

4호선은 사당역 이하를 1구간으로 사당역에서 혜화역까지를 2구간, 혜화역부터 당고개역까지를 3구간으로 정한다. 금정역, 사당역, 충무로역, 동대문역, 창동역, 노원역과 같이 환승역으로서 젊은 유동인구들이 많이 움직이는 역세권이 꽤 많은 노선이다.

먼저 1구간 중에서 제일 번화한 역세권은 당연 사당역이다. 사당역은 모텔상권이 발달되어 있어서 교통, 숙박, 원룸 등이 혼재하고 있는 지역이다. 안양과 수원방향의 외곽지역 시외버스 노선이 수도 없이 들락거리는 지역이고, 수원방향에서 서울로 진입하는 관문역할을 하고 있다.

1기 신도시인 평촌상권과 산본지역에는 인구밀도가 높고 1인가구들이 많이 거주하는 지역이다. 한양대를 비롯해서 크고 작은 대학들이 많이 있고, 그들의 일부는 해당지역에서 거주를 하지만 상당수는 전철을 이용해 서울에서 통학을 한다.

2구간은 총신대역, 명동역, 동대문역사문화공원역, 혜화역, 성신여대역, 미아역, 수유역, 창동역, 노원역이 중심상권을 형성하고 있다. 총신대역 역시 방배동과 이수역 인근에 거주하는 1인가구들이 주로 모여드는 곳이다.

명동역이나 동대문역사문화공원역은 최근 중국 관광객들이 쇼핑하는 주된 상권이다. 화장품을 사기 위해서 명동을 방문하고, 의류를 구입하기 위해서 동대문역사문화공원역의 쇼핑몰을 2차로 방문한다.

혜화역은 연극극장들이 밀집된 지역이다. 우리나라 TV나 영화에서 활동하는 배우들 중 상당수가 이곳에서 연극활동으로 연기력을 쌓은 후 방송계로 진출한다. 이 곳은 20~30대 인구 비중이 매우 높은 역동적인 역세권이다.

"성신여대 앞에는 성신여대생이 없다"는 말이 유명하다. 이 지역상권의 유동 인구를 분석하면 의외로 남학생들이 많이 모여든다. 인근의 국민대와 고려대학생들이다. 여학생 상권에 남학생들이 많이 오는 것은 당연하지 않을까?

미아, 수유, 창동역, 노원역은 북쪽상권 중 가장 번화한 지역이다. 노원역의 경우 서울과학기술대학교가 가깝다. 서울과학기술대학교의 학생수가 1만 명이 넘는 대형 종합대학이라는 것을 알고 있는 사람은 드물다. 이렇게 4호선은 1인가구들의 비중이 높은 역세권이 많기 때문에 1인가구를 위한 주거시설 임대사업, 숙박시설 운영사업, 오피스텔 투자 등을 권장할 수 있다.

5호선은 김포공항에서 상일동역과 마천역 구간을 오가는 라인이다. 5호선 역시 편의상 1구간을 김포공항에서 영등포구청역, 2구간을 영등포구청역에서 왕십리역, 3구간을 왕십리역에서 상일동역과 마천역으로 나눈다.

먼저 1구간은 김포공항 인구와 주변의 1인가구들이 주로 찾는 주거시설에 대한 수요가 높은 곳이다. 송정역에서 오목교까지 오피스텔 공급이 많다. 국제선이 김포공항에서 인천공항으로 빠져나가면서 상권몰락이 예고되었다. 예상한대로 일반상권의 발달은 느려졌지만, 반면 수익형부동산 투자는 오히려 더욱 활발해졌다.

공항 승무원 전용 오피스텔이 등장하여 인기리에 분양을 완료하기도 했다. 1구간 중 단연 1위 상권은 목동지역이다. 5대 학원상권 중의 하나인 목동지역은 대학진학이나 선행학습, 일반보습학원 등 다양한 내용을 가르치는 학원들이 밀집되어 있다. 이곳은 혼자 사는 싱글족의 비중도 높은 곳이다. 따라서 1인가구들을 위한 주거상품 투자가 많이 이루어지는 곳이다. 주변지역에서 '아이들 교육은 목동이 책임진다'라는 말이 유행할 정도로 학원상권이 발달된 곳이다.

2구간 중 상권의 세력이 강하게 확장되는 곳은 마포와 공덕역세권이다. 여의도로 가는 마포대교로 이어지는 공덕역과 마포역 대로변은 오피스텔 천국이다.

여의도 지역과 연계해서 사업을 하는 개인 사업자들과 법인 사업자들이 선호하는 오피스텔형 사무실이 즐비한 곳이다. 서대문과 광화문은 1인 기업들을 위한 오피스 임대사업을 추천한다.

3구간 중 왕십리역은 교통의 중심지이다. 대규모 역세권 개발로 주변지역 개발효과를 기대했지만 예상과는 달리 역세권 개발에 대한 주변 상권발달은 없었다. 3구간 중 천호동 역시 막강한 파워를 자랑하는 곳이기는 하지만 옛날의 명성을 찾지는 못하고 있다.

6호선은 연신내에서 봉화산까지 연결되는 비교적 구간이 짧은 노선이다. 편의상 1구간을 연신내에서 공덕역까지, 2구간을 공덕역에서 동묘역, 3구간을 동묘역에서 봉화산으로 나눈다.

먼저 1구간 중 불광역, 연신내역은 3호선과 환승하는 역세권으로 3호선 라인 북쪽노선에서 가장 살아있는 상권이다. 은평구에 거주하는 1인가구들이나 청소년들이 주로 찾은 곳이 연신내 먹자골목이다. 1구간 중 최근 뜨는 상권은 단연 디지털미디어시티역에 붙어 있는 상암DMC이다. MBC 전체가 새 사옥을 지어 이사했고, SBS, KBS미디어센터, YTN 등이 추가로 상암지역에 새 둥지를 틀었다. 상암지역은 벤처기업들이 정책적으로 입주한 곳이라는 특성으로 젊은 인력들이 대거 이 지역에 근무한다. 따라서 그들이 거주할 수 있는 주거시설에 대한 투자사업이 각광을 받고 있다.

1구간 중 상수역이나 광흥창역은 홍대상권의 영향을 받는 곳이다. 홍대에 다니는 학생들이나 홍대 피카소거리 등을 찾는 젊은이들이 많이 이용하는 역세권이기 때문이다.

2구간에서 가장 강력한 이태원 상권은 미군들이 평택으로 빠져나가고 있다고는 하지만 그 동안 이루어놓은 지명도가 있어서 이 지역 매니아들은 아직도 이태원의 매력에 젖어있다. 경리단길이 그 대표적인 골목이다.

3구간은 고려대상권을 꼽을 수 있다. 고려대는 학교주변에 후문들이 많아서 상권이 산만하기는 하지만 월세가 꼬박 꼬박 나오는 수익형부동산 투자에는 단연 1순위로 추천되는 지역이다. 서울과기대를 가까이 두고 있는 태릉역 역시 변방의 메인상권이다.

3. 7,8,9호선

7호선은 인천시 부평구청역에서 출발해 강남을 경유하고 도봉산을 지나 장암역까지 운행하는 노선이다. 대표적인 지식산업단지인 가산동과 구로동을 지나 숭실대를 거쳐 고속터미널부터 강남의 메인상권을 경유하여 동부지역 대표상권인 건대역을 지나 태릉과 공릉동을 경유하는 상당히 긴 노선이다.

8호선은 암사동에서 천호동과 잠실을 경유하여 성남시내를 통과한 후 모란역까지 운행하는 비교적 짧은 노선이지만, 서울과 가까운 성남까지 연결하는 황금노선이다. 위례신도시를 경유하게 되는 8호선은 성남지역과 강남 및 동부지역을 연결한다는 점에서 투자가치가 있는 노선이다.

9호선은 강서지역 김포공항에서 당산동을 지나 종합운동장까지 운행하게 되는데 교보타워 사거리로 불리우는 신논현역이 핵심상권이다. 이렇게 7,8,9호선은 순환선인 2호선과 연결되는 환승역에서 그 가치를 더하고 있는 노선이어서 수익형부동산 투자자들은 관심있게 지켜볼 필요가 있다.

좀 더 구체적으로 검토를 해보자. 7호선은 부평구청역에서 가산역까지를 1구간, 가산역에서 고속터미널까지를 2구간, 고속터미널역에서 건대입구역까지를 3구간, 건대입구역에서 도봉산 지나 종점인 장암역까지를 마지막 4구간으로 나눌 수 있다.

1구간의 특성은 1기 신도시인 상동과 중동을 경유하는데, 이 지역은 수익형부동산의 대표인 상가들이 공급과잉 되어서 투자자들이 주의해야 할 곳이다.

정부는 주택 200만호 건설이라는 목표 아래 1980년대 후반부터 수도권 지역에 신도시를 개발하기 시작했다. 수도권내 90만호 건설을 위해서 서울을 중심으로 제1기 신도시인 중동과 상동, 평촌과 산본 및 일산과 분당 등을 개발했다.

그러나 이들 수도권 주변에 위치한 신도시들이 자족적 도시로서 역할과 기능을 하지 못하고 사실상 베드타운으로 굳어졌고, 해당 신도시 거주자들은 서울에서 경제활동을 영위해야 하는 현실적인 문제가 발생하게 되었다. 사실상 개발취지를 살리지 못하고 제 기능을 상실하는 결과를 초래했다. 하지만 서울과 수도권에 부족한 주택난을 완화하는 데 기여했으며, 부동산의 투기를 방지하고 주택공급을 통해서 주택시장 수급을 안정시키는데 기여한 부분은 있다.

하지만 상가공급에 대한 기준이 별도로 없었던 관계로 수요에 비해서 공급이 넘치는 결과를 초래했고, 그 결과 투자자들은 10년 넘게 재산권 행사에 제약을 받았으며, 투자자금을 회수하는 출구전략을 세우지 못하고 2000년 중반까지도 마음고생을 한 사람들이 많았다.

일반적으로 신도시지역에 있는 수익형부동산시장이 활성화되기까지는 최소한 10년이라는 시간이 필요하다. 물론 상품에 따라서 다르긴 하지만... 우리는 1기 신도시 개발과정을 통해서 수익형부동산 투자에 대한 많은 경험을 했고, 다양한 학습효과를 얻을 수 있었다. 30년이 지난 지금은 중동과 상동, 일산과 분당, 평촌과 산본지역도 제 자리를 잡아가고 있다. 그 과정에서 수많은 투자자들이 피눈물을 흘리고 경매와 공매를 당하는 아픔을 겪었지만, 지금은 그런대로 상권이 살아서 움직이는 모습을 볼 수 있다.

7호선 연장구간이 통과하는 1구간의 수익형부동산 투자활동은 중동과 상동, 가산역을 집중적으로 연구할 필요가 있다. 중동과 상동지역은 상가공급이 대규모로 이루어진 곳이다. 상업지역인 이곳은 소풍터미널과 현대백화점, 대형마트들이 자리잡고 있으며 극장과 위락관련 시설들이 들어서 있다.

상가건물 1층의 경우는 대부분이 음식점과 통신관련 업종들이 성업 중이고, 2층부터 상층부는 각종 근린생활시설에서 장사할 수 있는 업종들이 들어서 있다. 이 지역에서 수익형부동산 투자를 희망하는 경우는 식당으로 임대를 줄 수 있는 1층 상가에 관심을 가지면 된다. 2층 이상의 수익형부동산 투자를 희망하는 경우는 임차인들의 사업 아이템까지 검토해야 한다. 임차인들의 경우 장사가 안 되면 바로 월세 체납으로 이어지기 때문이다. 1층도 마찬가지이기는 하지만 2층 이상의 상층부는 좋은 임차인을 입주시키는 것이 관건이다.

2구간은 가산역에서 고속터미널역이다. 이 지역에서 수익형부동산 투자는 숭실대입구역과 상도역, 고속터미널역을 집중적으로 연구해야 한다. 먼저 숭실대입구역과 상도역의 경우는 숭실대학생들을 상대로 하는 원룸이나 다중생활시설 임대업이 투자위험을 줄일 수 있고, 게스트하우스 민박업도 전망이 좋은 상권이다.

숭실대입구역의 경우 투자비용이 높기 때문에 상도역 인근이나 장승배기역에서 숭실대 학생들을 상대로 수익형부동산 투자를 하는 것이 좋다. 특히 장승배기역의 경우는 인근의 노량진상권에서 공부하는 각종 수험생들이 다중생활시설이나 원룸, 오피스텔을 찾는 곳이기도 하다.

고속터미널역의 경우 9호선, 3호선, 7호선이 손님들을 쏟아내고 있는 로얄상권이다. 이 지역의 지하상가는 투자자들이 매우 선호하는 투자 1순위 수익형부동산들이 자리를 잡고 있다. 지하상가의 경우 손님들의 동선을 잘 파악해야 투자위험을 감소시킬 수 있는데, 반복적인 임장활동을 통해서 상권분석을 해야 한다. 이 지역의 지하상가는 임대면적 약 10평 정도를 기준으로 코너는 권리금이 10억 원 내외, 가운데 상가의 경우는 6억 원 내외의 권리금을 주어야 제1 임차인으로 입점할 수 있다. 제2의 임차인(전차인) 자격으로 투자를 하는 경우는 보증금과 권리금을 합쳐 약 2억 원, 월세는 300~400만 원을 투자해야 상가점포를 확보할 수 있다. 제2의 임차인이란 서울시와 1차적으로 계약을 한 제1의 임차인(전대인)으로부터 다시 전차인하는 사람을 말한다.

3구간은 고속터미널에서 건대입구역까지이다. 3구간의 경우 논현역과 반포역, 건대입구역을 집중적으로 살펴볼 필요가 있다. 논현역의 경우 생활밀착형 소매업보다는 대규모 자본이 들어가는 가구점들이 즐비하다. 따라서 가구관련 임차인들을 상대로 하는 임대사업을 위한 수익형부동산투자를 검토할 수 있는 지역이다.

건대입구역의 경우는 다양한 사업 아이템들이 운영될 수 있는 상권이기 때문에 수익형부동산 투자처로서는 매우 좋은 지역이다. 주의해야 할 점은 상권이 너무 활성화되어 있어서 투자금액이 높게 형성되어 있는 곳이다. 너무 높은 가격에 상가건물을 매수하거나 임차를 하는 경우 낭패를 당할 수 있다. 대로변 상가건물의 경우 개인들이 투자하기에는 이미 너무 많이 올라있기 때문에 이면도로에 있는 상가나 건물 중에서 비교적 저평가된 물건을 찾아내는 것이 관건이다. 건대입구역 상권 중 건대역 사거리를 중심으로 건대캠퍼스가 있는 지역과 롯데백화점이 있는 지역에는 상권이 거의 없으며, 반대편 먹자골목 상권과 중국인들이 중화타운으로 개발하고 있는 지역에서 수익형부동산을 투자를 검토해야 한다.

4구간은 건대입구역에서 장암역까지이다. 이 지역 중에서 관심지역은 태릉역과 국립대학교인 서울과학기술대학교가 있는 공릉역 인근이다. 공릉역 인근의 경우 서울과기대생을 상대로 장사하는 임차인들에게 임대를 주는 수익형부동산투자가 적합한 곳이다.

8호선은 암사역에서 가락시장역까지를 1구간, 문정역에서 모란역까지를 2구간으로 나눌 수 있다.

1구간에서 수익형부동산 투자는 천호역과 석촌역, 송파역이다. 천호역의 경우 예전에 비해서 상권이 많이 위축되긴 했으나 동부권 중심상권이라는 특성으로 볼 때 상가건물 투자하는데 전망이 있는 지역이다. 단, 쇼핑몰 투자는 위험한 상권이다. 이 지역은 상업지역이 많기 때문에 오피스텔 투자도 검토 가능하다.

2구간은 서울권을 벗어나 성남권에 해당한다. 2구간은 문정역에서 모란역까지인데 성남지역의 대학교를 분석해야 한다. 성남지역의 대학교는 동서울대, 가천대, 신구대, 을지대가 있다. 이 중에서 을지대와 신구대는 성남시내권에 있지만, 동서울대나 가천대는 8호선상에 있어서 대학생들을 상대로 하는 수익형부동산 투자를 비교적 작은 금액으로 할 수 있는 지역이다.

동서울대역이나 가천대역은 상권이 작아서 상가건물도 많이 없기 때문에 태평역이나 모란역세권에서 투자처를 물색하는 것이 좋다. 모란역은 비교적 투자금액이 높은 곳이다. 하지만 태평역의 경우 8호선 상에서 가장 실속있는 수익형부동산 투자시장이라고 볼 수 있다.

위례신도시 주민을 위한 우남역 주변을 약진로라고 하는데, 이 지역 주변의 그린벨트지역 역시 수익형부동산 투자 1순위 지역이다. 주의할 점은 위례신도시와 도로 하나를 가운데 두고 경계선상에 있기 때문에 현재 거래는 많이 없지만 가격이 매우 높게 형성되어 있다는 부분이다. 자연녹지나 계획관리지역으로 되어 있지만 3.3㎡당 2,000~3,000만 원의 호가가 형성되고 있는 지역이다.

참고로 위례신도시 명칭이 송파신도시가 아니고 위례신도시로 결정된 데에는 이유가 있다. 위례신도시(송파신도시)는 서울시 송파구, 경기도 성남시, 하남시 일원에 205만평 규모로 개발되었다. 서울 송파, 하남, 성남지역 세 구역의 경계를 포함하고 있어서 공모를 통해서 위례신도시로 네이밍을 하였다. '위례(慰禮)'는 한성백제(BC 18~AD 475년)의 옛 도읍지로 추정되고 있고, 큰 고을이라는 의미를 가지고 있다.

9호선은 서쪽의 종점인 개화역에서 당산역까지를 1구간, 국회의사당역에서 나머지를 2구간으로 나누어진다. 1구간은 김포공항역 인근과 당산역 인근이 수익형부동산투자에 적합한 지역이다. 김포공항역의 경우 공항승무원이나 직원들을 상대로 하는 주거공간임대업과 외국 관광객들을 상대로 하는 게스트하우스를 가장 먼저 검토해볼 수 있다. 특히 최근 중국관광객들이 밀려들고 있는 국내관광 시장의 여건상 이 지역에서의 숙박업인 게스트하우스 사업은 전망이 밝은 편이다. 공항승무원 전용 주거공간임대업도 이 지역 수익형부동산 투자 1순위이다.

당산역의 경우 신촌상권, 홍대상권의 넘치는 수요를 흡수할 수 있는 곳이다. 임대사업 뿐만아니라 각종 미술, 음악관련 사업도 검토가 가능한 상권이 바로 이 지역이다. 홍대상권이 합정동 망원동까지 밀고 올라오는 현실로 볼 때 양화대교를 타고 넘어오는 홍합상권(홍대+합정상권)의 다양한 상가건물 수요를 흡입할 수 있는 당산역 상권은 9호선 개통으로 도로 주변이 정비되면서 오피스텔 공급도 증가하고 있다.

4. 분당선과 경의중앙선

분당선은 왕십리에서 수원까지 연결되는 노선으로 서울과 성남시 분당구를 경유하여 수원역까지 연결되고 있다. 분당선은 수도권과 서울 동부 중심권인 왕십리상권을 연결한다는데 그 의미가 있다. 수원지역의 대학생들이 많이 이용한다는 점에서 수익형부동산 투자전략을 세워야 한다.

분당선은 왕십리에서 수서까지를 1구간, 복정에서 정자역까지를 2구간, 미금역에서 수원역까지를 3구간으로 나누어진다.

1구간의 핵심상권은 왕십리, 선릉역, 수서역이다. 왕십리는 예로부터 역사와 전통을 자랑하는 교통의 중심지이지만, 재개발이 늦어져서 개발효과를 많이 못 보고 있는 상권이다. 왕십리역이 복합역세권으로 개발되었지만 예상보다는 활성화되지 않고 있다. 단, 주변에 있는 한양대학생들을 상대로 하는 수익형부동산 투자전략을 세울 수 있는 곳이다. 교통이 편리하다보니 주변지역의 회사원이나 대학생들이 왕십리 지역의 원룸이나 오피스텔을 많이 찾는 경향이 있다.

선릉역은 분당선이 2호선과 환승하는 상권이다. 아침, 저녁 출퇴근시간에는 인산인해를 이루는 지역이다. 이곳에서 수익형부동산 투자는 출근하는 회사원을 상대로 하는 모닝식사 대용 간편음식 판매점이나 테이크아웃 전문 음식점도 유망하다.

테헤란로를 끼고 있어서 회사원을 대상으로 하는 사업들이 성업하고 있다는 점에 착안하여 수익형부동산 투자 아이템을 찾는다면 금상첨화이다.

2구간은 복정역에서 정자역까지이다. 복정역은 위례신도시 개발의 후광효과를 기대할 수 있는 곳이고, 이 지역을 복합역세권으로 개발하겠다는 코레일의 사업계획도 세워져 있다. 가천대와 동서울대 학생들을 대상으로 하는 다중생활시설이나 원룸, 오피스텔 등도 투자대상 1순위 아이템이다.

분당권인 이매, 서현, 수내, 정자역은 우리나라 대표적인 중산층이 살고 있는 곳이다. 이러한 특성을 감안한다면 그들의 기호를 살리는 각종 취미관련, 애완

견, 고급음식점, 임대업, 숙박업 등이 수익형부동산 투자 아이템으로 적합하다.

주로 자가용 이용률이 높은 이 지역 주민들의 특성상 주변 녹지공간이나 관리지역의 고급음식점 투자도 고려할 수 있다. 또한 중산층 이상의 노인들이 입주하는 요양관련시설이나 실버타운 투자도 유망하다.

3구간은 미금역에서 수원역까지이다. 서울지역의 대표적인 경부고속도로에 인접한 남부축이라는 점을 인식해야 한다. 주변에 동탄 등 신도시 개발이 성공적으로 이루어지고 있고 인구 밀도가 점점 높아지고 있는 3구간은 주택관련 상품 투자가 유망한 곳이다. 특히 수원의 대학생들이 거주할 수 있는 주거관련 시설이나 수원을 찾는 관광객들을 대상으로 하는 숙박관련 상품 투자도 유망하다.

경의중앙선은 문산에서 양평, 용문까지 연결되는 노선이다. 지상의 철길을 타고 달리던 교외선이 지금은 철길이 폐쇄되고 지하로 연결되면서 전기공급으로 달리는 전철로 변하였다. 경의선 전철화는 파주, 문산방향에 거주하는 사람들의 출퇴근과 교통 이용의 패러다임을 완전히 바꿔 놓았다. 일단 출퇴근이 가능하게 되었고 전철이 통과하는 역세권 주변의 토지가격을 올려 놓았는데, 가좌역 주변의 단독주택지가 저평가 되어 있어서 2,500만원이면 매수할 수 있다. 이런 지역을 틈새상권이라고 볼 수 있다. 매수 후 1년 정도 묵히면 2,900~3,300만원 정도는 무난히 받을 수 있을 것이다. 이 책을 읽으시는 독자 여러분, 경의중앙선을 집중하자. 특히 경의중앙선이 지나는 강북지역 중에서 시내 역세권 모두가 저평가 되어 있다.

경의중앙선은 서울역에서 수색역까지를 1구간, 화전역에서 문산역까지를 2구간으로 나눌 수 있다. 1구간에서 핵심상권은 공덕역과 홍대입구역, 디지털미디어시티역이다. 공덕역은 여의도에 인접한 상권으로 오피스텔 투자가 유망하고, 공덕역 인근 도로변은 서울지역에서도 오피스텔 공급률이 매우 높게 나타나고 있다. 이 곳에서 수익형부동산투자는 오피스텔이나 스마트워크센터(1인 창조기업을 위한 1인 오피스)가 유망하다.

홍대입구역은 외식업, 도소매업, 서비스업 모두 소화가 가능한 포탈상권이라고 말할 수 있다. 뿐만아니라 1인가구들이 거주하는 주거공간이나 관광객들을 상대로 하는 숙박관련 상품 투자가 유망하다. 디지털미디어시티역은 상암DMC지역의 벤처회사에 근무하는 젊은 회사원들을 상대로 하는 외식, 주류, 서비스업과 임대사업이 유망하다.

2구간인 화전역에서 문산역까지는 인구밀도가 낮은 전방 군부대에 가까운 지역이다. 신세계 아울렛이나 롯데 아울렛 주변에 인접하고 있는 외식업을 위한 매장용 상가점포나 주택을 리모델링 후 음식점으로 임대를 주는 수익형부동산 투자가 유망한 상권이다.

대표상권별 수익형부동산 보유전략

1. 강북 대표상권

강북지역의 대표상권은 홍합상권이다. 홍합상권은 홍대와 합정역 상권을 합친 합성어이다. 홍대상권과 합정역 상권은 이미 오래전부터 발전가능성을 암시해 왔다. 홍대상권의 첫째 특징은 이미 10여년 전부터 이대상권과 신촌상권을 빨아들이기 시작했다. 그 징조로는 상권을 방문하는 인구가 젊어지기 시작했다는 것이다.

물론 대학가이기 때문에 대학생들이 있어서 인구가 젊어질 수도 있지만, 타 대학가와는 달리 강남지역에서 내놓으라 하는 재력가들의 자녀들이나 오렌지족들이 외제 승용차를 타고 새벽에 홍대상권을 누비는 현상을 많이 볼 수 있었다. 강남에서 놀던 돈 많은 가정의 자녀들이 홍대로 몰리면서 그들을 추종하는 여성들이 모여들기 시작했고, 부유층이나 외국유학파 남성들이 몰리면서 그들이 사귀던 외국인들이 하나 둘 이 지역으로 집합하기 시작했다.

이러한 모습들이 전국에 알려지면서 이미 일찍부터 홍대상권은 전국상권으로 급부상하는 현상들이 여기저기서 나타나기 시작했다. 외국인들이 몰려들다보니 칵테일 문화가 형성되기 시작했고, 양주칵테일을 판매하는 외국인전용 빠들이 여기저기 그 모습을 드러내기 시작했다.

지금은 기업형포차들이 들어서 있는 홍대정문을 지나 삼거리포차 주변에는 외국술을 잔으로 판매하는 스텐드형 빠들이 밤을 세워가면서 외국인과 내국인을 상대로 장사를 한다. 특히 다른 지역과 특이한 점은 보드카라는 술이 칵테일의 주된 메뉴로 등장한다. 비교적 저렴하고 높은 도수를 자랑하는 보드카라는 술이 주머니 사정이 좋지 않은 젊은이들에게 적합했고, 외국술이라서 그들만의 품위를 유지하는데 기여했다는 것이 일반적인 평가다.

홍합상권의 둘째 특징은 타 지역보다 마블링이 좋다는 것이다. 쇠고기는 마블링이 좋아야 맛이 있다. 고기의 탄력을 잡아주는 고기 사이사이 마블링의 역할은 고기의 등급을 결정할 정도로 중요하다. 소를 기를 때 운동을 많이 시키는 것도 마블링이 골고루 퍼지게 하기 위함이다. 이러한 마블링 이론을 상권발달에 접목해보자. 상권에서 마블링은 골목골목을 의미한다. 상권이 커지고 상권의 기초가 튼튼하게 되기 위해서는 골목들이 활성화되어야 한다. 즉, 골목골목에 사람들이 꿈틀거려야 한다는 것이다.

유명상권이지만 마블링이 발달하지 못하면 밤10시 이전에 유동인구가 끊기게 된다. 홍대상권이 마블링이 좋다는 것은 초저녁부터 새벽까지 골목에 많은 사람들로 북적거린다는 의미이다. 이 골목이나 저 골목이나 주말이 시작되는 금요일 저녁이면 더욱 그렇지만 평일에도 유동인구들이 골목을 누빈다. 마블링이 발달된다는 것은 상권이 확대된다는 의미이다. 새로운 골목에 점포가 들어서고 새로운 음식점, 서비스업과 같은 리테일 상점들이 하나 둘 생겨난다는 것이다.

상권이 확대되는 이유는 두 가지로 구분되는데 하나는 상권이 작아서이고, 또 다른 이유는 높은 진입장벽 때문이다. 인구증가로 인해서 상권이 활성화되면 임대료가 인상되고 높은 권리금이 형성된다. 이런 상권에 창업을 하려는 젊은이들은 창업자금 부담 때문에 메인상권의 변방지역으로 이동해서 창업을 하게 된다.

홍대상권 역시 처음에는 홍대정문 근처의 골목에서 시작했지만 지금은 연남동, 합정동, 망원동까지 진출하고 있고, 심지어는 한강을 건너 당산역 인근까지 확대되고 있는 실정이다. 원래 상권은 물과 공원 등과 친하지 않다. 그런데 이 지역에서는 일반적인 원칙이 무시된 상권발달이 이루어지고 있는 상황이다. 지금의 현상으로 볼 때 홍대상권의 떠오르는 핵은 공원으로 변한 연남동 경의선 철길 주변이 될 것이다. 상권을 예측하는 것은 위험한 일이긴 하지만 필자의 20년 경험에 의한 개인적인 상상이다.

합정역 인근 역시 대규모 재개발 사업이 진행되고 있다. 이미 메세나폴리스와 길 건너편 재개발로 인해서 예전모습을 사라졌지만 주변의 다세대주택이나 단독주택지역을 파고드는 마블링 확대현상을 막을 사람은 아무도 없다. 홍대역에서 초저녁에 놀다가 합정역 인근으로 와서 시간을 보내다 합정역 전철을 타고 귀가하는 젊은이들이 늘고 있다.

인위적으로 만들어진 상권에서 일어나는 몸부림과 후유증을 우리는 많이 보아왔다. 대표적인 곳이 일산 롯데백화점 인근에 개발된 로데오거리이다. 상권이 자리를 잡는데는 10년 이상이 걸리는 것을 우리는 보아왔다. 1기 신도시의 상권들 역시 10년이 넘어서야 사람들의 온기가 도는 상권냄새가 나기 시작했다. 사람들이 인위적으로 만들어 놓은 1기 신도시들의 상업지역내 소매상권들 역시 자리를 잡는데 최소 10년 이상 걸렸다. 이렇게 시간이 흐른 뒤 활성화되는 상권은 그나마 양호한 편이다. 택지개발 지역에 만들어지는 상권은 10년 이상 시간이 흘러야 전체상권이 활성화되기 때문에 신중을 기해서 투자의사 결정을 해야 한다. 변하는 상권의 미래를 예측하는 것은 로또복권 당첨보다 어려운 문제이다. 특히 이러한 일을 전문적으로 하지 않는 일반인들 입장에서는 거의 불가능에 가까운 일이다.

따라서 신도시나 택지개발지역의 상가투자는 전문가들의 자문을 구하고 반복적인 현장 방문을 통해서 시장조사를 해야한다. 사람의 신체도 사용하지 않으면 퇴화하듯이, 상권도 사용되지 않으면 식어간다. 사람들이 그 상권을 들락거리고 사용해줘야 새로운 피가 공급되고 소비활동이 일어나서 그 상권이 활성화되고 젊어진다.

홍합상권의 경우 대한민국에서 가장 젊은상권이다. 그래서 활력이 넘치고 다른 지역처럼 정체된 느낌이 없다. 쉽게 식지 않는 상권으로 그 기초를 다져놓았다. 쉽게 무너지지 않는다는 것은 상권의 중심이 옆의 지역으로 흘러가지 않는다는 의미이다. 다른 지역의 경우 한쪽이 활성화되면 다른 상권은 일몰현상이 나타나는데, 홍합상권은 위에서 설명한 것처럼 엄청난 유동인구와 상주인구를 기초로 새로운 문화를 생성하는 곳이기 때문에 편식이 없는 상권이다. 외국의 젊은이들이 한국과 서울은 몰라도 홍대상권을 알고 있다고 한다. 이 지역은 글로벌 상권으로 발돋움하면서 그 위상은 점점 높아질 것이다.

그러나 항상 긍정적인 점만 있는 것이 아니다. 장사가 잘 된다고 해서 많은 자본이 홍합상권으로 유입되고 있고 수많은 젊은이들이 이 곳에 창업을 하고 있지만, 중요한 것은 실속이 있는가 여부다. 사람이 많고 상권이 크다고 해서 모두 장사에 성공하는 것이 아니다. 첫째는 아이템이 중요하고, 둘째는 본인의 의지, 셋째는 톡톡 튀는 마케팅이 필요하다. 이 세 가지가 접목되지 않으면 실패할 수 있다는 점을 간과해서는 안 된다.

이 지역에서 수익형부동산 투자전략을 살펴보자. 기업형 투자라면 메인상권에 높은 권리금과 보증금이나 월세를 주고 인천상륙작전 하듯이 밀고 들어가면 된다. 하지만 대부분이 그런 입장이 아니기 때문에 투자전략을 고민하는 것이다.

홍합상권의 골목골목은 새로운 문화를 생성하는 줄기세포이다. 이런 상권에서는 번화한 곳에 많은 권리금을 주고 투자전략을 세우는 것보다 덜 활성화된 골목길을 개척하고 때를 기다린다는 생각으로 접근하는 것이 좋다. 이태원 경리단길에 젊은 벤처맨들이 골목상권을 만들어가는 것처럼 변방지역을 공략하라는 것이다. 여기에서 변방은 연남동, 합정동, 망원동, 좀 멀리는 상암동 상권으로 넘어가는 중간에 위치한 성산동까지 그 대상이 된다.

여기에서는 세 가지 전략이 필요하다. 첫째, 이 지역의 단독주택을 게스트하우스나 공유형 주거공간 등으로 리모델링 후 월세사업을 하면서 토지 가격이 상승하면 그 때 빠져나오는 전략을 권한다. 둘째, 상가로 컨버전(conversion, 용도전환)이 가능한 지역의 단독주택이나 다세대 주택의 1층을 매입하여 상가로 리모델링 후 임대를 주면서 적절한 시기를 택해서 매도하고 빠져나오는 전략도 검토할만하다. 셋째, 상가건물의 1개 층(집합건축물)을 매수 후 다중생활시설이나, 쉐어하우스, 1인 오피스, 캡슐호텔 등으로 튜닝(tuning, 성능개선)하여 운영하거나 임대를 주면서 임대수익을 얻는 투자방법도 가능하다.

특히 이 곳은 젊은이들이 아침까지 주변에서 머무는 일이 많기 때문에 24시간 운영하는 주거용도의 아이템 투자를 권한다. 신개념 오피스텔의 사촌격인 주거+오피스 기능을 갖고 있는 하이브리드(hybrid) 오피스인 코쿤피스텔 사업이 그것이다.

2. 강남 대표상권

강남지역의 대표상권을 꼽을 때 건전한 상식을 갖고 있는 일반인이라면 쉽게 강남역 상권을 생각할 것이다. '상식'이란 말을 정의해보면 보통사람들이 함께 공감하는 생각이다. 그 개인들의 생각이 편견이라고 할지라도 모아지는 과정에서 걸러지기 때문에 우리 모두가 인정하는 상식이 만들어지는 것이고, 이 상식위에서 행해지는 일들은 원칙이 되고 규칙으로 굳어져서 많은 사람들의 지지를 받게 된다. 그래서 모든 일을 상식기준으로 판단하면 크게 잘못되지 않는다고 한다.

이렇듯 강남역 상권은 누가 뭐래도 강남지역을 대표하는 상권으로 자리를 잡았다. 그 유명세를 떨치던 압구정, 청담동을 제치고 말이다. 앞에서 언급한 홍대 상권이 줄기세포와 같은 특이한 문화생성 코드에서 출발했다면, 강남역 상권은 남의 피를 수혈 받아서 살아나는 환자의 회복과정과 비교하고 싶다. 편리한 교통이라는 피를 수혈 받았고, 삼성이라는 두 번째 피를 수혈 받았다. 세 번째는 강남 중산층의 피를 수혈 받았다. 편리한 교통은 강남역 상권을 발전시키는데 가장 큰 일조를 했다.

경부축을 따라서 이어지는 수서, 동탄, 수원, 안양, 판교, 분당 방향으로 다니는 좌석버스 노선이 거미줄처럼 연결되어 있고, 유명대학의 분교들이 용인, 광주, 수원, 안양 등지에 자리를 잡고 있어서 젊은 유동인구들이 하루를 시작하고 마무리하는 교통의 출발점이자 종착역이다.

강남대로에는 서울 전역을 연결하는 수십 개의 버스노선이 통과한다. 가깝게는 성남과 분당지역, 좀 멀리는 일산까지 연결이 안 되는 지역이 없을 정도로 교통 네트워크가 잘 되어 있어서 새로운 피가 24시간 흐르게 하고 있는 상권이다.

서울에서 택시잡기가 가장 어려운 지역이 바로 이 곳이다. 대중교통이 끊기면 그 많은 인구들이 집으로 귀가를 위해 택시잡기 전쟁이 벌어지는 것이다. 편리한 교통이 상권발달에 얼마나 중요한가를 보여주는 대표적인 지역이다.

또한 글로벌 기업인 삼성이 둥지를 틀면서 '불난집에 휘발유를 뿌린 격'이 되었다. 수만 명에 달하는 삼성직원만 해도 강남역 하나 집어삼키는 하마와 같은 역할을 할 수 있다. 본사에 출장이나 파견을 오거나 각종 교육을 위해서 방문하는 자회사나 협력업체 직원들까지 합치면 삼성이라는 기업이 강남역에 기여한 공로는 숫자로 표시할 수 없을 것이다.

대기업 본사가 입주하는 상권은 협력업체들이 따라서 들어온다. 중국 시안에 들어선 삼성공장 때문에 시안으로 가는 항공편 예약하기가 하늘에 별 따기만큼 어렵다. 삼성공장의 임직원 및 가족과 그 협력업체들이 항공티켓을 모두 가져가기 때문이다. 기업이나 대학교가 지역부동산 시장 활성화에 얼마나 중요한가를 알 수 있다.

그래서 세계 각 국가들이나 지자체들이 대기업을 유치하기 위해서 세금을 면제해주고 각종 특혜를 제공하는 뉴스를 우리는 종종 접하곤 한다. 미국의 텍사스 주는 미국 내에서도 가장 공격적으로 기업을 유치하는 곳이다. 일본의 토요다자동차는 캘리포니아 본사를 남부 텍사스로 이전하고 공장을 증설했다. 임직원과 그 가족 및 협력업체들을 포함해 수만 명의 대이동이다. 미국의 주요 대기업들이 텍사스 지역으로 많이 옮겨가고 있다. 농업과 석유에 의존해야만 했던 이 지역이 각종의 혜택을 주어가면서 대기업을 유치함으로써 미국 제조업의 메카로 부상하고 있는 것이다. 주목해야 할 점은 텍사스의 낮은 세율과 규제완화 등 대기업 친화정책이다. 이 지역에서는 기업의 법인세가 면제되고 일자리를 창출하면 주 정부로부터 보조금을 받는다.

우리나라 역시 동탄과 수원지역의 삼성전자, 평택과 당진 지역의 현대관련 기업들의 진출로 인구가 급증하고 소비활동이 살아나면서 부동산시장 역시 활성화되고 있다. 기업도시여야 서바이벌게임에서 생존할 수 있음을 보여주는 것이다.

강남역 상권에서 삼성그룹 본사의 역할은 점점 더 커질 것이다. 삼성이 입주하기 몇해전부터 주변상가의 권리금이 높아지기 시작했다. 타 회사보다 높은 급여를 받는 삼성의 직원들은 프리미엄급 고객들이기 때문에 지역 상가의 매출에 크게 기여할 거라는 기대감 때문이었는데 그 예상이 현실이 되어 나타나고 있다.

그리고 강남 중산층은 외식횟수가 빈번하고, 타 지역보다 소비활동이 활발하다는 것이 각종 통계자료를 통해서 나타나고 있다. 강남지역 중산층이 거주하는 중심에 위치한 강남역 역시 이러한 지역적 영향을 받아서 하루하루가 다르게 발달하고 있다. 특히 기존의 상권 뿐만아니라 이면도로 주택가에 있는 연립, 다세대 주택들이 통째로 기업자본에 넘어가고 있다. 서울에서도 상권확장이 가장 활발하게 이루어지는 곳이 강남역이다.

하지만 이런 상권에서도 10%, 20%, 70% 원칙의 예외는 없다는 것을 명심해야 한다. 10%는 돈을 벌고 있고, 20%는 현상유지, 나머지 70%는 손해보는 장사를 하고 있다. 최소한 30%에 포함되는 사업전략을 세워서 검증을 거친 후 창업 여부를 결정하는 신중함이 필요하다.

홍대나 강남역처럼 상권 확장이 빠른 지역에서는 활성화된 골목보다는 아직 미개척된 주변지역이나 골목상권에서 창업을 한 후 밀려오는 인구 파도를 맞이할 준비를 하는 전략도 가능하다. 적은 자본으로 최소한의 현상유지라도 하면서 밀물이 오는 때를 기다리는 것이다.

3. 수도권 대표상권

수도권 대표상권에서는 월세가 나오는 수익형부동산에 투자한 후 어떤 보유전략을 세워야 할까? 서울을 벗어나는 경우 상가와 오피스텔 등 수익형부동산의 수익률은 매우 낮아진다. 따라서 투자금액이 적절한가를 따져보는 것이 핵심이다.

동쪽은 남양주 일대의 상권에서 투자를 하는 것이 좋은데, 토지면적이 넓은 상가건물이나 주차장면적을 넓게 배치한 건물을 매수 후 토지가격 상승 때까지 보유하는 전략을 세우는 것이 좋다.

서쪽은 인천방향의 1기 신도시지역인 상동과 중동지역에 상가건물을 활용한 수익형부동산 틈새아이템에 투자한 후 운영수익을 통해서 투자자금을 회수하는 전략을 검토할 수 있다. 이 상권에서는 저평가되어 있거나 임대수익이 낮은 상가건물이나 오피스텔을 매수한 다음 아이템을 접목하여 개발한 후 높아진 운영수익에서 투자자금을 회수하거나 일정기간 보유한 후 매도하는 전략을 검토할 수 있다.

남쪽의 경우 성남과 1기 신도시지역인 분당지역에서 역시 수익률 낮은 건물을 저렴하게 취득 후 수익률을 높여서 매도하는 전략이 필요하다. 인천의 경우 구월동, 7호선 상동역, 1호선 역세권인 송내역 북쪽광장의 상업지역에 있는 상가건물을 매수하는 전략을 추천한다. 월세가 꾸준히 나오는 아이템이면 더욱 좋다.

북쪽의 경우는 일산상권으로 일산지역 중에서도 정발산역과 대화역이 그 중심축이라고 보아야 한다. 대규모 전시장인 킨텍스는 대화역의 상권을 짧은 시간에 변화시키고 있다. 일산지역은 전반적으로 대학교가 많은 것도 아니고 특정한 시설이 있는 곳이 아니어서, 생활밀착형 소비활동이 일어나는 지역이다.

역세권을 중심으로 수익률이 비교적 높게 나오는 상가건물이나 오피스텔에 투자를 하는 것이 바람직한데, 이때 주의할 점은 지출이 적은 수익형부동산을 골라내는 작업이 중요하다. 지출이 적은 수익형부동산은 비교적 규모가 작은 10층 이하의 건물이어야 한다. 덩치가 크면 유지비용도 커지기 때문이다.

결론적으로 수도권에서 수익형부동산 투자전략은 매출대비 지출을 최소로 낮추고, 상가건물이나 오피스텔 등을 낮은 가격에 취득 후 높은 수익이 발생하게 만들어서 고가에 매도하는 투자 및 보유전략이 필요하다.

4. 기타지역 대표상권

수도권을 벗어나서 투자를 할 경우에는 해당지역을 잘 아는 경우에 한해서 투자에 착수해야 한다. 부동산 투자는 내가 가장 잘 아는 지역에서 해야 위험을 줄일 수 있고 보유전략도 세워지기 때문이다.

"인구가 돈이다"라는 말이 있듯이, 인구밀도가 높은 서울과 수도권을 벗어나는 경우 투자하기 전에 검토해야 할 것은 바로 '인구가 유입되는 상권인지' 여부이다. 지식산업단지가 체계적으로 개발되거나 대기업의 공장이나 관련시설이 입주하는 지역은 기존의 상주인구와 새로 유입되는 인구가 지역경제를 활성화시키기 때문이다.

지방상권이 고전하는 가장 큰 이유는 인구감소이고, 그 다음은 젊은 인구의 대도시 이탈로 인한 상권 공동화 현상이다. 따라서 인구를 증가시켜주는 기업도시가 투자 1순위 상권이라고 볼 수 있다. 그리고 최소한 종합대학이 하나라도 있는 지역에서 수익형부동산 투자활동이 이루어져야 한다. 중부권이상의 대부분 대학들은 서울에서 온 학생들이거나 동남아권에서 해외유학 온 학생들이 많다.

따라서 대학상권에서 투자대상을 찾는다면 그들이 거주할 수 있는 주거공간 임대사업이 가장 유망하다. 기존의 원룸이나 오피스텔처럼 1인 1실 개념보다 타인과 공유하는 공유경제 개념의 아이디어 상품으로 투자를 하는 것이 경쟁력도 있고 그들의 주거비 부담을 줄여줄 수 있어서 일거양득이 될 것이다.

한 사례로 쉐어하우스나 컬렉티브하우스 등을 예로 들 수 있다. 쉐어하우스는 휴게공간과 주방을 공유하는 개념이고, 일본의 컬렉티브하우스는 제너레이션믹스(generation mix) 개념의 주거공간이다. 1층의 식당을 공유하면서 2층에는 실버세대들이 거주하고, 3층 이상은 주니어세대인 젊은이들이 거주하는 형태이다.

대학상권 수익형부동산 보유전략

1. 강북지역 대학상권

강북지역 대학상권에서 수익형부동산 보유전략은 어떻게 해야 하는가? 먼저 대학들이 가장 많은 성북구의 경우 총 7개의 대학이 위치하고 있는데, 서경대, 국민대, 한성대, 성신여대, 고려대, 동덕여대, 한국예술종합학교이다. 일반적으로 서대문구에 대학이 가장 많을 것으로 생각하고 있지만, 의외로 성북구에 더 많은 대학들이 자리잡고 있다.

서경대의 경우 국민대와 거리상으로 멀지 않아서 상권이 합쳐지고 있기는 하지만 정릉으로 이어지는 이 곳에서 수익형부동산 보유는 원룸이나 오피스텔, 쉐어하우스, 도시형민박, 하숙집 운영 등을 들 수 있다.

성신여대는 여성전용대학이기 때문에 여성만을 위한 섬세한 임대사업이 각광을 받는 곳이다. 주거공간이라도 여성성을 보살피는 디테일한 부분까지 신경을 써야 관심을 받을 수 있다. 성신여대 학생들은 지하철 4호선 성신여대역을 주로 이용하는데 학교정문에서 로데오거리를 통과한 후 지하철역에 도착하게 된다. 번화한 로데오거리 주변에서 높은 가격으로 건물을 매수하여 임대사업을 하는 것보다는 로데오거리를 가로질러 가는 골목길에 있는 상가건물이나 주택 등을 컨버전(용도전환)하여 임대상품을 만드는 것을 더 추천하고 싶다. 여학생들은 상업시설이 많은 상가지역보다 조용한 곳을 선호하기 때문이다.

성신여대 역시 교통이 잘 발달된 곳이어서 대학로에 있는 혜화역까지도 동선이 연결된다. 연극극장이 모여 있는 혜화역도 여학생들이 주거지역으로 선호하는 장소이다. 따라서 시내방향으로는 혜화역, 강북방향으로는 수유리까지 학생들의 동선이 연결되기 때문에 임대료나 투자자금이 많이 투입되는 학교 주변을 고집할 필요는 없다.

고려대 인근은 수요에 비해서 공급이 넘치는 곳이다. 몇 년 전에는 ○○대학이 대규모로 30만 원대 저가형 사설 기숙사로 불법으로 용도를 변경하여 임대사업을 시작하여 주변 임대사업자들과 마찰이 있었고 법정까지 가는 일이 발생하기도 하였다.

고려대는 후문이 많은 편이어서 정문이나 후문들 중에서 어디에 입지선정을 할 것인가를 사전에 충분한 시장조사를 해야 한다. 후문마다 특성들이 다르기 때문이다. 각종의 국가고시를 준비하는 학생들이 많은 법대방향 후문이 임대사업을 검토하는 사람들에게 가장 인기가 있다. 법대생들은 타 전공학생보다 공부하는 시간이 많아서 임대관리가 편하다는 장점이 있다. 이 지역에는 낡은 상태로 학생대상 원룸이나 다중생활시설(구:고시원) 임대사업을 하는 건물들이 많다. 이러한 건물을 구입 후 리모델링하여 새 건물로 만든 다음 임대사업을 하는 것도 추천한다. 10년 이상 된 건물의 경우 내부 인테리어를 다시 해야 하는 상황이 대부분이기 때문에 저가매수도 가능하다.

동덕여대의 경우도 주변에 여학생들이 많이 거주한다. 따라서 여성전용 임대상품을 섬세하게 운영하는 경우 공실걱정에서 벗어날 수 있는 상권이다. 동덕여대는 디자인 관련 학과가 유명하고 관련 학생들이 학교분위기를 리드한다. 따라서 신축이나 리모델링 시 건물의 외부모습을 젊은이들의 감각에 적합한 디자인으로 마감공사를 하는 것도 중요한 마케팅 전략이다.

두 번째로 대학교가 많은 곳이 노원구와 서대문구이다. 노원구에는 6개의 대학이 있는데 공릉역에 있는 서울과기대, 성북역 인근에 있는 광운대, 서울여대, 삼육대, 육사 등이 위치하고 있다. 그 중 공릉역의 서울과기대는 1만 명 이상의 종합대학으로 취업률 역시 서울권에서 5위 안에 링크되는 최근에 급부상하는 대학교이다. 이 대학 주변상권과 학생을 상대하는 임대사업은 불황이 없다.

서대문구는 연세대, 서강대, 이화여대, 상명대, 명지대, 경기대 등이 자리잡고 있다. 신촌상권에 있는 연대, 이대, 서강대 주변지역의 임대업은 빈익빈 부익부 현상이 뚜렷한 상권이다. 수요도 많지만 그에 비례해서 공급 또한 만만치 않은 이중적인 모습을 보이는 지역이다. 이 상권의 특징은 대기업들이 대규모의 오피스텔을 집중적으로 공급하는 지역임을 알아야 한다. 따라서 이곳에서 개인들이 임대사업에 뛰어드는 것은 신중을 기해야 한다. 수요자인 임차인 입장에서는 같은 값이면 규모가 크고 서비스 질이 좋은 대기업이 운영하는 원룸이나 오피스텔을 선호하기 때문이다. 따라서 타 대학상권보다 의외로 실속이 없는 지역이라는 말이 그 지역에서 임대사업을 하고 있는 건물주들로부터 흘러나오고 있다.

이외에 광진구, 동대문구, 종로구에 3개의 대학이 있고, 중구와 마포구가 2개, 성동구, 도봉구, 용산구, 은평구가 각 1개씩의 대학이 위치하고 있다.

이렇듯 서울지역 약 50여개의 대학 중 70%가 강북지역에 둥지를 틀고 있다. 강북지역에 거주하는 학생들이 가장 선호하는 월 임대료는 관리비 포함 50만원 내외이다. 따라서 이 지역에서 임대사업을 검토한다면 50만 원 내외의 임대상품을 만들어야 실패를 줄일 수 있다.

2. 강남지역 대학상권

강남역은 서울을 대표하는 상권 중 하나로 전국에서 유동인구, 상권규모, 교통량 등을 기준으로 1~2위를 다투는 지역이다. 하루 평균 유동인구가 100만 명 이상이다. 서울 남부지역으로 연결되는 다양한 대중교통을 바탕으로 풍부한 유동인구와 강남구, 서초구를 배후지로 두고 수도권 남부지역인 경기도 광주, 성남, 분당, 용인, 수원 등 넓은 배후지가 이 지역 상권을 받쳐주고 있다.

강남지역 대학상권에서 수익형부동산 투자 후 보유전략은 무엇일까. 강남지역에서는 서초구에 3개의 대학이 있다. 서울교대, 한국예종(서초캠), 가톨릭대 등이 있다. 서울대를 제외하고 강북지역처럼 종합대학이 많지 않다.

서울교대는 교대역에 위치하고 있지만 조사결과 학교주변에서 거주하는 학생들 비율이 20%를 밑돌고 있다. 이것은 서울 전역에 흩어져 거주하면서 통학을 한다는 의미이다. 따라서 교대생만을 위한 임대사업을 검토하는 것보다는 교대역에는 법조타운이나 회사에 다니는 회사원들이 많이 거주한다는 점을 사업검토 시 반영해야 한다. 회사원들이 많은 지역인데 군이 교대생들만을 대상으로 하는 임대업은 의미가 없다.

두 번째로 많은 지역은 동작구이다. 이 지역에는 숭실대, 중앙대, 총신대가 있다. 숭실대나 중앙대의 경우 지방학생 비율이 높다는 분석자료가 있다. 지방에서 상경한 경우 하숙이나 원룸, 오피스텔, 다중생활시설 등에 분산거주 하게 되는데, 가장 선호하는 주거공간이 다중생활시설이다.

중앙대에 다니는 학생들은 흑석동에 주로 거주하는데, 이 지역이 임대사업 후보지로는 가장 유망한 곳이다. 숭실대는 타 대학에 비해서 교통이 그렇게 좋지 못하기 때문에 노량진으로 연결되는 인근지역 거주를 선호한다. 중앙대와 숭실대는 어느 대학 못지않게 학생수가 많은 종합대학이다. 따라서 이 곳에서의 학생 대상 임대사업은 오랫동안 일정한 수익률을 유지하고 있다.

관악구는 서울대가 자리잡고 있다. 학사과정이 약 1만7,000명, 대학원과정이 9,500명으로 기타 과정을 합쳐 약 30,000명의 학생들이 관악캠퍼스에 운집하고 있다. 서울대에 다니는 학생들이 주로 거주하는 지역은 신림역, 서울대입구역, 봉천역, 낙성대역 인근의 원룸, 오피스텔, 하숙, 다중생활시설 등이다.

강북지역의 30%에 못 미치는 점유율이지만 서울대가 있어서 주변지역 상권은 매우 활성화 되어 있다. 서울대생들이 주변에 머무르는 비율은 약 55% 수준이라고 하는데 타 대학에 비해서 높은 편이다. 나머지는 발달되어 있는 교통편으로 서울전역에서 통학을 하고 있다. 그런데도 이 지역의 학생대상 임대사업은 몇십 년 넘게 매우 잘 되고 있다. 특이한 점은 회사원들이 신림동지역에 많이 거주한다는 것이다. 필자가 알고 있는 신림역이나 서울대입구역 원룸 투자자 몇몇에게 확인한 결과 입주자의 50%이상이 회사원들이라는 답변을 얻을 수 있었다.

강남지역에 거주하는 대학생들의 적정주거비 역시 강북지역과 비슷하게 관리비를 포함하여 50만 원 내외를 선호하는 것으로 조사되었다. 이것은 소득이 없는 학생들에게 70만 원이 넘는 월세를 내야하는 오피스텔이나 도시형원룸은 부담스러운 주거상품이라고 볼 수 있다.

3. 수도권역 대학상권

수도권은 동쪽으로는 구리 남양주, 서쪽으로는 인천지역, 남쪽으로는 성남과 분당, 북쪽으로는 의정부, 파주 등이다. 이 지역의 대학에 다니는 학생들의 상당수는 광역교통편을 이용해 통학을 감행하지만, 1학기 통학을 하다보면 체력이 바닥이 나고 2학기부터는 주변에서 거주하려고 하는 성향이 높다.

학교생활이 마냥 즐기기만 할 수 있는 상황이 아니라는 것을 2학기부터 본인 스스로 알기 때문에 학교주변에 거주하면서 자격시험을 준비하거나 공부를 시작하는 경우가 많다.

수도권 중 서울에 가장 가까운 대학은 성남가는 길에 있는 동서울대, 가천대이다. 강남과 가깝다보니 서울학생들이 많고, 교통이 좋은 관계로 대부분 통학한다. 주변 원룸 등에는 지방에서 유학 온 학생들이 주로 거주하는데 월세는 30만 원 후반에서 40만 원 초반까지 형성되어 있다.

결론적으로 수도권에 거주하는 대학상권의 적정 월세는 37만 원 정도가 적합하다는 것이다. 같은 주거면적을 기준으로 서울지역과 13만 원 차이가 빌생하고 있다. 동부지역은 30만 원대를 선호하고, 서부지역인 인천이나 부천지역도 33만 원을 선호하는 것으로 조사되었다. 따라서 평균적으로 35만 원에서 37만 원이 가장 적합한 수도권 지역 월세기준이다.

4. 기타지역 대학상권

충청권과 강원권, 전라권의 대학생 매월 적정주거비용은 30만 원 정도로 조사되었다. 충남대, 전북대, 강원대 인근에 거주하는 학생들의 경우 30만 원을 넘어가는 월세에는 매우 높은 저항이 나타나고 있다.

지역상권에서 생활비는 서울지역 생활비의 60%정도라는 나름대로의 기준이 정해진다. 경상도 지역 중 부산, 울산, 대구 등의 대학은 35~40만 원까지 월세를 받고 있는 것으로 조사되었다.

대학생들의 주거비는 거주하는 방식과 일치한다. 전용면적 7~10평 정도 되는 오피스텔이나 원룸의 경우 서울의 경우 월세 70만 원에 유지관리비 별도 추가하면 약 90만 원, 수도권에서는 월세 50만 원에 유지관리비 추가하면 70만 원, 지방의 경우 40만 원에 유지관리비 10만 원 추가하면 약 60만 원 정도 지출해야 하는 것으로 조사되었다.

이러한 월세금액은 대학생들이나 부모들에게 매우 부담되는 액수이다. 따라서 일부 공간을 공유하는 시스템인 쉐어하우스 개념의 주거공간에 거주한다면 매월 총 지출월세는 서울지역이 45만 원, 수도권 37만 원, 기타 지방은 30만 원이면 가능하다.

따라서 친구들과 같이 생활하는 사설기숙사형이나 쉐어하우스의 대표격인 코쿤하우스와 같은 주거공간에서 거주한다면, 매월 20~30만 원 정도의 월세를 절감하는 효과가 나타난다.

기타 대학상권에서 수익형부동산 보유전략은 최소비용 투자로 최대효과를 얻겠다는 계획으로 접근해야 한다. 받을 수 있는 월세가 서울지역에 비해서 30% 정도 낮기 때문에 자칫하면 실속이 없는 투자로 끝날 수 있다.

기타지역은 지방상권이 대부분이기 때문에 그 지역 자체의 개발계획이나 특별한 이슈가 없는 한 지가상승을 기대하는 것도 무리가 있다. 따라서 기대하는 수익률이 발생하는 근생빌딩이나 원룸형 주택 등에 투자 후 월세를 통해서 투자금을 회수해야 한다. 월세로 투자금을 회수하면서 적절한 타이밍에 매도하는 보유전략이 필요하다.

이슈지역 수익형부동산 보유전략

1. 강북상권 이슈지역

강북 이슈지역 보유전략으로는 서울 소재 대학의 80%가 몰려있는 성북구, 노원구, 서대문구를 중심으로 살펴보자. 강북지역의 경우 1인가구들이 많이 거주하는 원룸이나 다중생활시설에서 매월 받을 수 있는 월세범위는 45~55만 원 선이다. 이 정도 월세 범위는 강북의 중심지역이나 변두리지역이나 큰 차이가 없다.

성북구에 소재한 대학들은 서경대, 국민대, 동덕여대, 성신여대, 고려대 등이 있다. 성북구에 7개 대학이 있다는 것은 평균 7,000명만 잡아도 약 5만여 명의 대학생들이 상주인구 내지는 유동인구 형태로 이 지역에서 움직인다는 의미이다. 5만 명은 지방의 소규모 시급 인구와 비슷하다. 물론 이 중에 50%가 통학하면서 학교를 다닌다 해도, 최소 2만 5,000명이 주거공간 수요를 발생시키는 것이다.

서울시 대학소재 현황

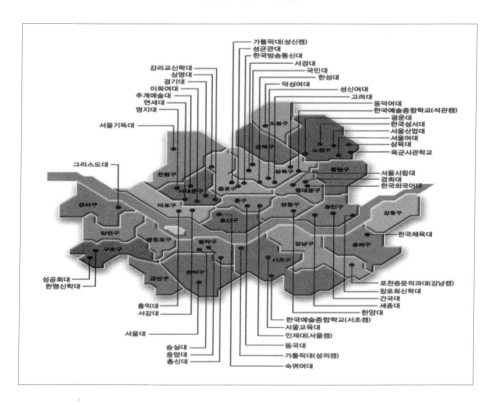

노원구의 경우도 광운대, 서울과기대, 서울여대, 삼육대 등이 자리잡고 있다. 지하철은 7호선이 노원구를 관통하고 있다. 7호선은 건대입구역에서 2호선과 환승하기 때문에 유동인구가 폭발적으로 많은 곳이 건대입구역이다.

노원구에서 건대입구역까지 이동시간은 약 30분 정도이니 노원구 소재 대학에 다니는 학생들의 시내 접근성 또한 양호한 편이다. 따라서 위치상 변두리처럼 보이지만 시간상으로는 변두리가 아니다. 이 지역에서 수익형부동산 보유전략은 타 지역에 비해서 비교적 쉽게 만들어진다. 월세는 평균 45~55만 원을 받을 수 있고, 기대수익률을 7% 이상 달성할 수 있는 곳이다.

강북의 이슈지역에서 이자 후 세전 월 수익이 500만 원을 기대한다면 자기자본(대출별도)은 7~8억 원이 투자되면 가능하다. 물론 이자 후 세전 월 수익이 500

만 원이니 이자를 감안하기 전의 매출이 약 월평균 700만 원 이상 발생해야 한다.

서대문구의 경우 명지대, 연세대, 이화여대, 경기대, 상명대 등이 자리 잡고 있다. 이 지역에서 수익형부동산을 보유하려면 수익분석을 매우 꼼꼼히 해야 한다. 이 지역은 타 지역에 비해서 지가가 매우 높기 때문에 전체 투자금액 역시 높게 나타난다. 서대문구에서의 수익형부동산 평균 기대수익률은 5% 내외이다.

자기자본 기준 수익률이 5%을 얻을 수 있다면 성공한 투자이다. 수익률이 7% 이하로 나오는 이유는 토지가격이 높기 때문이다. 그렇다고 토지가격을 시세보다 월등히 저렴하게 매수하는 것은 불가능하다. 경매나 부실채권이라고 해도 응찰경쟁률이 높기 때문이다.

월세를 결정할 때 월세를 부담하는 임차인들의 월 수입통계 자료를 활용하면 더욱 더 객관적인 월세를 산출할 수 있고, 투자전략을 세우는데도 큰 도움이 된다. 1인가구들의 수입을 분석하면 그들이 거주 가능한 주거상품을 알 수 있다.

1인가구들의 수익을 분위별로 살펴보면 매월 250만 원 이상 수입이 있는 1~2분위는 전체 1인 가구의 약 20%에 불과하다. 여기에 포함되는 1인가구들은 매월 100만 원의 월세도 지출이 가능하다. 이것은 오피스텔이나 아파트, 원룸 등에 부담 없이 거주할 수 있는 수입이다.

매월 평균 150만 원 정도 버는 3~4분위의 1인가구들은 70%에 해당되는데 이들은 매월 45~55만 원의 월세를 지출할 수 있다. 이 구간에 포함되는 1인가구들은 대도시에서 월 주거비용으로 55만 원이 넘어가면 월 지출에 비상이 걸리기 때문에 가능하면 이 선을 넘지 않으려고 한다. 이 구간에 있는 1인가구들이 선호하는 주거형태는 다중생활시설(쉐어하우스)이나 가격이 저렴한 소형 원룸 등이다.

마지막 5분위에 속하는 사람들은 전체 1인가구의 5~10%에 해당되는데, 이들은 매월 수입이 100만 원 미만인 경우이다. 이 구간에 있는 사람들을 캥거루족이라고도 한다. 개인적으로는 월세 지출 능력이 없기 때문에 부모곁을 떠나지 못하고 함께 살아야 한다.

마포구의 경우도 홍익대와 서강대가 있는데 이 지역 역시 주거비용 부담이 높은 곳이다. 홍익대 인근에 있는 오피스텔의 평균 월세는 90만원이다. 최근에는 외국인 관광객들의 탐방코스로 유명해진 홍대 앞 인근은 월세 방 구하기도 쉽지가 않다. 많은 단독 주택들이 도시민박업인 게스트하우스로 변하고 있기 때문이다.

이렇게 강북지역은 성북구, 노원구, 서대문구, 광진구, 동대문구 순으로 대학들이 분포하고 있는데 이러한 지역에서 수익형부동산 보유는 매월 45~55만 원의 월세를 받을 수 있는 투자전략을 세워야 한다. 이 지역에서 수익형부동산 투자를 검토할 때는 이러한 월세 수입이 투자자 개인별 기대수익을 충족시켜 줄 수 있는가를 중점적으로 분석해야 한다.

월세를 받는 부동산 투자는 지역특성을 반영하는 다양한 변수를 고려해야 한다. 변수들은 잠재된 경우도 있고, 누구나 쉽게 인식할 수 있는 노출변수일 수도 있다. 노출변수는 쉽게 인지가 가능하지만 잠재변수를 보유전략에 반영하는 것은 녹록치 않다. 이러한 변수분석보다 더 중요한 것은 투자자가 투자하려는 해당지역의 수요와 공급에 대한 변동성이다. 특정지역의 주거상품 수요는 한계가 있는데 공급은 무한정으로 증가할 수 있기 때문이다.

수요층이 많다는 것은 공급에 대한 유혹도 크다는 의미도 포함한다. 신촌 상권의 경우 수요시장이 매우 크다. 그래서 공급도 대량공급이 이루어진다. 이 지역은 언제 어디에서 폭탄이 터질지 모른다. 이 지역에서 월세 사업을 노리고 있는 개인이나 기업들이 많다는 뜻이다.

따라서 신촌상권에서 수익형부동산 보유전략은 5%라는 가이드라인을 설정한 후 투자전략을 세워야 한다. 만약 자기자본 대비 5% 수익률이 발생하지 않으면 과감히 투자를 포기해야 한다. 지가상승은 보너스라고 생각하고 투자 시 반영을 안 하는 것이 현명한 분석이다.

강북지역에서 수익형부동산 보유전략을 한 마디로 표현하는 것 역시 쉽지 않다. 지역별 특성이 워낙 강하게 나타나기 때문이다. 한 지역을 집중적이고 반복적으로 연구하면 수익률이 명확히 보인다. 장점과 단점이 보이고 투자전략이 나온다는 뜻이다. 수익률이 보이지 않으면 보일 때까지 시장조사를 하고 임장활동을 통해서 눈에 보이는 뭔가를 발견해야 한다.

그 지역에 대한 충분한 분석과 검토를 통해서 세워지는 투자전략이 성공으로 연결되는 것이다. 이때 조심해야 할 것이 있다. 남에게서 빌려온 정보를 마치 내가 직접 얻은 정보로 착각하는 것이다. 다른 사람의 경험이나 정보는 검증되지 않는 경우가 많고 내 자신의 경험이 아니기 때문에 판단자료로는 부적합하다.

가장 정확한 정보는 내가 경험을 통해서 얻는 정보이다. 이것이 나만의 정보이고 검증된 정보이다. 검증된 정보를 얻는 가장 확실한 방법은 내가 스스로 해보는 것이다. 현대그룹의 창업주 정주영 회장이 회의 석상에서 투자에 반대하는 임원들에게 가장 많이 사용한 말이 "해 봤어?" 라고 한다. 본인의 경험을 통해서 얻는 정보가 얼마나 중요한 자료가 되는지는 천 번을 강조해도 아깝지 않다.

필자 역시 60여개 지역에서 임대관련 체인사업을 하고 있다. 그렇기 때문에 최소한 서울의 60개 지역은 경험을 통한 필자만의 살아있는 정보를 갖고 있다. 이 점이 전문가와 비전문가의 가장 큰 차이점일 것이다. 필자의 경우 돈 주고 살수 없는 소중한 임대사업 관련 정보를 한 두 곳도 아니고 무려 60개 지역의 것을 보유하고 있는데, 이 정보는 각 지역에 투자를 검토할 때 소중한 자료로 활용된다.

개인이 기업을 이길 수 없는 이유는, 대기업은 개인과 비교할 수 없는 많은 양의 정보와 막강한 자금력을 갖고 있다는 점 때문이다. 검증된 정보를 바탕으로 이루어지는 투자의사결정만이 실패와 손실을 최소화하고 성공의 문을 열어준다.

강북지역에서 수익형부동산 보유를 권장하는 3개 지역을 꼽으라면 성북구, 노원구, 마포구이다. 투자 안전성과 수익률을 기준으로 적극 추천하는 지역이다. 특히 노원구의 경우 실속있는 지역들이 타 상권에 비해서 많이 분포한다.

강북 이슈지역으로 대학교가 집중되어 있는 곳을 중심으로 살펴보았다. 강북지역에서 수익형부동산 투자를 생각한다면 위의 세 지역을 집중적으로 임장하고 연구할 필요가 있다. 테마를 무엇으로 잡느냐에 따라서 이슈지역은 달라지겠지만 그래도 가장 무난한 테마가 대학교라는 생각에서 위 세 지역을 강북 이슈지역으로 제시했다.

서울시 강북지역 대학교 현황 및 점유율

번 호	명 칭	숫 자	점유율
1	성북구	7	19.44
2	노원구	6	16.67
3	서대문구	6	16.67
4	광진구	3	8.33
5	동대문구	3	8.33
6	종로구	3	8.33
7	중구	2	5.56
8	마포구	2	5.56
9	성동구	1	2.78
10	도봉구	1	2.78
11	용산구	1	2.78
12	은평구	1	2.78
13	중랑구	0	0.00
14	강북구	0	0.00
합 계		36	100.00

2. 강남상권 이슈지역

강남 이슈지역으로는 서울대학교가 있는 관악구, 숭실대와 중앙대학교가 있는 동작구, 서울교대가 있는 서초구를 중심으로 살펴보자. 서울대는 지하철 2호선을 기준으로 보면 신림역, 봉천역, 서울대입구역, 낙성대역까지 영향을 미치는 대규모 수요가 있는 메머드급 대학이다.

지금은 사법고시제도가 로스쿨로 변해서 사법고시를 준비하는 사람들의 수요가 신림9동 지역에서 빠져나갔다고 볼 수 있지만, 로스쿨 진학을 준비하거나 변호사시험을 준비하는 후보생들이 그 자리를 메우고 있다. 관악구의 모든 에너지는 서울대에서 나온다는 말이 있을 정도로 누구나 인정하는 우리나라를 대표하는 대학교이다.

서울대로 진입하는 위 4개 지하철역(신림, 봉천, 서울대입구, 낙성대역)은 서울대생뿐만아니라 회사원들이 거주하는 지역으로도 유명하다. 실제 인근지역 원룸에는 서울대생이 생각보다 많이 없다. 회사원들이 주로 머무르는 곳이 대부분이다. 원룸이 보증금 500만 원이나 1,000만 원에 월세 60~70만 원을 받는데, 이 금액은 학생들에게는 부담이 되기 때문이다.

이 지역에서 수익형부동산 보유를 생각한다면 원룸대신 다중생활시설을 고급스럽게 만들어서 운영할 것을 권장하고 싶다. 매월 45~50만 원이면 추가비용 없이 주거문제가 해결된다. 셀프식 아침식사도 무료로 제공된다. 다중생활시설 사업은 근생건물에서 가능하다. 전용면적 330㎡의 근생건물에 다중생활시설을 만든다면 약 25개 정도의 룸이 만들어진다. 월세 45만 원을 곱하면 1,125만 원의 매출이 발생한다. 본인이 직접 운영한다면 운영비용 250만 원, 직원을 통해서 대리 운영한다면 약 400만 원의 비용이 지출된다. 공실을 감안하더라도 매월 500만 원 정도는 임대수익을 얻을 수 있다.

후보지역으로는 낙성대역과 봉천역을 추천한다. 이 지역은 신림역이나 서울대입구역보다는 비교적 저평가되어 있다. 원룸사업을 검토한다면 신림역을 강추한다. 도시형 생활주택은 주차장 규정이 강화되면서 공급이 급감했지만, 이 지역에서 도시형생활주택이나 일반원룸 사업은 가능하다. 월세를 높게 받을 수 있기 때문에 투자금액이 높아도 기본적인 수익률은 맞출 수 있다.

관악구는 신림동, 봉천동, 남현동으로 되어 있는데, 서쪽지역은 구로동하고 접하고 있고, 동쪽으로는 사당역과 접하고 있어서 교통접근성은 어느 지역 못지않게 양호한 편이다. 서울대 학생들은 주로 서울대입구역과 신림역을 통해서 학교로 출입을 한다. 따라서 학생들만을 상대로 임대사업을 생각한다면 위 두 지역이 유리하다.

숭실대가 있는 숭실대 입구역 주변은 봉천동으로 넘어가는 메인 도로이기도 하지만, 도로 확장으로 인해서 주변의 상권지도도 완전히 바뀌어졌다. 숭실대 학생들이 주로 거주하는 곳은 상도동, 봉천동, 노량진 지역 등으로 비교적 넓게 분포하고 있다.

중앙대가 있는 흑석동은 재개발 사업으로 인해 알아보기 어려울 정도로 변했다. 종합대학이 있는 상권과 없는 상권은 하늘과 땅 사이만큼 차이점이 존재한다. 우선 외식업과 서비스업이 집중적으로 발전하고 자리를 잡는다. 이면도로는 학생들이 거주하기 좋은 원룸이나 주거시설이 자연스럽게 자리를 잡기 시작한다. 흑석동은 한강변이기는 하지만 동작동 국립묘지를 인근에 두고 있어서 상권이 단절되는 지역이었다. 하지만 지금은 지하철이 통과하고 주변지역 재개발로 인해서 천지가 개벽되는 느낌이다.

서초구에서 수익형부동산 보유를 검토한다면 타 지역보다는 자금이 넉넉해야 한다. 교대역을 중심으로 많은 주거시설이 있지만, 생각보다는 높은 수익률이 발생하지는 않고 있다. 기본 투자비용이 높기 때문인데, 그래도 이면도로를 중심으로 틈새시장은 존재하기 마련이다.

투자비용이 높다는 것은 월세를 높게 받을 수 있음을 의미한다. 서울교대가 교대역에 위치하고 있기는 하지만 회사원들을 주로 상대하는 수익형부동산이 많이 존재하고 있다. 테헤란로나 법원, 검찰청에서 근무하는 직원들이나 서초역, 교대역, 강남역 등지의 대기업에 다니는 회사원들이 주로 원룸이나 오피스텔을 많이 찾는 곳이기도 하다.

서초구는 신사역에서 양재역까지 이어지는 강남대로를 중심으로 동쪽과 서쪽 상권으로 나누어진다. 동쪽상권은 테헤란로에 인접해 있고, 서쪽상권은 서초역을 중심으로 다양한 수익형부동산 수요를 유발시키는 곳이다.

강남 이슈지역 수익형부동산은 월세는 70~100만 원까지 받을 수 있는 곳이다. 고급오피스텔의 경우 단기임대를 놓으면 매월 200~300만 원도 가능한 지역이 바로 이곳이다. 따라서 강남지역에서 수익형부동산 보유를 생각한다면 대상 타겟을 구체적으로 결정할 필요가 있다. 중·저가형으로 운영할 것인가, 아니면 고급형으로 운영할 것인가를 먼저 결정해야 한다.

3. 수도권 이슈지역

수도권 이슈지역은 동·서·남·북이라는 방향을 기준으로 검토하려고 한다. 먼저 동쪽 이슈지역은 구리, 남양주 지역을 검토한다. 구리와 남양주는 가깝게는 춘천지역으로, 멀게는 동해, 속초로 연결되는 길목이다.

지금은 서울과 속초를 잇는 고속도로가 생겨서, 중간 경유지인 구리나 남양주, 가평, 청평 등이 최종 목적지가 아닌 사람들은 구리와 남양주를 통과하지 않고 바로 고속도로를 이용한다. 하지만 부동산이라는 측면에서 볼 때는 구리와 남양주는 매우 미래가치가 높은 상권이다.

이 지역의 첫째 강점은 유휴토지가 많이 존재한다는 것이다. 대부분 그린벨트로 묶여있고, 아직 미개발지역이 많다는 것이다. 동쪽으로는 서울에 인접하는 지역이어서 아파트나 기타 지식산업센터 등의 개발수요가 높은 곳이다. 평내와 호평이 개발되어서 자체적으로 하나의 상권을 형성하고 있지만 서울에 더 가까운 구리, 남양주가 개발되어야 평내와 호평을 합쳐서 삼각벨트를 형성하게 될 것이다.

서쪽으로는 인천, 부천, 김포, 광명, 시흥 지역이 서부지역 수익형부동산 공급지역으로 각광받을 수 있는 곳이다. 인천의 경우 가정오거리 개발사업이 불발되면서 그 후유증이 부동산 시장에 전반적으로 영향을 주었다. 인천시가 재정이 디폴트단계까지 갈 정도로 심각해지면서 인천지역의 모든 개발사업이 중단되다시피 했지만, 그 후로 청라지구가 개발되고 영종도 개발이 더디기는 하지만 꾸준히 진행되고 있다. 다행히 송도는 탄력을 받아 개발사업이 한창 진행되고 있고 우려와는 달리 지역부동산 가격도 현상유지를 하고 있다.

부천의 경우 서울과 가장 가깝게 접하고 있는 지역이다. 그래서 서울 서부지역에 근무하는 회사원들이 가장 많이 거주하고 있지만, 소득수준이 낮고 부동산구조가 연립과 다세대, 단독주택 위주로 형성되어 있어서 전반적으로 슬럼화되어 있고, 개발의 필요성이 절실히 요구되는 곳이다.

하지만 부동산 분양시장이 활성화되지 못하면서 재개발 사업도 사업성이 악화되어 몇몇 지역을 제외하고는 사실상 중단되어 있다. 이 지역에서 수익형부동산 보유를 검토한다면 1호선 역세권이 있는 송내역 북광장이나 7호선 상동역, 중동역 인근을 추천한다.

김포의 경우 공급과잉으로 몸살을 앓고 있는 대표적인 상권이다. 서울지역으로 연결되는 도로들이 만들어지면서 한강을 배경으로 조금씩 나아지고 있기는 하지만 아직도 어려움이 많은 상황이다. 김포지역의 수익형부동산 투자는 최소한 10년이라는 장기적인 안목으로 접근할 필요가 있다.

김포대학이 있기는 하지만 학생수가 많지 않고, 지식산업단지가 몇 개 만들어지고 있지만 아직은 가동률이 낮다. 이 지역의 공장들은 김포지역 전체에 산발적으로 흩어져 있어서 시너지 효과를 기대하기도 어려운 상태이다. 광명과 시흥지역은 광명역을 중심으로 개발바람이 일고 있고 글로벌 가구업체인 이케아가 입주하면서 전체적인 상권활성화가 시작되고 있다. KTX 광명역을 이용하는 인구가 처음 예측한 것처럼 많이 없어서 아직은 유동인구나 상주인구가 지역 상권 활성화에 밑그림이 되지 못하고 있는 상황이다.

남쪽으로는 용인, 과천, 의왕, 군포, 안양, 수원, 성남 상권을 들 수 있다. 먼저 성남의 경우 사실상 강남권이기는 하지만 도시 전체의 토지모양이 능선형이다. 오르고 내려가고, 또 올라가는 토지 형상이 이 지역을 발전시키는데 악영향을 주고 있다. 순환재개발이라는 독특한 개발방식을 채택한 것은 좋았지만 이것 역시 부동산 경기가 살아나지 못하는 상황이고, 예산이 많이 필요한 개발형태여서 처음 계획한 것처럼 활성화되지는 못하고 있다.

하지만 분당선이나 8호선을 따라가면서 역세권 개발은 사업전망이 좋은 곳이다. 복정역을 지나 동서울대, 가천대가 분당선상에 위치하고, 성남시내권에는 을지대학과 신구대학이 자리를 잡고 있다. 서울의 강남지역과 매우 인접한 상황이어서 서울 학생들이 많이 지원하고 있고, 경쟁률 역시 높은 편이다.

과천지역은 정부청사가 세종시로 빠져나가면서 이 지역에 부동산을 보유한 사람들에게 많은 부담을 안겨주기는 했지만 주거환경이 좋고 서울 접근성이 양호하다는 강점 때문에 선방하고 있는 지역이다. 이 지역은 특별한 이슈가 없는 곳이어서 수익형부동산 보유는 신중을 기해야 한다.

경기도 광주는 터미널이 있는 광주시와 오포읍을 중심으로 다세대주택이 대량으로 공급되고 있다. 내 집을 소유하고 싶은데 비용부담이 되는 경우 전세가격으로 주택을 구입할 수 있는 곳이다. 오포읍 신현리의 경우 분당에서 20분이면 접근이 가능하기 때문에 유망지역으로 추천할 수 있다.

수익형부동산은 주변지역 공장에 근무하는 외국인근로자나 내국인 근로자를 위한 다가구 주택 등에 투자를 검토할 수 있다. 용인지역은 신분당선이 연결되는 수지구를 중심으로 활성화될 전망이다. 신분당선이 용인 수지구를 경유해 수원 광교로 연결된다는 점을 생각하고, 역세권을 중심으로 수익형부동산 보유를 검토할 수 있다.

북쪽으로는 의정부, 양주, 파주, 포천을 중심으로 지역개발이 일어날 것으로 전망된다. 가깝게는 일산과 고양지역이 수익형부동산을 보유하기에 적합한 상권이다. 특히 일산 대화역 인근은 수익형부동산의 수요가 급증할 것으로 예상된다. 대규모 전시장이 계속적으로 확장되고 있고, 공급과잉이었던 상가나 오피스텔 등이 이제 안정적인 모습을 찾아가고 있기 때문이다. 의정부, 포천의 경우도 경기 제2청사 지역을 중심으로 활성화가 예상되기 때문에 이 지역 인근에 수익형부동산 보유를 추천한다.

4. 기타 이슈지역

기타 이슈지역으로는 동탄, 평택, 당진 등이 있다. 미국을 비롯한 외국의 도시들이 기업을 유치하기 위해서 각종 혜택을 주고 세금을 면제하고 기업활동 규제를 완화하는 정책을 추진한다는 뉴스를 종종 접한다.

도시 발전은 발달된 도로망을 통한 양호한 혈액순환을 전제로 이루어진다. 도로망과 인구이동, 상권확장을 통해서 시내에 돈이 돌고 소비가 활성화되어야 지역상권이 더불어 살아 움직인다. 우리나라의 경우 공장과 대기업이 많은 울산, 포항, 여수 등의 경기가 항상 살아 움직이는 것은 기업도시로 정착이 되었기 때문이다.

도시활성화는 기업이 함께해야 한다. 동탄, 평택, 당진은 삼성과 현대제철 등의 대기업들이 기업도시를 형성하고 있고, 그러다 보니 인구가 증가하면서 시내상권이 활성화 되는 것을 볼 수 있다. 기업들이 직원들에게 안정적인 임금을 지급하면서 지역경제가 더불어 살아나는 것이다.

삼성이나 현대제철, 현대자동차 주변에는 많은 수익형부동산 사업자들이 공생하고 있다. 특히 삼성전자 주변에는 헤아릴수 없는 원룸들이 지어졌고 지금도 꾸준히 공급되고 있다. 서울의 경우 이슈는 대학이나 교통접근성이지만, 지방도시에서 수익형부동산투자의 이슈는 바로 '기업'이다.

지속가능한 보유전략 마케팅

1. 켄타우로스 마케팅

그리스, 로마시대의 신화에 나오는 켄타우로스는 우리가 너무 잘 알고 있듯이, 사람과 말이 합쳐진 신의 이름이다. 머리는 활 쏘는 사람, 다리는 달리는 말의 모양을 갖고 있는 하이브리드로 변신이 가능하다.

공격할 때는 활 쏘는 사람이 되어서 공격을 하고, 불리한 상황이면 말의 빠른 다리를 이용해 후퇴한다. 유리할 때와 불리할 때 그에 적합한 기능을 활용하는 두 가지 기능을 모두 갖추고 있는 것이다.

마케팅 역시 두 개의 기능을 갖추어야 시장경쟁에서 생존이 가능하다. 온-라인과 오프-라인이 동시에 진행될 때 그 효과가 2배로 나타나다. 마케팅과 영업은 다르다. 영업은 소비자를 상대로 발품을 팔아 찾아가는 것이고, 마케팅은 소비자로 하여금 찾아오게 하는 것이다. 찾아가는 영업을 마케팅으로 잘못알고 있다면 빨리 바로잡아야 한다.

수익형부동산 마케팅은 찾아가는 영업이 필요 없다. 많은 사람들이 공통적으로 제시하는 수익률만 만들어진다면 영업을 하지 않아도 찾아오게 하는 마케팅이 가능하다. 부동산은 대표적인 안전자산이다. 소멸되는 상품이 아니라는 뜻이다.

주식 투자를 해본 사람이라면 휴지조각이 되어 내 손에 아무것도 남지 않는 상황을 경험했을 것이다. 부동산은 권리가 아닌 실물이다. 따라서 안 팔리고 감가상각이 되는 경우는 있을 수 있으나, 세상에서 사라질 수는 없는 것이다.

마케팅에 영향을 주는 요소는 외부환경과 내부환경으로 구분된다. 외부환경으로는 시중금리가 가장 큰 영향을 준다. 금리가 낮으면 부동산으로 자금 쏠림현상이 발생한다. 세계적으로 저금리시대가 진행되고 있다. 우리나라 역시 그런 큰 흐름에 역행할 수 없기 때문에 저금리 기조를 유지하고 있다.

두 번째 외부환경으로는 부동산정책이 될 것이다. 각종 규제를 강화하면 부동산경기는 활성화되지 못할 것이고, 완화하면 활성화될 것이다. 부동산정책에 가장 민감한 분야는 아파트와 토지다. 본 저서에서 필자가 반복적으로 얘기하고 있는 수익형부동산은 아파트나 토지처럼 금리의 영향을 덜 받는다.

월세가 반복적으로 발생하는 수익형부동산의 특성상 시중금리에 크게 민감하지는 않다. 수익형부동산에 투자할 때 대부분은 대출을 이용한다. 금리가 조금 올라가거나 내려가는 것을 크게 신경을 쓸 필요가 없다. 월세 받아서 이자를 주기 때문이다. 월세 받아서 이자를 지출하는 것과, 토지나 비수익형부동산처럼 내 호주머니에서 이자지출이 발생하는 경우는 차이가 크다.

외부환경 세 번째는 부동산경기이다. 아무리 월세가 나오는 수익형부동산이라고 할지라도 경기자체가 침체되어 있다면 어느 정도 영향을 받을 수밖에 없다. 부동산경기는 정책과 연결되기도 하지만 지역에 따라서 달리 나타난다. 따라서 입주를 위한 마케팅이든, 매도를 위한 마케팅이든 지역특성에 따라서 전략을 세워야 할 것이다.

내부적인 요소 중 중요한 것은 실속이다. 대로변에 위치하고, 새로 신축한 건물이고, 폼 나는 건물이어도 실속이 없으면 제대로 가격을 받지 못한다. 낡은 건물이고, 뒷길에 위치하고, 모양이 안 좋아도 실속이 있으면 제 가치를 인정받는다. 가치 인정은 가격에 반영된다. 여기에서 실속은 바로 '수익률'이다.

수익률이 낮으면 마케팅 비용도 많이 들어갈 것이고, 보유전략이나 출구전략을 세우는데 어려움이 따를 것이다. 수익형부동산은 수익률로 말해야 한다. 마케팅 계획을 세울 때 강점과 약점을 파악하고, 기회요인과 위험요인을 분석한다면 보다 더 훌륭한 마케팅이 될 것이다. 장단점을 알면 그에 대한 처방이 나올 것이기 때문이다.

흔히 마케팅은 4P를 얘기한다. 부동산과 관련지어 정리해 보자.

첫째가 제품(Production)이다. 수익형부동산 그 자체의 성능이나 기능성을 봐야 한다. 창문이 많이 필요한데 창문을 만들 수 없는 건물이거나, 토지인 경우는 건물이 만들어진 후 효율적이지 못한 상황이 발생한다.

둘째는 가격(Price)이다. 적정가격이어야 한다. 적정가격은 철저히 수익률에 기초를 두어야 한다. 수익형부동산이기 때문이다. 쌀을 구매할 때는 밥을 해 놓았을 때 밥 맛이 좋아야 한다. 겉으로는 아무 문제가 없는 묵은쌀로 해놓은 밥이 냄새가 난다면 상품성은 이미 끝이다. 밥맛이 쌀의 가격을 결정하는 가장 중요한 요소가 된다. 이처럼 월세가 들어오는 수익형부동산도 수익률에 의해서 가격이 결정되어야 매도인이나 매수인 사이에 손해 봤다는 생각 없이 거래가 성사될 수 있다. 하지만 아쉬운 것은 수익형부동산을 매매하면서 아직도 수익률을 근거로 가격이 형성되는 분위기가 미약하다. 수익형부동산을 매수하러 온 사람이 토지모양을 중시한다거나 건물의 상태에 집중한다면 바람직한 것이 아니다. 수익률에 집중해야 한다.

셋째는 위치(Place)이다. 수익형부동산이 서 있는 지점이다. 어디에 위치하고 있는가에 따라서 수익률 차이가 발생하기 때문이다. 위치는 천차만별이다. 사람 얼굴 다르듯이 부동산의 위치도 어떤 기준을 세우기가 어렵다. 다만 역세권, 대학가, 회사상권 등의 구분으로 지역분석을 해야 한다. 사람도 사회에 진출하면 분야에 따라서 할 일이 다 있다. 써먹을 수 없는 사람은 거의 없다. 적정한 장소나 현장에 배치되지 못하는 것일 뿐이지 나름대로 할 수 있는 일이 있다. 부동산 역시 위치가 좋고 나쁜가에 따라서 제 역할이 있다. 어디에 있는가에 따라서 그 지역의 특성에 적합한 기능을 만들어주면 된다. 그 역할은 사람이 정해준다. 그 사람이 그 분야의 전문가라면 더 좋다.

넷째는 개발제안(Promotion)이다. 부동산이 수익을 낼 수 있도록 개발을 해주는 행위이다. 기능이 없는 사람에게 마이스터 학교에서 교육을 시켜 엔지니어를 만들어주는 것처럼, 부동산 역시 기능이 없다면 기능을 만들어주면 된다. 없는 기능을 보충해 주는 것이다. 엘리베이터가 없는 건물에 엘리베이터를 설치해줌으로써 자산가치를 올려주는 것도 일종의 기능을 보완해 주는 행위이다.

수익형부동산을 보유하면서 높은 수익을 내기 위해서는 보유전략을 잘 세워야 한다. 보유전략은 공실을 줄이는 전략, 지출을 줄이는 전략, 시설관리를 잘 하는 전략이 핵심 내용이다. 공실을 줄이기 위해서는 마케팅전략을 잘 세워야 한다.

인터넷 보급으로 인해 마케팅은 멀티마케팅 구조로 변해버렸다. 인터넷 전에는 몇 개 신문이나 방송매체에만 광고나 홍보를 하면 되었지만, 이제는 헤아릴 수 없는 매체들이 있어서 한 두 곳에 광고를 해봐야 기대한 만큼의 효과가 나타나질 않는다. 홍보나 마케팅이 점점 더 어려워지는 것은 이 때문이다. 하지만 안 할 수도 없는 노릇이다. 따라서 이런 상황에서는 효과적이고 현명한 나만의 전략을 세우고, 내가 하는 사업에 적합한 홍보나 광고 방법이 무엇이며, 어떤 매체를 선택해야 내가 원하는 결과를 얻을 수 있는지 연구해야 할 것이다.

두 번째로 지출을 줄이는 보유전략은 무엇인가. 4계절이 뚜렷한 우리나라의 경우 봄과 가을에는 냉방과 난방비용이 절감되겠지만, 여름과 겨울을 대비한 시설을 해야 한다. 이때 전기료와 가스비용을 줄이는 전략이 필요하다.

에어컨은 각 방에 개별로 설치할 것인가, 아니면 중앙집중 방식으로 설치할 것인가를 내부 구조나 사업 아이템을 보고 결정해야 한다. 난방은 도시가스 난방이나 전기난방 중 건물구조나 내부 구조에 따라서 달리 결정해야 한다. 열효율도 꼼꼼히 따져보아야 한다. 내가 시장조사를 하지 않고 아무생각 없이 업자들이 권하는 방식으로 시공한다면 후회하는 일이 반드시 생긴다. 광열비 부담이 점점 증가하고 있는 추세이다. 냉·난방 비용을 줄이는 계획은 점점 더 중요해지고 있다.

냉·난방은 최초 공사 때부터 계획을 세워야 한다. 실내 마감이나 건물의 외부 마감을 무엇으로 하는가에 따라서 유지관리비용이 차이가 많이 난다. 실내 마감재가 벽지인 경우는 색상이 변하지 않는 칼라를 사용하는 것이 중요하다.

일반벽지는 칼라변색이 심하고 입주자가 흡연을 하면 1~2년만 되어도 색이 퇴색된다. 따라서 포인트 벽지를 최대한 활용하면 이런 문제를 해결할 수 있다. 외부 마감은 단열재 시공이 중요하다. 단열재 시공여부에 따라서 열효율인 30~40%가 변동적이다.

겨울이나 여름에 외부 온도를 얼마나 차단해주는가에 따라서 냉·난방비용 부담이 매월 20~30만 원 이상 차이가 발생할 수 있다. 최초 건물을 신축할 때 단열시공을 제대로 하는 양심적인 건축업자가 별로 없다. 비용을 절감하기 위해서 효율이 낮은 중국산 짝퉁자재로 시공하는 경우도 많기 때문이다.

아무튼 켄타우로스 마케팅은 거스를 수 없는 대세이다. 힘들지만 가능한 한 많은 매체에 홍보나 광고를 해야 공실을 줄일 수 있다. 온라인과 오프라인을 섭렵하는 마케팅 전략만이 수익형부동산의 매출을 높일 수 있다. 시간이 갈수록 모바일 쇼핑점유율이 높아지고 있다. 따라서 수익형부동산 마케팅도 모바일 의존비율이 점점 증가할 것이다. 오프라인 광고만 고집한다면 투자목적을 달성하는 데 문제가 발생할 수밖에 없다.

2. 체험 마케팅

어떤 상품을 먼저 사용해본 사람들의 경험담은 나중에 그 물건을 사용하고자 하는 소비자들에게 중요한 정보가 될 수 있다. 그래서 이미 알려진 파워블로거들이 생겨나고 있는 것이다. 물론 부작용도 있지만...

대부분의 블로거들이 파워블로거가 되기를 희망하면서 블로그나 카페를 만든다. 하지만 여기에도 1% 법칙이 적용된다. 그 많은 블로거나 카페들 중 1%만이 생존하거나 파워블로거가 되는 것이다.

체험을 공유하는 일종의 공유경제 시스템이 사회전반에 확산되고 있는 것이다. 남는 방을 공유하자고 외치는 업체도 있다. 물론 마케팅 전략으로 공유경제라는 단어를 악용하는 사례도 많다. 최근에는 외국의 ○○업체가 자가용 택시를 영업용처럼 이용하는 사업을 세계적으로 추진하고 있고, 국내에도 이미 상륙해서 사업을 시도하고 있다. 출·퇴근시간에만 이용하는 승용차를 남는 시간에 영업용으로 활용하자는 취지이다.

이런 마케팅 역시 온라인과 모바일 시스템의 발전에 힘입어 가능한 사업이다. 내가 하는 사업을 알리는 방법이 점점 첨단을 걷고 있는 것이다. 개인들의 작은 체험들이 모여서 하나의 유행을 만들고 그 유행이 반복적으로 진행되어서 트렌드를 만들어 낸다. 이제 개인들의 체험들이 모여서 상품이 되는 시대를 살고 있는 것이다. 파편처럼 떠다니는 개인들의 경험을 모으면 하나의 현상이 되고 그 현상들이 모아지면 모든 사람들이 상식으로 받아들이는 일종의 트렌드로 뿌리를 내리게 된다.

게스트하우스의 경우도 먼저 숙박한 손님들이 올리는 사용후기가 매출에 지대한 영향을 미친다. 악플이 올라오면 당장 해당 월에는 10% 이상의 매출감소 현상이 나타난다. 선플이 올라오면 매출은 꾸준히 증가하는데, 선플이 올라오게 하려면 운영주의 노력이 절실하다.

사용자들은 작은 하자나 불친절에도 온-라인 홈피나 홍보매체에 악플을 남긴다. 앞으로 수익형부동산 마케팅에 체험자들의 사용 후기는 독이 되기도 하고 약이 되기도 하는 일들이 비일비재할 것이다. 특히 수익형부동산을 홍보하는 시장에서 체험이나 사용 후기는 어떤 광고나 홍보보다 강력한 무기로 등장할 수밖에 없을 것이다.

3. 세컨 마케팅

세컨마케팅은 말 그대로 두 번째 마케팅이다. 첫 차는 그냥 보내고 두 번째 차량에 올라타라는 얘기이다. 세상사는 이치나 원칙은 모두 비슷하다. 최초는 처음이어서 좋기는 하지만 남들이 가지 않는 길을 가다보니 없는 길을 만들면서 가야 한다. 길을 만들다 보니 절벽이 나올 수도 있고 아예 길을 더 이상 만들지 못하는 상황이 생길수도 있다. 그런데 다행히 순탄하게 길을 만들면서 목적지에 도달하는 경우도 있다.

하지만 불확실한 선두자리일 뿐이다. 제일 먼저 가다가 지뢰를 밟는 경우도 있을 것이고 폭탄이 터질 수도 있다. 위험이 곳곳에 도사리고 있는 험난한 가시밭길이 될 수도 있다. 이런 길을 먼저 가는 사람들은 일부는 무모한 도전자들이고, 일부는 현명한 모험가들이다.

하지만 1등이 만들어 놓은 길을 세 번째도 아니고 두 번째로 가는 사람은 대박은 아닐지 모르지만 중박 정도는 가능하다. 위험을 헷지하고 안정을 선택하는 사람이다. 세컨마케팅 역시 두 번째 차에 올라타서 안정적으로 가는 홍보 방법이다.

세상에서 최초로 생산한 물건을 내가 첫 번째로 홍보를 한다면 일반 소비자들이 그 상품을 이해하고 구매하는 시점까지 많은 비용과 시간이 필요하다. 게스트하우스 사업을 국내에서 최초로 시작한 사람은 지금은 그 사업을 하지 않고 있다. 망했기 때문이다. 인식이 안 된 상품을 팔려고 너무 많은 체력과 금전을 낭비한 것이다. 이 사업을 첫해에 시작한 사람들도 한동안 적자를 면하지 못했다. 그러나 점차적으로 알려지기 시작했고 나중에 게스트하우스를 창업한 사람들은 지나가는 차량에 중간에서 올라타기만 했다.

우리가 즐겨 마시는 생수를 생각해보자. 첫해에 생수 판매를 시작했을 때에는 아무도 관심을 주지 않았다. "물을 사서 마시라고? ○○놈! 대동강 물 떠다가 팔아먹은 봉이 김선달이구만" 이라고 했다. 처음에 이 사업을 시작한 회사는 망했다. 엄청난 투자자금에 비해서 매출이 받쳐주지 못했기 때문이다.

하지만 두 번째 생수를 팔기 시작한 회사는 대박이 났다. 지금은 생수광고가 필요가 없다. 알아서 팔리는 상품이 되었고, 비수기도 없고 계절의 영향도 받지 않는 효자상품이 되었다.

수익형부동산 중에서는 다중생활시설이 이와 비슷하다. "주방을 공동으로 사용하는데 불편해서 어떻게 살아?" 하던 사람들이 이제는 그런 편견 없이 너도나도 그 곳에서 생활하고 있는 것이다.

레지던스 역시 처음에는 거부감이 많았지만 지금은 일반적인 상품으로 자리를 잡아가고 있다. 월세방인데 청소도 해주고, 우편물도 받아주고, 침구세탁도 서비스로 해주는 레지던스도 지금은 새로운 주거상품으로 자리매김을 했다.

오피스텔처럼 우리가 잘 아는 수익형부동산 상품은 별개이지만, 새로 개발하는 수익형부동산 마케팅에서 세컨전략을 구사한다면 비용과 시간을 절약하면서도 본인이 원하는 소기의 목적을 달성할 수 있다.

4. 바이럴 마케팅

바이럴 마케팅(viral marketing)은 누리꾼이 이메일이나 다른 전파 가능한 매체를 통해 자발적으로 어떤 기업이나 기업의 제품을 홍보하기 위해 널리 퍼뜨리는 마케팅 기법으로, 컴퓨터 바이러스(virus)처럼 확산된다고 해서 이러한 이름이 붙었다.

바이럴 마케팅은 2000년 말부터 확산되면서 새로운 인터넷 광고 기법으로 주목받기 시작하였다. 기업이 직접 홍보를 하지 않고 소비자의 이메일을 통해 입에서 입으로 전해지는 광고라는 점에서 기존 광고와 차이가 있다.

입소문 마케팅과 일맥상통하지만 전파하는 방식이 다르다. 입소문 마케팅은 정보 제공자를 중심으로 메시지가 퍼져 나가지만 바이럴 마케팅은 정보 수용자를 중심으로 퍼져 나간다. 기업은 유행이나 풍조 등 현실의 흐름을 따라가면서 누리꾼 입맛에 맞는 엽기적인 내용이나 재미있고 신선한 내용의 웹 애니메이션을 제작, 인터넷 사이트에 무료로 게재하면서 그 사이에 기업의 이름이나 제품을 슬쩍 끼워 넣는 방식으로 간접광고를 하게 된다.

누리꾼은 애니메이션 내용이 재미있으면, 이메일을 통해 다른 누리꾼에게 전달하고, 이러한 과정이 반복되다 보면 어느새 누리꾼 사이에 화제가 됨으로써 자연스레 마케팅이 이루어지는 것이다. 일부 바이럴 마케팅 광고는 제품 정보를 알려 준 사람에게 보상을 주는 조성책(인센티브) 접근법을 쓰기도 한다.

바이럴 마케팅은 웹 애니메이션 기술을 바탕으로 이루어지며, 파일 크기가 작아 거의 실시간으로 재생이 가능하다. 따라서 관련 프로그램만 이용하면 누구나 쉽게 제작할 수 있고, 기존 텔레비전이나 영화 등 필름을 이용한 광고보다 훨씬 저렴한 비용이 들기 때문에 빠른 속도로 확산되고 있다(시사경제용어사전, 2010년 11월, 대한민국정부 인용).

바이럴 마케팅은 네티즌들이 이메일이나 메신저 혹은 블로그 등을 통해 자발적으로 기업이나 상품을 홍보하도록 만드는 기법으로, 2000년 말부터 확산되면서 새로운 인터넷 광고기법으로 주목받기 시작했고 지금도 많이 활용되고 있다. 바이럴 마케팅은 상품이나 광고를 본 네티즌들이 퍼가기 등을 통해 서로 전달하면서 자연스럽게 인터넷상에서 얘기꺼리를 만들어가는 방식의 마케팅을 말한다. 컴퓨터 바이러스처럼 확산된다고 해서 바이러스(virus) 마케팅이라고 부르기도 한다.

바이럴 마케팅은 기존의 매체 광고와 마찬가지로 불특정의 사람들에게 향한다는 특징이 있으나, 일방적으로 강요하는 형식이 아니라 소비자들이 스스로 화제로 삼고 전파한다는 점에서 다른 마케팅과 차별화 된다. 특히 또다른 온라인 광고형식인 키워드 광고나 배너광고에 비해 다른 블로그나 카페로 스크랩이나 캡처 기능을 통해 효과가 확산되기 때문에 저비용으로 높은 광고효과를 누릴 수 있다는 장점이 있다.

바이럴 마케팅은 넓은 의미에서 입소문 마케팅과 유사하다. 하지만 입소문 마케팅이 주부나 동호회 등을 통해 상품의 이용후기나 기능 등과 관련된 내용이 많다는 점에 반해, 바이럴 마케팅은 엽기적이거나 재미있는 독특한 콘텐츠가 기업 브랜드와 결합해 인터넷을 통해 유포된다는 점에서 차이가 있다.

바이럴 마케팅을 전문으로 도와주는 업체들이 많이 있지만, 대부분 입금 후에는 많이 신경을 안 쓰는 경우가 많다. 따라서 이런 광고 방법을 이용하려는 계획이 있다면 업체의 신용이나 신뢰도를 자세하게 조사해야 한다.

수익형부동산에도 바이럴 마케팅이 효과를 발휘할 수 있을까? 시간이 흐르면 가능하겠지만 부동산 투자는 최소금액이 높기 때문에 젊은 사람들이 많이 없다. 대부분 50대 이후 사람들이고, 이때는 인터넷보다는 오프라인 광고를 더 선호하는 경향이 크다. 지금의 20~40대가 50대 세대로 진입할 때까지는 온라인 광고보다는 오프라인 마케팅이 더 효율적이다.

03

수익형부동산
출구전략

수익형부동산과 출구전략

1. 수요자별 접근성

월 임대료나 숙박료 매출을 목적으로 투자한 수익형부동산는 본인이 투자한 수익형부동산에 입주하려는 임차인이나 숙박손님(guest)들이 접근하는 경로분석이 중요하다. 이것을 우리는 수요자접근성이라고 한다. 수요자접근성은 크게 네 개로 구분할 수 있는데 도보접근성, 지하철접근성, 버스접근성, 노출접근성으로 나누어서 살펴볼 수 있다.

첫째, 도보접근성은 수익형부동산 입지론에서 가장 중요한 항목이다. 부동산 관련 외국 서적을 보면 위치를 강조하는 책들이 많이 나와 있다. 위치가 좋으면 성공할 가능성이 그만큼 높기 때문이다. 특히 불경기일 때는 도보접근성의 중요성은 더 커진다. 왜냐하면 경기가 안 좋을때는 본인이 다니는 회사나 학교에 다닐 때 교통비도 절약하려는 심리가 작용해서 가능하면 도보로 이동할 수 있는 위치에 거주할 곳을 찾기 때문이다.

도보접근성은 여성전용 주거공간에서 그 중요성이 높아진다. 여성들의 경우 남성에 비해서 많이 걷는 것을 싫어한다. 또한 밤길에 남성보다 위험성이 더 많기 때문에 골목을 통과해서 접근하는 경우보다 대로변에서 바로 접근이 가능한 곳을 선호한다.

내가 거주하는 곳이 학교나 회사에서 도보로 접근이 가능하다면 본인의 입장에서는 일거양득일 수 있다. 대중교통 비용도 아끼고 걷기운동으로 건강관리도 할 수 있기 때문이다. 최소한 지하철역이나 버스정류장에서 도보로 5분 이내 위치라면 도보접근성에 대한 만족도는 높을 수 밖에 없다. 도시지역에서 회사를 다니거나 학교에 통학하는 대학생들의 경우 얼마나 많은 길거리에서 보내는가?

대부분의 사람들이 1차 대중교통에서 마을버스나 자전거 등 2차 대중교통까지 이용해야 집에 도착하는 경우가 대부분이다. 통계적으로 조사된 내용은 없지만 1차 교통수단과 도보만으로 출퇴근이나 통학을 하는 사람들의 비율은 50%가 안될 것으로 예상한다. 이렇게 1차 교통수단에서 도보접근이 가능한 지역에서 임대사업이나 게스트하우스와 같은 숙박업을 하고자하는 것은 모든 사람들의 희망사항이다.

대학교 정문이나 지하철역, 버스정류장에서 5분 이내에 위치한 원룸이나 오피스텔에서 출퇴근을 한다면 남보다 개인을 위한 시간도 그만큼 많이 확보할 수 있을 것이다. 도보접근성을 2차적인 문제로 가볍게 생각하고 수익형부동산 투자를 검토한다면 중요한 부분을 놓치는 결과가 될 것이다.

각국의 부동산정책 중 도시개발계획은 보행자를 중심으로 변하고 있다. 우리나라도 점점 그런 추세로 가고 있는 모습을 볼 수 있다. 예전에 지하도를 통해서 길을 건너게 했던 것을 도로상에 횡단보도를 늘려나가고 있다. 오래된 고가도로를 철거하고 보행자들이 도로 위를 통해서 길 건너기를 할 수 있도록 횡단보도가 추가로 만들어지고 있다. 도보접근성에서 가장 중요한 것은 간판과 상호표시의 노출상태이다. 도보접근성이 높지만 골목안에 있어서 건물이나 상호표시가 노출되지 않는다면 도보접근성이 양호하다고 보기는 어렵다.

둘째, 지하철 접근성이다. 서울과 지방의 대도시에 지하철 노선이 지속적으로 만들어지고 있다. 도시교통수단으로 지하철의 비중은 계속 높아지고 있다. 지상에 있는 도로위에서는 행인과 대중교통 2차, 3차 교통수단들이 서로 교행하기 때문에 복잡해지고 각 교통수단을 배려해야 하기 때문에 이동하는 시간이 길어질 수밖에 없다.

지하철은 홀로 달리는 교통수단이다. 방해받은 다른 교통수단이 없기 때문에 정해진 시간에 정해진 목적지를 통과하고 도착할 수 있다. 어느 나라든 도심교통수단으로 지하철은 매우 높은 운송비중을 차지하고 있다. 지하철이 개통됨으로써 주변 환경이 정리되고, 인근 지역의 부동산 가격이 상승하는 것을 우리는 수시로 목격하고 있다.

사람들이 경제활동을 하는데 있어서 가장 중요한 것은 시간이다. 누구나 길거리에서 시간을 낭비하고자 하는 사람은 없을 것이다. 따라서 수익형부동산 투자를 검토할 때는 지하철노선과 내가 투자하고자 하는 지역이나 건물과의 관련성을 꼼꼼히 따져봐야 한다.

지하철 역세권 중에서 환승역세권이 있는데 환승하는 역세권이라고 모두 좋은 것은 아니다. 환승역세권 위 도로상에 상권이 발달되어 있다면 몰라도, 그렇지 않은 경우는 대부분이 내부에서 환승을 해버리기 때문에 환승역 지상상권에는 유동인구 많지 않다. 환승하지 않는 역세권도 지상에 상권이 발달해있다면 지하철 접근성 측면에서 매우 유리하다. 따라서 수익형부동산에 투자할 때는 환승역세권이라 할지라도 전철역 위의 상권규모나 활성화 상태를 면밀히 살펴봐야 할 것이다.

일본 도쿄의 경우 거미줄처럼 연결된 전철이 도쿄인근의 위성도시까지 충분한 혈액을 공급을 해주고 있다. 도쿄인구가 출퇴근시간에 도심으로 들어오고 나가는 모습을 한마디로 표현하면 콩나물시루에 비유할 수 있다. 필자가 20년전 일본 도쿄의 지역전철(우리나라의 마을버스 역할)을 탈 기회가 있었는데, 출퇴근시간에는 좌석을 접어서 벽에 붙이고 모든 사람들이 입석으로 지하철을 이용하는 것도 목격할 수 있었다. 미래의 대도시에서 지하철은 시민들의 교통수단으로 점점 각광을 받을 수밖에 없을 것이다.

수익형부동산 투자는 역세권과 대학상권에서 시작되고 끝난다고 봐도 틀린 말이 아니다. 역세권은 절대적 역세권과 상대적 역세권으로 구분된다. 절대적 역세권은 도보로 걸어서 5분 거리이고 직선거리로 100m 이내이다. 상대적 역세권은 15분 이내이고 300m이내이다. 기왕이면 절대적 역세권에서 임대사업을 하고 싶은 게 모든 사람들의 희망이겠지만, 투자비용 대비 수익률을 철저히 따져봐야 할 것이다.

셋째, 버스접근성이다. 버스정류장에서 하차 후 성인걸음으로 5분 이내에 닿을 수 있는 정도면 가장 양호한 케이스이다. 하지만 대부분이 도보로 10분 이상 걷거나 2~3차 교통수단으로 환승하거나 바꿔 타고 이동한다.

버스도 이제는 환승시스템이 정착되었기 때문에 노선만 알면 지하철보다 편하다. 지하까지 이동하는 시간과 하차 후 지상으로 올라오는 시간을 아낄 수 있는 버스 교통수단은 전용차선 발달과 함께 도시사람들의 이동시간을 줄여주는 1등 공신이 되었다. 이처럼 도보, 지하철, 버스의 교통 접근성에 대한 종합적인 검토는 수익형부동산 투자 후 빠져나오는 출구전략에서 중요한 부분을 차지한다.

2. 미래가치 잠재성

미래상권의 변화를 예견해서 투자를 할 수 있다면 얼마나 좋을까. 상권의 미래가치를 예견한다는 것은 참으로 어려운 일이다. 하지만 수익형부동산은 매월 꾸준히 나오는 월세를 받기 때문에 재개발이나 재건축 의존율이 일반 아파트에 비해서 덜한 편이다.

　부동산의 미래가치가 상승하기 위해서는 그 지역에서 변화가 일어나야 한다. 민간이 개발하는 개발사업이 시작되거나 공공이 추진하는 주택정책이 해당 지역에서 발생해야 한다. 하지만 이러한 인위적이 민간개발이나 정책적인 개발사업은 참으로 기대하기 어려운 일들이다. 투자자 본인의 의지와는 별개이기 때문이다. 복권 맞추는 것과 마찬가지가 아닐까?

　미래가치 잠재성에 대한 예측은 몇 가지 분석을 통해서 접근해볼 수 있다. 첫째 개발사업의 규모이다. 민간업체가 개발하는 현장규모가 작아도 건수가 많아서 전체연면적이 크면 그 지역에는 지하철과 같은 대중교통 정책이 입안될 가능성이 크다. 개발규모가 큰 것은 보통 토지주택공사나 SH공사가 개입되는 경우가 많은데 이 경우에는 처음부터 지하철 개발이 반영되지만 민간개발의 경우는 반드시 지하철이 들어온다고는 볼 수 없다. 민간개발 현장에 지하철 개통을 기대할 수 있는 규모는 아파트를 기준으로 1만세대 이상은 되어야 할 것이다.

　두 번째는 서울근교이고 대지의 규모가 크면 그 지역에 정책적인 개발이 검토될 가능성이 크다. 한강 이북지역보다는 한강 이남지역이 더 가능성이 높다는 점에 주의해야 한다. 이때 대지는 그린벨트인 경우가 대부분이다. 그린벨트에 취락이 많이 형성될 경우 주택단지로 개발될 가능성이 크다. 왜냐하면 사실상 그린벨트로서의 기능이 상실되었다고 보기 때문이다. 최근에 그린벨트 지가 조사를 해보면 가격이 만만치 않다. 개발 후 상황까지 가격이 이미 반영된 곳이 많다는 뜻이다. 특히 서울 근교는 더욱 그렇다. 위례신도시 주변 목 좋은 곳은 2,000~3,000만 원의 호가가 형성되고 있다.

　세 번째는 기업들이 대규모 공장을 짓는 상권은 지가상승을 예상할 수 있다. 수천 명의 공장 직원들이 상주인구 내지는 유동인구가 되어서 주변지역에 쏟아지기 때문에 지역상권을 활성화시킬 것이고 주변 토지개발의 원동력으로 작용할 것이다.

관공서가 이동하는 경우보다 기업도시로 개발되면 그 지역상권을 변화시키고, 개발사업이 시작되는 분위기를 조성할 수 있다. 기업도시가 된다는 것은 인구증가를 예상할 수 있고, 인구 증가는 소비시장을 활성화시키기 때문이다.

인구 및 사회구조의 변화를 통해서도 개발가능성을 예측할 수 있다. 인구구조의 변화는 주변 상권의 미래에 영향을 주기 때문이다. 하나의 사례로 경기도 양주시 일영지역에 우후죽순처럼 많이 생기고 있는 노인요양시설이다. 모텔촌이었던 이 지역이 노인요양시설의 천국으로 변한 것은 노인인구 증가와 맞물려있다.

65세 이상 노인인구 점유율

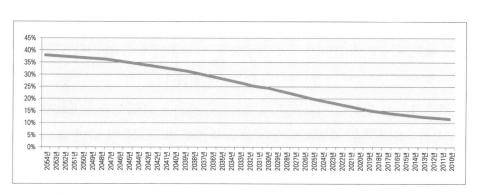

구분 1	구분 2	2014년	2024년	2034년	2044년	2054년
-	총인구(명)	50,423,955	51,887,579	51,987,134	50,102,162	46,540,963
인구수	인구(명) : 0~14세	7,198,984	6,741,003	6,331,003	5,272,784	4,621,725
	인구(명) : 15~64세	36,839,412	35,312,685	31,328,962	27,564,683	24,154,957
	인구(명) : 65세 이상	6,385,559	9,833,891	14,325,169	17,264,695	17,764,281
인구비율	인구(명) : 0~14세	14%	13%	12%	11%	10%
	인구(명) : 15~64세	73%	68%	60%	55%	52%
	인구(명) : 65세 이상	12.7%	19.0%	27.6%	34.5%	38.2%

노인인구 점유율이 2014년도의 12.7%에서 2054년에는 38.2%로 증가한다는 통계자료에서 볼 수 있듯이, 지금 이 글을 읽고 있는 모든 사람들이 머지않아 노인요양원, 요양병원, 실버타운의 주된 실수요자가 될 것이다.

일본의 잃어버린 20년이 시작된 1990년대 초반에 나타났던 현상들이 우리나라에서도 일어나고 있는 것이다. 지금보다 10배 이상 노인관련 시설들이 증가한다면 노인관련 복지 예산도 천문학적으로 늘어날 것이다.

생산활동에 종사할 수 있는 인구는 감소하고, 노인인구만 증가하는 것은 국가경제에 엄청난 부담으로 작용할 것이다. 통계청의 새로운 예측에 의하면 65세 이상 노령인구가 1,000만 명을 넘게 되는 시점은 2025년 정도이다.

그 이후 2050년에는 1,800만 명 정도를 기록하고, 전체인구의 37.2% 정도에 도달할거라는 예상이 나온다. 15세에서 65세의 인구는 전체인구의 절반 수준인 약50%에 불과할 것이다.

2030년에 이르면 우리나라 인구 4명 중 한 명은 65세 이상이 될 예정이고, 2040년에는 전체인구 3명 중 한명이 65세 이상 노인 인구가 될 것으로 보인다. 이에 따라 현재 고령화단계(65세 인구가 전체의 7~14% 사이)에 진입한 대한민국은 고령단계(65세 인구가 전체인구의 14% 이상)에 진입하게 된다.

통계청은 우리나라가 고령단계에 접어드는 시기를 2017년으로 예상하고 있다. 우리나라의 경우 지역별로 노인 인구 비율에 많은 차이가 나기 때문에 이미 고령단계로 진입한 광역자치단체가 6개 지역이다. 65세 노령 인구 비중이 21.4%로 최고 수준인 전남을 비롯, 전북, 경북, 강원, 충청도는 고령 인구 점유율이 이미 14%를 상회하고 있다.

한편 새로 추산한 노년 부양비 [노년부양비 = (65세 이상 인구 / 15~64세 인구) × 100]는 2013년에는 16.7%로 나타났고 있다. 지금은 경제활동을 하는 인구 6명이 노인 한 명을 부양한다고 볼 수 있지만, 2030년에는 38.6%, 2040년에는 57.2%, 2050년에는 71%까지 증가한다고 통계청 자료는 예상하고 있다.

취업인구 1인이 노령 인구 1인을 부양해야 1:1 부양경제가 된다. 이것은 각종 통계자료에 공통적으로 등장하는 분석 테이타이다. 앞으로는 노인 인구의 취업대책이 절실하게 필요하다고 보는 이유이다.

우리나라의 노령단계 진입과 출산율 하락이라는 문제는 세금 낼 사람은 줄어드는데 노인복지관련 세금지출은 엄청난 증가세를 보일 것으로 분석하고 있다. 또한 미래는 수입부재에 따른 생활고에 시달리는 노인인구들이 급증할 것으로 예상된다.

정부가 아무리 예산을 지출해도 완벽하게 모든 노인들을 먹여 살릴 수는 없는 것이다. 노인인구 중 상당수는 스스로 빈곤문제를 해결해야 하고, 자신들의 생활비용을 스스로 벌어야 하는 심각한 상황에 직면할 것이다.

OECD국가의 연도별 노인인구 비율

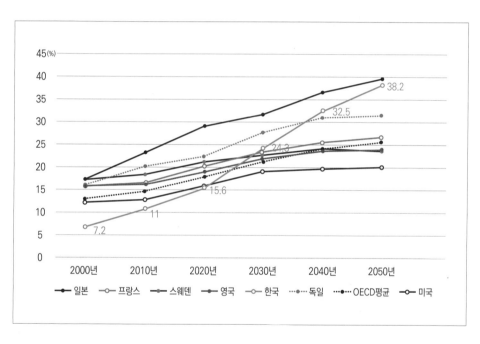

노인인구증가는 수익형부동산 투자시장의 새로운 아이템으로 부각될 것으로 보인다. 정부에서 일정규모의 지원을 받아 운영되는 요양시설은 안정성면에서 수익형부동산으로 정착될 것이다.

3. 인구구조 변동성

일정규모의 인구가 있어야 국가경제도 활성화된다. 경제학자들이 공통적으로 제시하는 적정인구 규모는 1억 명이다. 이 정도는 되어야 일정규모의 내수시장도 활성화되고 그 바탕위에서 국가의 산업들이 연결관계를 유지하면서 상호작용을 한다는 것이다.

세계적으로 볼 때도 인구구조가 1인 가구 중심으로 재편되고 있다. 인구구조의 급변으로 인해 새로운 주거유형의 필요성이 대두되고 있다. 일본의 컬렉티브 하우스와 같은 주거구조가 그 대표적인 사례이다. 1층에는 공용식당과 휴게시설을 배치하고 2~3층은 노인인구, 4~5층은 젊은 세대들이 살게 하는 내부구조이다.

세대믹스형 주거구조인 셈이다. 1인 가구의 특성을 살펴보면 20세 미만은 증가추세가 낮고, 30대 인구 역시 소폭 증가하는 현상을 보이고 있다. 70세 이상 노인세대의 경우 1990년에는 전체인구에서 차지하는 비율이 낮았으나, 2020년에는 10배 정도가 증가하여 1인가구 중 가장 많은 비중을 차지할 것으로 보인다.

지역적으로 1인가구 증세현황을 살펴보면, 중부지방이 약 5.3배 이상의 증가세를 보이고 있고, 남부지방은 2.9배의 낮은 증가율을 보이고 있다. 서울의 경우는 약 3.5배 정도의 증가현상을 보이고 있지만 절대적인 숫자가 높아서 수도권과 함께 1인가구 집중현상이 높아질 것으로 통계청은 분석하고 있다.

인구증가는 좋은 상권을 만드는 시금석이다. 처음부터 목이 좋은 상권이 있지만 인구 집중현상으로 목 좋은 상권으로 발전하는 경우도 종종 목격된다. '목에 살고 목에 죽는다'는 부동산투자의 기본 원칙을 만들어가는 지역에 관심을 가져보자.

인천 송도가 대표적인 상권이다. 송도의 특성상 소형건물이 거의 없다. 연면적이 큰 주상복합을 개발한 후 아래층에 상가를 배치하는 전형적인 선진국형 개발 방식이다. 하지만 이러한 주상복합 상가는 투자자 입장에서 불리한 측면이 강하다.

첫째, 주상복합 상가는 전용률이 낮다. 전체 연면적이 크기 때문에 빠져나가는 부분이 많다는 뜻이다. 이러한 주상복합 상가의 전용률은 대부분 50%에 불과하다. 분양을 받는 사람이 실면적 165㎡를 사용하려면 330㎡를 분양받아야 한다.

3.3㎡당 분양가격이 2,000만 원 정도라면 실제 10억 원어치를 사용하기 위해서 추가로 10억 원을 지출해야 한다. 실제 사용면적 비용인 10억 원과 추가로 공용부분 면적 구입비용인 10억 원을 추가하여 총 20억 원을 지출해야 내가 원하는 면적을 확보할 수 있다는 것이다.

대부분 주상복합 건축물의 전용률이 50% 내외라는 것은 항상 염두에 두어야 한다. 반면에 일반상가의 경우 전용률은 65~75% 정도이다. 따라서 일반상가에 비해 주상복합 상가를 구입함으로써 약15%의 추가부담이 발생한다는 것이고, 면적에 따라서 다르겠지만 비용으로 따지면 약 3억 원의 추가비용 지출이 발생한다.

이러한 추가비용은 수익형부동산 취득 후 투자의 목적을 달성하거나 개인사정으로 사업을 정리하려고 할 때 큰 부담으로 작용한다. 이 때 '큰 부담'이라고 하는 것은 출구전략에서의 부담을 의미한다.

출구전략 때 상대방도 본인이 해당 수익형부동산을 취득 후 출구전략을 검토할 것이고, 초기 투자금액이 높으면 본인의 보유전략이나 출구전략에 나쁜 영향을 준다는 사실을 알게 된다.

인구구조의 변동성을 인위적으로 만들어내는 택지개발지역인 신도시는 상가 개발이 주로 주상복합형으로 이루어진다. 보유하면서 투자비용을 70% 이상만 회수를 해도 출구전략 때 부담은 없겠지만, 현실적으로 보유기간 중 초기투자금액의 70%를 회수한다는 것은 매우 어려운 얘기이다.

리테일 사업 창업을 검토하는 스타트-업들이 수익형부동산 출구전략을 가장 현명하게 세우기 위해서는, 소규모 상가건물을 매입하거나 임차하는 것이 좋다. 이 때 소규모 상가는 전체를 모두 통으로 구입하는 일반건축물이나 한 개 층에 투자하는 집합건축물이나 동일하다.

일반상가가 주상복합상가보다 유리한 점은 한 두 개가 아니다.

첫째, 관리비용이 저렴하다. 건물의 규모가 크면 클수록 관리비용이 많이 발생하기 때문이다. 자동차가 크면 기름값도 많이 들어가고, 주차비용도 많이 나오고 한 번 고장나면 수리비용도 많이 나오는 것과 동일하다.

둘째, 상가구조가 실속형이다. 주상복합 상가의 경우 2층 이상은 출입구를 전면도로에서 곧바로 진입할 수 있도록 만들지 않는다. 그 이유는 전체 디자인을 무시할 수 없기 때문이다.

주상복합 상가의 경우 전체 분양대금의 20~30%를 상가에서 회수하려는 전략을 세우는데, 나머지 70%인 상부층인 주상복합 부분인 아파트나 오피스텔의 동선과 디자인이 상가부분보다 더 중요하게 생각하기 때문이다.

따라서 아래층 상가부분은 희생양이 되는 경우도 종종 있다. 주상복합 상가의 경우 목은 대부분이 A급이다. 하지만 상가의 구조상 접근성면에서 문제가 많기 때문에 매출에 나쁜 영향을 준다.

목이 좋은 상가를 살리기 위해서는 상가의 구조상 접근성도 중요하다. 1층은 별개이지만 지하층이나 2층과 3층은 입구의 모양이나 위치에 따라서 많게는 50% 이상의 매출차이가 발생한다.

4. 주변환경 쾌적성

목이 좋은 곳은 대부분 환경이 좋지 않다. 목이 좋은 곳은 대학가이거나 역세권이기 때문이다. 이 곳은 대부분이 상업지역이어서 조용하지 않고 교통량도 많아서 생활소음이 많이 발생한다.

투자하려는 수익형부동산이 주거관련 상품이라면 쾌적성은 중요하다. 목이 좋은 상업지역은 주간과 야간에 각기 다른 소음상태가 나타난다. 따라서 상업지역에 쾌적을 요하는 주거관련 상품을 개발하려면 주간과 야간에 반복적으로 현장을 방문하여 소음정도를 측정해야 한다.

대부분 주간 소음만 측정하고 끝내버린다면 후회할 일이 반드시 발생한다. 주간에 발생하는 소음정도를 야간에 측정해보면 동일한 소음정도라도 매우 다르게 나타난다. 주간에는 기본적인 생활소음속에 섞여서 작게 느껴지지만, 야간에는 상대적으로 조용한 환경 속에서 더 크게 다가오기 때문이다.

특히 건물에 진동을 발생시키는 볼링장이나 나이트클럽 등이 있다면 심각한 상황에 처할 수도 있다. 특히 나이트클럽이 있는 건물은 방음에 대한 철저한 분석과 체크가 필요하고 볼링장이 있는 건물이라면 주간과 야간에 나타나는 진동에 대한 분석을 꼼꼼히 해야 한다.

번화한 상업지역이고 목이 좋다고 안심하는 것은 금물이다. 투자하는 수익형부동산이 오피스인 경우에는 소음상태 체크가 주거보다는 덜 중요하다. 하지만 내부시설을 할 때 외부 소음을 막아주는 공사는 신경을 써서 해야 한다. 오피스라고 해도 업무 집중도상 외부소음 차단은 중요하기 때문이다.

수익형부동산의 종류는 매우 다양하다. 특히 각종 서비스관련 사업인 소매업을 하기 위해서 상가건물을 취득하거나 임차하는 경우 업종에 따라서 요구되는 외부환경을 각각 체크해야 한다.

워킹손님에게 노출시키는 광고 간판 역시 건물 앞을 오가는 사람들이 이동 동선에 따른 각도를 보면서 간판설치 위치를 결정해야 한다. 옆 건물 간판에 내 건물의 간판이 가리지는 않는지, 내 건물이 도로상에서 많이 후퇴한 상태여서 간판을 달아놓으면 잘 보이지 않는지도 체크해야 한다.

상업지역이나 역세권, 대학가라고 하더라도 수익형부동산의 종류에 따라서 쾌적성의 정도는 각기 달리해야 하는 것이 중요하다. 내부시설 공사를 통해서 얼마든지 쾌적성 문제는 해결이 가능하다.

출구전략을 위한 수익형부동산

1. 상가건물을 수익형부동산으로

상가건물은 용도가 매우 다양하다. 건축법상 용도는 근린생활시설군에 속하는 상가(이하 근생상가)건물은 다양하게 활용할 수 있다. 오피스텔은 오피스텔로만 사용이 가능하고, 아파트는 아파트로만 사용이 가능하다. 모텔과 여관은 숙박업소로만 사용이 가능하고, 원룸은 원룸으로만 사용이 가능하다.

하지만 근생상가는 1종과 2종으로 구분되는데 휴게음식점과 이·미용 관련 업종, 의원과 침술원, 탁구장, 체육도장 외 40여개 업종이 1종 근린상가에서 할 수 있는 업종들이다.

2종 근생상가의 경우는 수많은 종류의 일반음식점, 제과점과 서점, 종교관련 시설, 금융업소, 중개업관련 사무실, 세탁소 외 약 40여종의 업종이 장사를 할 수 있는 시설군이다.

일반적으로 상가건물을 수익형부동산으로 생각하는 경우가 많다. 여러번 얘기하지만 월세만 나온다고 해서 수익형부동산이 되는 것은 아니다. 투자자가 기대하는 수익률을 충족해줘야 수익형부동산이 되는 것이다.

우리 주변에서 보면 상가에 투자해놓고 고민하는 사람들을 많이 볼 수 있는데, 대부분이 기대했던 수익의 50%도 나오지 않는 투자를 하고 후회하는 사람들이 대부분이다.

처음부터 저렴하게 취득해야하는 것은 기본이지만, 싯가에 구입했다고 해도 수익형부동산을 만드는 방법은 다양하다. 상가를 취득한 후 임대사업을 하는 방법은 두 가지가 있는데 대부분의 사람들이 임차인을 찾아서 임대를 주지만 일부는 그 상가를 이용해서 직접 어떤 사업을 하게 된다.

임대를 주는 경우에는 임차인을 잘 만나야 한다. 잘 만나야 한다는 표현보다도 잘 골라야 한다는 표현이 더 적절하다. 임차인 잘못 고르면 명도할 때까지 애물단지가 되는 것이 상가건물이다. 상가건물을 취득했는데 기대한 수익창출이 안 되는 경우에는 원인을 분석해야 한다. 임대를 놓을 계획인 경우는 내 상가건물에 가장 잘 맞는 업종이 무엇인지를 파악한 후 임대 우선순위를 업종에 두어야 한다.

시간이 걸리더라도 내 건물이 있는 상권에 적합하고, 내 건물에 적합한 업종이 들어올 때까지 기다리는 전략도 필요하다. 상가건물을 공실로 비워 두는 게 모양이 안 좋으면 1개월씩 선납조건(일명 깔세)의 임차인에게 월 단위로 임대를 주면서 기다리면 임대료를 받아가면서 내가 원하는 임차인을 찾을 수 있다. 임대료는 내 맘대로 받을 수 없다. 주변상가의 시세와 비슷하게 받아야 임차인을 찾을 수 있다. 임대형태로는 내가 기대한 수익을 얻을 수 없다면, 직영하는 방법도 검토가 가능하다.

모 은행의 지점장으로 퇴직한 한모(60세,남)씨는 이화여대 앞에서 임대사업을 할 계획으로 근생상가를 취득했다. 단순 임대방식으로는 원했던 수익을 얻을 수 없다는 판단을 한 후 상가건물을 중국인에게 숙소를 제공하는 레지던스로 용도를 변경 후 직접 사업을 시작했고, 그 결과 본인이 원하는 기대수익을 얻고 있다.

이처럼 단순임대로는 투자수익률을 맞출 수 없는 경우 직접 사업을 운영함으로써 투자자가 원하는 방향으로 자산관리를 해나갈 수 있다. 수익형부동산 만들기는 취득당시부터 완벽한 계획을 세워서 하는 것이 가장 좋지만, 투자활동을 반복적으로 하다보면 생각대로 되지 않는 경우도 많다.

취득당시에는 기대하는 수익을 얻을 수 있었으나 상권이 변하고 경쟁업소가 늘어나면서 투자 수익률이 점점 하락하는 일이 빈번하다. 이런 경우에는 현장에서 돌파구를 찾아야 한다. 좋은 임차인을 찾거나, 유망한 아이템으로 직접 사업을 하는 것이 현장에서 답을 찾는 사례이다.

다음 표는 집합건축물 상가 1개 층을 매수 후 스마트워크센터를 창업한 사례이다. 총 투자금액 17억 3,000만 원 중 대출 7억 원을 공제하면 순 투자금액은 10억 3,000만 원이다. 이자와 운영비용을 공제하면 1,187만 원이 매월 순 운영수익이 되는데 투자 수익률로 따지면 13.83%인 셈이다.

상가 매수 후 스마트워크센터 투자 분석

(단위 : 만 원)

투 자			수 익 (월)		
구 분	금 액	내 용	구 분	금 액	내용/수익률(%)
매수	140,000	집합건물 1개층	잠재매출	1,800	100% 가동
인테리어	33,000	가전, 가구 일체	유효매출	1,620	90%가동
소계	173,000		대출이자	233	4% 기준
대출	70,000	매수비용의 50%	운영비용	500	유동적
			기타매출	300	
순 투자	103,000		순 운영수익	1,187	13.83

※ 위 분석은 투자조건과 시장상황에 따라서 변동적임.

1. 아이템 : 스마트워크센터 30실
2. 지역 : 서울 강남지역
3. 투자방식 : 소유권 투자
4. 건물면적 : 500㎡
5. 건물용도 : 근린상가 집합건축물
6. 기타매출 : 맴버쉽 회원 외 매출
7. 투자수익률 : 13.83%

다음 표는 집합건축물 상가 1개 층을 임차 후 스마트워크센터를 창업한 사례이다. 총 투자금액 4억 3,000만 원이다. 월세와 운영비용을 공제하면 920만 원이 매월 순 운영수익이 되는데 투자 수익률로 따지면 약25%가 발생한다.

상가 임차 후 스마트워크센터 투자 분석

(단위 : 만 원)

투 자			수 익 (월)		
구 분	금 액	내 용	구 분	금 액	내용/수익률(%)
임차보증금	10,000	집합건물1개층	잠재매출	1,800	100% 가동
인테리어	33,000	가전,가구 일체	유효매출	1,620	90%가동
			월 세	500	유동적
			운영비용	500	유동적
			기타매출	300	
순 투자	43,000		순 운영수익	920	25.67

※ 위 분석은 투자조건과 시장상황에 따라서 변동적임.

1. 아이템 : 스마트워크센터 30실
2. 지역 : 서울 강남지역
3. 투자방식 : 임차권 투자
4. 건물면적 : 500㎡
5. 건물용도 : 근린상가 집합건축물
6. 투자수익률 : 25.67%

다음 표는 상가건물(집합건축물 1개 층) 매수 후 캡슐호텔을 창업한 사례이다. 총 투자금액 13억 7,500만 원 중 대출 5억 원을 공제하면 순 투자금액은 8억7,500만 원이다. 유효매출에서 대출이자와 운영비용을 공제하면 1,733만 원이 매월 순 운영수익이 되는데 투자 수익률로 따지면 약23%인 셈이다.

상가 매수 후 캡슐호텔 투자 분석

(단위 : 만 원)

투 자			수 익 (월)		
구 분	금 액	내 용	구 분	금 액	내용/수익률(%)
매수	100,000	집합건물1개층	잠재매출	3,000	50실*2만원*30일
인테리어	25,000	가전,가구 일체	유효매출	2,400	80%가동
캡슐설치	12,500	캡슐 50개	대출이자	167	4% 기준
소계	137,500		운영비용	500	유동적
대출	50,000	매수비용의 50%			
순 투자	87,500	대출 후 투자비	순 운영수익	1,733	23.77

※ 위 분석은 투자조건과 시장상황에 따라서 변동적임.

1. 아이템 : 캡슐호텔 50실   4. 건물면적 : 330㎡

2. 지역 : 서울 강남지역   5. 건물용도 : 근린상가 집합건축물

3. 투자방식 : 소유권 투자   6. 투자수익률 : 23.77%

다음 표는 집합건축물 상가 1개 층을 임차 후 캡슐호텔을 창업한 사례이다. 총 투자금액 4억 7,500만 원이다. 월세와 운영비용을 공제하면 1,400만 원이 매월 순 운영수익이 되는데, 투자 수익률로 따지면 약35%가 발생하는 셈이다.

상가 임차 후 캡슐호텔 투자 분석

(단위 : 만 원)

투 자			수 익 (월)		
구 분	금 액	내 용	구 분	금 액	내용/수익률(%)
임차보증금	10,000	집합건물1개층	잠재매출	3,000	50실*2만원*30일
인테리어	25,000	가전,가구 일체	유효매출	2,400	80%가동
캡슐설치	12,500		월 세	500	유동적
			운영비용	500	유동적
순 투자	47,500		순 운영수익	1,400	35.37

※ 위 분석은 투자조건과 시장상황에 따라서 변동적임.

1. 아이템 : 캡슐호텔 50실   4. 건물면적 : 330㎡

2. 지역 : 서울 강남지역   5. 건물용도 : 근린상가 집합건축물

3. 투자방식 : 임차권 투자   6. 투자수익률 : 35.37%

2. 단독주택을 수익형부동산으로

주택은 단독주택, 다중주택, 다가구주택, 공관으로 구분된다. 이러한 주택들은 수익형부동산으로 보지는 않지만, 용도변경을 통해서 수익을 내는 부동산으로 변경이 가능하다. 단독주택을 철거한 수 그 자리에 도시형생활주택을 신축하는 사업이 한 때 성행했다.

대지가 165㎡인 단독주택 자리에 다중생활시설인 근린생활건축물을 신축하

면 50만 원 받을 수 있는 25개의 룸이 만들어진다. 월 매출이 1,250만 원 공실과 운영비용을 감안한다고 해도 매월 600만 원의 순 수익이 발생하는 것이다.

물론 투자비용은 대출금을 제외하고 약 10억여원이 투입되겠지만 비수익형 부동산의 대표격인 주택이 600만 원의 수익이 발생하는 수익형부동산으로 다시 태어나게 되는 것이다.

또 다른 방법은 단독주택을 취득하거나 임차한 후 대수선을 통해서 게스트하우스로 만드는 프로젝트를 추진할 수 있다. 역시 대지가 165㎡인 주택을 게스트하우스로 용도를 변경한다면 매출은 단순임대보다 2배 이상 증가한다.

전세형 임대만 가능했던 단독주택을 게스트하우스로 만든 후 임대를 놓으면 매출 2,000만원에 순수익 1,000만원을 상회하는 수익형부동산이 만들어진다. 특히 외국관광객들이 많이 찾는 강북지역의 인사동, 북촌이나 서촌지역, 광화문, 종로구 일대, 명동상권, 동대문 쇼핑상가 인근, 홍대상권이면 더욱 좋다.

연립주택이나 다세대주택도 용도변경을 통해서 이러한 작업이 가능하다. 일반주택과 다른 점은 연립이나 다세대주택은 1채만으로는 사업성이 없기 때문에 여러 채를 묶어서 용도를 변경해주는 것이 좋다.

서울지역에 있는 부동산은 아무리 위치가 안 좋아도 나름대로의 가치를 유지한다. 지역에 따라서 나름대로의 용도가 있는데, 소유하고 있는 부동산을 어떻게 변신시킬 것인가는 전적으로 소유자의 안목과 감각에 달려있기 때문이다. 사람도 좋은 부동산을 만나야 하지만, 부동산도 좋은 주인을 만나야 진가를 발휘할 수 있다.

원룸이나 만들어서 단순 임대하는 방법은 이미 고리타분한 아날로그형 임대방법이 되었다. 내가 갖고 있는 부동산을 튜닝(성능개선)을 통해서 얼마든지 새로운 보물단지로 재탄생시키는 것이 가능하다. 최근 이태원의 경리단길에서는 새로운 문화가 만들어지고 있다. 1종 일반주거지역이어서 투자가치가 없다고 했던 이 지역이 젊은이들의 문화가 접목되면서 기존의 주택들이 다양한 수익형부동산으로 변하고 있는 것이다.

이처럼 새롭게 부각되는 지역의 부동산을 취득 후 때를 기다리는 방법도 있고, 공격적으로 리모델링을 실시 후 수익형부동산으로 만들어 좋은 조건에 임대를 놓은 방법도 있다. 필자가 아는 어떤 분은 상가를 임차 후 음식점을 만들어 정상화시켜 놓고 권리금을 받고 넘기는 사업을 전문으로 하는 사람도 있다.

다음 표는 일반주거지역의 단독주택을 매수 후 게스트하우스에 투자한 사례이다. 총 투자금액 15억 원인데, 대출금 6억 2,500만 원을 공제하면 순 투자금액은 8억 7,500만 원이다. 월세와 운영비용을 공제하면 1,540만 원이 매월 순 운영수익이 발생하고, 투자수익률은 약 21%이다.

단독주택 매수 후 게스트하우스 투자 분석

(단위 : 만 원)

투 자			수 익 (월)		
구 분	금 액	내 용	구 분	금 액	내용/수익률(%)
매수	125,000		잠재매출	3,060	
인테리어	25,000	가전,가구 일체	유효매출	2,448	80%가동
소계	150,000		대출이자	208	4% 기준
대출	62,500	매수비용의 50%	운영비용	700	유동적
순 투자	87,500		순 운영수익	1,540	21.12

※ 위 분석은 투자조건과 시장상황에 따라서 변동적임.

1. 아이템 : 단독주택 게스트하우스
2. 지역 : 서울 강북지역
3. 투자방식 : 소유권 투자
4. 토지면적 : 165㎡
5. 건물면적 : 231㎡
6. 투자수익률 : 21.12%

다음 표는 일반주거지역의 단독주택을 임차 후 게스트하우스를 창업한 사례이다. 총 투자금액 3억 5,000만 원이다. 월세와 운영비용을 공제하면 매월 기준 1,148만 원의 순 운영수익이 발생하고, 투자수익률은 약39%이다.

단독주택 매수 후 게스트하우스 투자 분석

(단위 : 만 원)

투 자			수 익 (월)		
구 분	금 액	내 용	구 분	금 액	내용/수익률(%)
임차보증금	10,000	주택 임차보증금	잠재매출	3,060	
인테리어	25,000	가전,가구 일체	유효매출	2,448	80%가동
			월 세	600	유동적
			운영비용	700	유동적
순 투자	35,000		순 운영수익	1,148	39.36

※ 위 분석은 투자조건과 시장상황에 따라서 변동적임.

1. 아이템 : 단독주택 게스트하우스
2. 지역 : 서울 강북지역
3. 투자방식 : 임차권 투자
4. 토지면적 : 165㎡
5. 건물면적 : 231㎡
6. 투자수익률 : 39.36%

3. 버려진 토지를 수익형부동산으로

토지가 어떻게 수익형부동산이 될 수 있는가에 대해서 의문을 갖는 사람들이 많지만, 얼마든지 가능한 얘기가 될 수 있다. 토지를 토지상태로 놔두면 아무것도 될 수 없지만, 그 토지를 활용해서 수익을 만들어내는 방법을 찾는다면 얼마든지 수익형부동산이 될 수 있다.

그린벨트 토지를 구입 후 그린벨트 토지에서 할 수 있는 업종으로 임대를 주는 방법도 있다. 임대를 놓은 후 월세를 받으면서 그린벨트가 해제되는 때를 기다리는 대박 프로젝트를 추진할 수도 있다. 이때는 해당지역 부동산에 대한 철저한 분석이 전제되어야 한다.

어떤 사람은 뒷 블럭의 건물을 매수했는데 도로가 확장되면서 앞 건물이 철거된 후 그 사람의 건물이 확장된 도로변에 접하게 되는 경우도 있다. 이런 경우 건물가치는 2배 이상 상승하게 된다. 사람들의 운명도 한순간 바뀌지만 건물의 운명도 순간적으로 바뀔 수 있음을 보여주는 것이다.

4. 공동주택을 수익형부동산으로

아파트도 수익형부동산이 될 수 있다. 인구구조가 1~2인 가구로 되면서 면적이 넓은 아파트들이 애물단지로 전락했다. 오랫동안 대가족제도로 운영되어온 우리나라에서 부모들은 큰 집을 갖고 있어야 했다. 추석이나 설날 자녀와 손자녀들이 한꺼번에 몰리면 집이 커야 모두 편안하게 명절을 보내고 돌아갈 수 있기 때문이다.

하지만 이제 그런 그림을 그릴 필요가 없게 되었다. 인구가 줄고 자녀가 1~2명인데 그 자녀가 또 손자녀를 1~2명만 낳아 기르는 것이 현실이 되었다. 모두 모여 봐야 4~5명을 넘지 않는다. 집에 있는 방들이 남아돌아가기 시작하지만, 부모는 1년 내내 큰 집을 관리하기 위해서 등골이 빠진다.

165㎡ 아파트를 유지하기 위해서는 관리비만 최소 매월 70~80만 원이 들어간다. 1년에 고작 1~2번 사용하기 위해서 1년 12개월 동안 유지관리비용으로 1,000여만 원이 지출되는 것이다.

현실이 이렇다 보니 소형아파트는 매매가 잘 되는데 중대형 아파트는 시장에서 거래가 안 된다. 작은 평수의 아파트 선호현상이 뚜렷하게 나타나고 있다. 매매도 안 되는 아파트를 계속 보유하고 있는 것이 여러 가지로 부담이 된다.

이런 때는 홈스테이 사업을 통해서 돌파구를 찾을 수 있다. 이 사업이 적합지 않은 곳도 있겠지만 대부분의 지역들이 홈스테이 수요가 있다. 학교 근처에는 외국에서 유학 온 외국인 학생을 대상으로 하거나 지방에서 올라온 학생들에게 하숙대신 홈스테이 서비스를 제공하는 수익형부동산으로 운영관리하면 된다.

홈스테이는 남는 방을 임대주거나 숙박을 희망하는 게스트들에게 제공하는 사업이다. 게스트하우스는 1~2일 또는 3~4일 단기간을 숙박 손님에게 룸을 제공하지만 홈스테이는 최소 1개월 이상 장기 체류하는 손님들에게 남는 방을 제공하는 서비스이다. 장기간 머무르는 손님이다 보니 자주 들락거리는 번거로움도 피할 수 있다.

룸이 3개 이상인 아파트는 1~2개 룸만 호스트가 사용하고 남는 방은 게스트들에게 제공하는 홈스테이 사업을 적극적으로 검토할 수 있다. 이렇게 홈스테이 사업을 하면서 매도를 추진한다면 매월 일정 수익을 얻으면서 아파트가 매도되는 시점을 기다리면 되는 것이다.

미군부대 주변의 아파트는 연 단위 일시 선납방식으로 월세를 주는 경우도 많이 볼 수 있다. 아파트는 세계적으로 알려진 공동주택이기 때문에 주거방식에 있어서 문화적으로 많이 차이가 난다고 해도 사용하는 데는 큰 문제가 없다.

이슈상권이어야 출구가 보인다

1. 홍합상권

홍합상권은 홍대와 합정 일대를 포괄적으로 합친 상권을 압축해서 부르는 이름이다. "홍대상권이 왜 특별한 상권인가?"라는 질문을 던져보자. 일단 이 지역 상권의 발전과정이 타 상권과는 많은 차이를 보이고 있다.

서울시내에 약 50여개의 대학들이 있지만 홍대 앞 상권처럼 개성이 넘치는 지역은 드물다. 대부분의 상권은 일반적이고, 보편적인 모습을 보이고 있는 곳이 대부분이다. 개강직후 사람 사는 냄새가 나다가 방학이 되면 조용해지고, 다시 개강시기가 오면 사람들로 북적이는 시계추와 같은 모습을 보인다.

홍대 앞 상권은 한마디로 비수기가 없는 상권이다. 월요일은 한주일이 시작되는 분위기를 느끼고 싶은 젊은이들이 모여들고, 화요일은 일주일 중 하루지난 둘째날을 즐기기 위한 젊은이들이 모이고, 수요일은 주말로 가는 중간이어서 주말 분위기를 남보다 먼저 체험하고자 하는 사람들이 모여든다.

목요일은 주말인 금요일 이브를 찾는 사람들로 북적이고, 금요일은 그야말로 주말을 만끽하고자 하는 사람들이 몰려든다. 선진 외국을 여행하다보면 1인 예술가들이 이벤트를 펼치는 길거리들을 접할 수 있다.

프랑스의 몽마르뜨 언덕에는 화가들이 항상 있듯이 홍대 앞에도 1인 예술가들이 몰려들어 나름대로의 개인별 특기를 펼치는 모습을 흔하게 볼 수 있다. 특히 토요일과 일요일에는 1인 이벤트가 풍성하게 열린다.

이런 식으로 매일 매일이 새로운 하루가 시작되는 상권이어서 비수기가 없다. 방학때는 오히려 사람들이 더 많이 모인다. 지금은 실기시험이 없어져서 미술학원들이 강남으로 많이 이전해갔지만, 그래도 홍대 미대 진학은 많은 미술학도들의 로망이기 때문에 관련 분위기를 학교 앞 곳곳에서 만날 수 있다. 확대되는 홍대상권의 영향을 가장 많이 받는 곳이 연남동이다.

경의선 철도길이 있을 때는 철도가 상권을 단절시키는 역할을 했기 때문에 지역발전에 역효과를 주었지만, 지금은 경의선이 지하화되고 그 자리에는 공원이 만들어졌다. 공원 양쪽 길은 강남구의 가로수길 같은 낭만이 넘치는 테라스형 카페가 즐비하게 늘어서는 모습을 보는 날이 멀지 않다.

이 책이 독자들에게 전달되는 시점에서 투자를 생각하는 분이 있다면 마포구 연남동으로 달려가길 바란다. 연남동은 비교적 저평가된 상권이다. 그렇기 때문에 높은 월세와 권리금에 밀려난 젊은 창업자들이 이 곳에 둥지를 틀기 시작하고 있다. 2020년쯤이면 연남동이 홍대의 중심상권으로 떠오르는 모습을 볼 수 있을 것이다. 특별한 무엇이 있어야만 그 상권이 빛을 발한다. 평범한 모습으로는 상권의 가치가 높아지지는 않을 것이다.

역사를 바탕에 깔고 발전하는 상권, 문화를 먹고 사는 상권, 예술과 접목을 통해서 성장하는 상권, 방문하는 사람들에게 각종의 체험을 제공하는 상권, 길거리 이벤트가 펼쳐지는 상권 등 특별한 그 무엇과 접목을 통해서 상권은 성장한다. 그런 상권에서 수익형부동산 투자는 출구전략이 자연적으로 나올 수밖에 없다.

홍대상권과 연결되는 합정상권은 한강을 끼고 있어서 더욱 그 가치를 더하고 있다. 합정동과 망원동은 애환이 많은 동네이다. 과거에는 비만 오면 잠기는 동네여서 그 곳으로 이사하기를 꺼려하고, 망원동에 산다는 자체를 숨기는 사람들이 많았다.

하지만 지금은 지옥이 천국으로 변하고 있는 모습을 볼 수 있다. 망원동에는 국내에서도 빠지지 않는 역사와 전통을 자랑하는 현대화된 망원시장과 월드컵시장이 자리를 잡고 있다. 서울시내에서 1,500원짜리 칼국수를 먹을 수 있는 유일한 곳이기도 하다.

합정동은 성산동과 더불어 마포구의 새로운 상권으로 떠오르고 있다. 성산동에는 월드컵경기장과 월드컵공원이 있고, 하늘공원과 노을공원이 서울시민들에게 계절의 변화를 실감나게 해주는 4계절 공원으로 자리를 잡아가고 있다.

월드컵공원에는 마포구 농수산물시장이 싱싱한 농산물과 수산물을 구비하고 손님을 맞이하고 있다. 한강변 고수부지에 있는 난지캠핑장은 몇 천원의 입장료만 지불하면 셀프캠핑이 가능하고 친구들 및 가족들이 당일 소풍을 다녀올 수 있는 시설이 충분히 만들어져 있다. 저렴한 비용으로 1박 캠핑도 가능하다. 서울지역은 25개구로 나누어져 있지만 마포구만큼 특별한 장소가 많은 곳은 없을 것이다.

월드컵공원에서 10여분 거리에는 상암DMC가 자리잡고 있다. 이 곳에는 KBS, SBS 녹화시설, MBC 문화방송, CJ E&M 등이 자리잡고 있어서 미래의 방송메카로 떠오르고 있다. 수익형부동산 투자를 생각하는 분이라면 이렇게 엄청난 변화가 일어나고 있는 마포구를 주목해야 한다.

이 지역을 통합한 곳이 한마디로 홍합상권이며 성산동에 있는 성산시영 아파트 3,700세대는 2016년 1월부터 재건축이 가능한 만 30년에 해당된다. 마포구에서 가장 규모가 큰 아파트단지인데 이 곳이 재건축될 경우 강남 못지 않은 명품 주거지역이 될 것이다.

2. 삼성상권

삼성그룹이 매수한 주요 부동산

2014년 하반기 이후 삼성이 매입한 주요 부동산
(단위:억원)

부동산	위치	금액	매수기업
KTB네트워크 빌딩	서울 역삼동	2000	삼성생명*
ING타워	서울 역삼동	1400	삼성화재
대성산업 본사	서울 관훈동	1400	삼성화재
한국감정원	서울 삼성동	2328	삼성생명
삼성금융프라자	서울 삼성동	1265	삼성자산
프라임타워	서울 회현동	1638	삼성자산
HSBC 빌딩	서울 봉래동	1060	삼성자산
강남보금자리(A6블록)	서울 세곡동	4665	삼성물산
위례신도시(A2-5블록)	성남 수정동	1452	삼성물산
연구시설용지	서울 서초동	2018	삼성전자

*는 우선협상대상자   자료:알코리아

강남역 일대를 삼성상권이라고 불러도 틀린 말이 아니다. 삼성타운이 강남역 한 코너를 차지하고, 그 위용을 세계적으로 뽐내고 있는 지역이다. 아마 출·퇴근 시간에 길거리를 오가는 행인 셋 중 한 명은 삼성맨이 아닐까 생각해본다.

먼저 강남역 동북지역은 롯데시네마, CGV를 비롯해서 젊은이들이 좋아하는 화장품과 각종 패스트푸드점들이 몰려있는 곳이다. 뒷골목으로는 오래전부터 음주상권으로 발전하고 있는 곳이다.

이곳은 서울에서 유일하게 권리금이 살아 움직이는 곳이기도 하다. 게스트하우스들이 많이 자리잡고 있고, 유명한 맛집들 앞에는 항상 수십 미터씩 줄을 서는 모습을 볼 수 있는 상권이다. 원래는 주택들이 밀집된 곳이었으나, 지금은 상가로 용도가 변경되었거나 변경을 준비하는 곳이 대부분이다.

주택가로서의 기능이 상실되고 있다는 표현이 적합하다. 유명프랜차이즈 파일럿샵들이 진출하고 있고, 체인사업을 준비하는 기업들의 샘플샵이 수도 없이 만들어지고 있는 것을 볼 수 있다. 이 지역에서 수익형부동산 사업을 준비한다면

큰 대로변보다는 한 두 블럭 뒤로 들어간 골목이 유리하다. 야간상권은 대로변보다는 뒷골목이 살아서 움직이기 때문이다. 특히 기존의 높은 권리금을 주고 투자를 하는 것보다는 주택이나 다세대를 인수하거나 임차해서 사업을 한다면 영업성공에 따른 권리금을 추가 수익으로 얻을 수 있는 곳이다. 지금도 투자할 수 있는 주택들이 남아있는 상황이기 때문에 강남역 인근에서 수익형부동산 투자를 검토한다면 한번쯤은 반드시 임장을 해야 하는 곳이다.

삼성상권의 북서지역은 오래전부터 야간매출이 높은 상권으로 유명하다. 오래된 음식점도 많고, 특정 업종보다는 이런 저런 업종들이 뒤엉켜져 있는 상권이다. 최근에는 파도를 상징하는 유명한 건물이 명물이 되었고, 부띠크 모나코 오피스텔도 이 지역을 대표하는 명품건물로 알려져 있다. 북서지역 상권은 오랜 역사를 지니고 있지만, 동북지역 상권보다는 신선한 모습이 없다.

남서지역 상권은 삼성본사 건물이 들어서 있는 곳이다. 삼성생명과 삼성전자 동을 주력으로 형성된 삼성타운은 이 지역의 상권지도를 깡그리 바꾸어 버렸다. 점심때 음식점들은 예약을 하거나 미리 가지 않으면 자리를 얻을 수 없을 정도가 되어 버렸다. 삼성직원들이 주변지역으로 쏟아져 나오는 점심시간에는 그 지역에서 점심 한 그릇 해결하기가 하늘의 별 따기 만큼 어렵게 되어 버렸다. 이 주변 상권은 소자본 투자보다는 10억 원 이상의 자금력이 있는 경우에 한해서 수익형 부동산 투자가 가능하다.

마지막으로 동남지역은 강남구, 서초구, 송파구 세무서가 한 건물에서 업무를 보는 지역이다. 양재역으로 이어지는 강남대로를 끼고 먹자골목이 형성되어 있기는 하지만 동남지역에 근무하는 직장인들은 롯데시네마 극장이 있는 동북지역으로 이동해서 음주가무를 즐기는 경우가 많다.

결론적으로 삼성상권으로 표현한 강남역 일대는 특별한 유혹이 있는 상권임에 틀림이 없다. 따라서 이 지역에서 수익형부동산 투자 후 출구전략을 생각한다면 동북지역이 유리하다.

3. 천호상권

천호상권은 8호선과 5호선이 환승하는 역세권을 중심으로 형성되어 있다. 오래전에는 천호시장이 있는 구 천호 거리를 중심으로 상권이 발달했으나, 지금은 로데오거리가 만들어져서 천호동 로데오거리를 중심으로 상권이 움직이고 있다. 천호역 상권은 현대백화점 뒷골목에서 시작하여 로데오상권까지를 중심으로 발전하는 편식상권이라고 볼 수 있다. 천호역 거리를 중심으로 볼 때 이 지역에 주로 상권이 만들어지고 있다는 의미이다. 상권은 편식을 하지 않아야 제대로 발전하는데, 이곳은 그런 면에서 아쉬움이 있는 지역이다. 예전에는 천호동 사창가로 유명했지만 지금은 폐쇄되어서 그 자리에 주상복합 아파트와 오피스텔이 들어섰다.

다음역이 암사역인데 암사역은 고대 유적지이고 유물 발굴작업이 진행되는 곳이어서 상권발달의 흐름이 끊긴 곳이다. 천호역도 암사역의 영향을 받고 있는 양상이다. 특별한 것이 있는 상권에 이 지역을 포함시킨 이유는 그래도 서울의 동부지역 메이저 상권이기 때문이다.

강동역과 길동역은 5호선 라인을 타고 젊은 유동인구들이 많이 몰리는 지역이다. 한때는 서울에서 빅3에 포함될 정도로 성황을 이루는 곳이었다. 동부지역에 거주하는 젊은 인구들이 주로 모여드는 상권이었다. 사창가가 개발되고 로데오 거리가 만들어지면서 쇼핑몰이 일찍이 들어섰지만 대부분이 실패사례가 되고 말았다. 천편일률적인 MD구성으로 개발된 쇼핑몰들이 분양은 성공했지만 분양 후 90% 이상이 폐업하는 상황에 이르렀다. 지금도 활성화될 분위기는 보이고 있지 않다.

그럼에도 불구하고 이 지역은 수익형부동산 투자처로서는 추천할만한 곳이다. 천호동은 그 역사만큼이나 단골 매니아들이 존재하는 상권이기 때문이다. 최근 아파트분양이 많이 되고 있는 하남시의 인구들이 천호역 상권에 기름을 부어 줄 것으로 예상된다.

지금도 이 지역의 유동인구들은 천호역을 중심으로 한 주변지역에서 쇼핑을 하거나 휴식을 위한 공간을 찾아서 몰려들고 있는데, 하남시가 본격적으로 입주가 끝나면 그 인구의 대부분이 천호역 상권으로 쏟아져 들어올 것으로 예상된다.

4. 목동상권

목동지역은 노원구 중계동, 동작구 노량진동, 강남구 대치동과 더불어 국내 빅4 학원상권지역이다. 5호선 목동역을 중심으로 한 목동아파트 단지는 강남에 이어서 중산층이 가장 많이 살고 있는 곳이기도 하다.

목동상권은 중고생 자녀를 둔 부모들이 이사가고 싶어하는 곳 중 하나이다. 이 곳에서 공부하면 좋은 대학에 간다는 본문률이 있기 때문이다. 목동 신시가지 7단지, 9단지 10단지 등 대규모 아파트들이 포진하고 있는데 대부분이 평수가 넓은 아파트들이다.

이처럼 중산층이 많이 거주하는 곳이어서 소비수준도 높다. 목동 로데오 거리에는 고급 명품브랜드가 즐비하고, 현대백화점과 행복한세상 등에는 고소득의 주민들이 대거 쇼핑족으로 인정을 받고 있다. 주변에는 트라펠리스, 하이페리온, 트윈타워 등 고급 주상복합 아파트들이 자리잡고 있어서 외국에 온 듯한 착각에 빠지게 할 정도로 화려한 모습으로 쇼핑객들을 맞이하고 있다.

상권발달에는 큰 영향을 주지 않지만 남부지방법원이 자리잡고 있기도 하다. 이 지역은 어디에 투자를 하는가에 따라서 편차가 크기는 하지만, 수익형부동산 투자처로서는 나름대로 특별함이 있는 곳이다. 상권의 지역적 집중도는 낮고 분산되어 있는 양상이지만, 주변지역에 워낙 중산층이 두텁게 상권을 받쳐주고 있어서 특별함이 있는 상권에 포함시켰다.

대학상권이어야 출구가 보인다.

대학상권의 공통점은 항아리 상권이라는 것이다. 항아리 상권은 울타리에 갇혀있는 상권을 의미한다. 빠져나갈 수 없다는 뜻이다. 항상 그 항아리 안에서 놀아야 하고, 먹어야 하고, 상권을 출입하는 사람들은 대부분이 동일인이라는 특성을 갖고 있다.

따라서 단골을 상대한다는 생각을 벗어나는 순간 무너질 수도 있다. 항아리여서 좋은 소문도 금방 전파되지만 나쁜 소문은 날개를 단다. 대학상권은 수요와 공급이라는 시장기능에 가장 충실한 상권이다.

수요와 공급이 깨지는 순간 제로섬 게임이 된다. 누군가 얻는 이익이 다른 사람에게 손해로 작용한다는 뜻이다. 따라서 대학상권 분석은 수요와 공급이라는 측면을 면밀히 분석해야 한다. 특히 본 저서에서 주로 다루는 임대사업의 관점에서는 더욱 중요하다.

대학상권은 오피스텔이나 원룸 등이 대규모로 공급되는 지역은 피해서 투자해야 출구전략이 쉽게 나온다. 대기업들이 덤벼드는 상권에 개미들이 뛰어든다면 승자와 패자는 금방 결정된다. 임대사업은 수요와 공급이 균형을 이룰 때 상생의 효과가 나타난다.

대학상권은 1년에 두 번의 방학이 있다는 것도 공통점이다. 여름방학과 겨울방학이다. 대학상권에는 대를 이어서 장사를 하는 사람들이 많고, 쉽사리 그 지역을 떠나지 않는 특성이 있다. 기본적인 인구가 있고, 상권의 변화가 크게 없다. 1년 365일 동일한 패턴으로 돌아간다.

서울이라는 특성상 각 대학교에는 지방출신들이 유학을 많이 와서 학교를 다니고 있다. 지방출신 학생들은 기숙사에 입실하거나 학교주변의 주거시설에서 임차인 신분으로 졸업할 때까지 생활을 하게 된다. 대학상권에 대한 편견을 갖고 있는 사람들이 의외로 많다. 대학교 앞은 6개월 장사라는 편견이다. 편견은 대부분 개인적인 생각에서 우러난다. 상식선에서 생각하면 되는데 극히 개인적인 생각이 상식적인 사고와 판단을 하지 못하도록 방해한다.

모든 사람들이 공감하고 받아들이는 것을 우리는 상식이라 하고, 생활 전반을 지배하는 것 또한 상식이다. 파편처럼 떠다니는 생각들이 공감이라는 울타리 속에서 상식이 되고, 그 상식은 건강한 편견이 된다. 건강한 편견은 검증된 생각이라는 의미도 된다. 급변하는 세계경제 속에서 대학교에 입학한 지방학생들이 6개월 학교에 다니고 6개월은 부모님이 계시는 시골에 내려가서 맘 편하게 쉬었다 올라오면 모든 상황은 끝이 난다.

어떤 지방학생이 방학 2개월 동안 시골에서 쉬었다 올라와 보니 친구들은 토익학원을 다니면서 토익점수를 900점대로 올려놓았다. 방학 때 어학공부에 집중 투자를 한 것이다. 개강하면 어학에 집중하기 힘들어진다. 수강신청 과목에 대한 수업을 받아야 하고 중간고사 기말고사를 준비해야 한다.

방학 때 대학교는 더욱 면학열기로 달구어진다. 어찌보면 방학을 얼마나 잘 활용하느냐에 따라서 모든 것이 결정되는 시대를 살고 있는 것이다. '방학은 죽었다'고 생각하는 학생들이 많다. 방학을 활용하지 못하면 영영 뒤처지는 인생이 되고 만다.

대학상권에서 장사하는 사람들도 방학이라도 별도 스케줄을 세우지 않고 평소처럼 장사를 한다. 원룸이나 하숙 등 주거시설들도 방학이라고 해서 공실이 높게 발생하지는 않는다. 학기 중보다는 1~2개 공실이 더 생길 수는 있어도 걱정할 정도는 아니라는 뜻이다.

이렇게 대학생활이 180도 변하였는데 그런 트렌드를 읽지 못하고 옛날을 기준으로 판단한다면 매우 잘못된 결정을 하게 된다. 대학상권은 24시간 깨어 있고, 365일 불을 밝히고 있다는 것을 알아야 한다.

지금부터 도심과 외곽으로 나누어서 대학상권의 샘플분석을 해 보자.

1. 홍대상권 (도심)

홍익대 앞은 평일과 주말을 가리지 않고 많은 사람들이 몰려드는 지역으로 변했다. 고등학생, 대학생, 30대 직장인, 40대 중년층, 50대에서 60대까지 나이와 성별을 따지지 않고 항상 많은 사람들로 붐비는 곳이다

최근에는 관광객들의 숙소를 제공하는 게스트하우스가 가장 많이 운영되고 있고, 신규로 만들어지고 있는 지역이다. 미술대학이 유명하기 때문에 여학생 비율이 높다는 특성도 있다. 미술은 산업전반에 응용되어 디자인이라는 열매로 결실을 맺는다. 이러다 보니 상권의 구석구석이 개성이 넘쳐나고 예술적인 연출이 골목골목에서 이루어진다.

골목골목이 살아서 움직이고 활성화되는 것을 '마블링이 건강하다' 라고 필자는 표현하고 싶다. 2플러스 마블링이 가장 많이 활성화 되는 곳이 홍대상권이다. 골목들이 활성화된다는 것은 상권이 확장된다는 것으로 볼 수 있다. 상권확장은 옆 동네 경계선까지 넘는 경우가 많다.

합정동, 망원동, 연남동까지 상권이 침범하고 있고, 덩달아 토지가격도 급상승하고 있다. 그래서 나온 말이 홍합상권이다. 홍대상권과 합정역 상권을 합쳐서 부르는 말이라고 이 책에서 여러번 언급하고 있다. 홍대상권은 출구전략이 가장 쉽게 나오는 지역이다. 물건이 별로 없고, 공급이 달린다는 뜻이다.

대형상권의 특성상 수익률은 높게 나타나지 않는다. 이 곳 역시 오피스텔 투자 수익률은 5%를 넘지 못하고 있다. 이것은 분양가나 시세 상승분을 월세에 100% 반영을 할 수 없다는 것을 의미한다. 원룸이나 오피스텔 가격 상승만큼 월세를 올려야 하는데 그렇게 할 수 없다.

현재 전용면적 21~33㎡인 오피스텔 시세가 2억 5천만 원인데 월세는 90만 원 선이다. 상가 역시 매월 500만 원 월세를 받는 경우 투자금액이 12~15억 원 선이다. 그런데도 투자하는 이유는 은행금리보다는 높고 안정적인 상권이라는 점이 많이 작용한다.

홍대입구역 대로변에는 대형 오피스텔들이 늘어서 있다. 수익률은 4~5% 사이인데, 비교적 공실이 거의 없는 편에 속한다. 홍대상권을 한마디로 정리하면 안정적인 투자는 되지만 실속형 투자는 아니라고 결론을 내리고 싶다. 그럼에도 불구하고 필자가 이 지역을 대학상권 샘플로 소해하는 것은 신촌이나 이대처럼 저무는 상권이 아니고 떠오르는 지역이기 때문이다.

2. 성대상권 (도심)

성균관대가 있는 지역은 명륜동이다. 이 곳은 역사와 전통을 자랑하는 지역이고 주변에 문화유산들이 즐비하다. 특히 이 곳을 샘플 대학상권으로 소개하고자 하는 것은 도보로 10분 정도 이동하면 혜화역이 있고, 또한 그 곳에 대학로가 있다는 점이다. 연극의 거리, 뮤지컬 상권, 젊음이 넘치는 상권이라는 상징성이 있다.

대학로 문화의 거리가 조성될 당시에 기대했던 만큼 활성화는 되지 못하고 있지만, 그래도 나름대로 연극이라는 테마로 지역문화가 정착된 곳이다. 1만 6,000명의 학생이 있는 성대주변은 학생들을 상대로 하는 원룸이나 하숙집이 많다. 이곳은 홍대상권처럼 오피스텔이 거의 없는 지역이다. 소규모의 단독형 원룸이나 다중생활시설(구 고시원), 주택 등이 혼재하고 있다.

타 대학에 비해서 지방학생 비율이 높은 관계로 그들이 거주하는 주거공간 임대사업은 활발한 편이다. 특히 대학로에는 회사원들이 거주하고 싶어 하는 1순위 지역이다. 문화생활 비중이 높은 젊은 회사원들은 대학로 주변상권에서 거주하면서 출퇴근을 하고 싶어 한다.

혜화역을 지나는 4호선이 명동을 지나 사당까지 도심을 관통하는 황금노선이라는 점도 선호도가 높은 이유이다. 이 지역도 타 대학상권에 비해서 원하는 시점에 투자회수가 비교적 양호한 곳이다.

수익률은 5%선에서 벗어나지 못하지만 안정적인 임대사업이 가능한 지역이다. 이 곳은 각 대학들이 분교형태로 많은 도심캠퍼스를 운영한다는 특성도 있다. 특히 실기가 많은 예술분야 전공학생들이 이용하는 분교시설이 몰려있는 곳이다.

홍대상권이 오피스텔 투자비율이 높다면 이 지역은 원룸이나 다중생활시설, 하숙집 등의 형태로 임대업 투자가 이루어지고 있다. 15억 원에서 20억 원(대출포함)의 소형원룸 투자가 매우 활성화되어 있는 편이다.

3. 서울과기대상권 (부도심)

도심을 벗어나 약간 외곽에 있는 서울과기대를 소개하는 것은 다 그럴만한 이유가 있어서이다. 학생수는 1만여 명이고 구 산업대가 학교 명칭을 변경했다. 이곳은 홍대상권과 반대로 오피스텔이 없다. 오피스텔 점유율이 높다는 것은 공급과잉 시장이 될 가능성이 높고, 없거나 낮다는 것은 공급이 부족한 시장이라는 의미로 해석해도 문제가 없다.

서울과기대상권은 오피스텔이 거의 없기 때문에 공급과잉을 걱정할 필요가 없는 상권이다. 마이스터교육 방식을 채택하고 있어서 취업률이 매우 높다. 학생수가 1만 명을 넘어가는 학교이어서 취업률 비교도 대규모 종합대군에 들어가 있다. 최근 취업률 순위가 서울대와 연고대를 제치고 전국 3위권에 들어있고, 알려지지 않은 것에 비해서 매우 실속있는 상권이다.

서울지역에서 서울대와 함께 유일한 국립대학이고 엔지니어를 양성하는 교육방침이 높은 취업률로 나타나고 있어서 지방에서 고3학생이 있는 부모들에게 인기가 높다. 특히 국립이어서 반값 등록금에다 취업까지 잘 된다고 하니, 2위나 3위권 사립대 보내느니 이 곳을 택하겠다는 학부모들이 많다고 한다.

학교와 울타리 하나를 두고 서울원자력병원이 위치하고 있다. 주변의 원룸에는 병원에 근무하는 직원이나 인턴의사들이 많이 거주한다. 이 학교를 특별히 소개하는 중요한 이유이기도 하다. 대학교와 큰 민간병원이 합쳐지는 상권은 환승역세권과 유사한 효과가 나타난다. 일종의 오버래핑효과라고 부르기도 한다. 학생과 회사원이 겹쳐지는 효과이다.

이 지역은 10~15억 원(대출포함)이면 매월 1,000만 원이 나오는 임대사업을 할 수 있는, 서울지역에서 몇 안 되는 거의 유일한 곳이다. 9% 이상의 투자수익률이 발생하는 상권이다. 물론 공급물건이 많이 없지만 수익형부동산에서 투자수익률이 높은 물건에 투자해야 한다는 것은 출구전략과 매우 밀접하다. 출구가 보이는 대학상권이라는 말로 정리하고자 한다.

4. 가천대상권 (부도심)

　강남으로 30분대 진입이 가능한 곳이 가천대상권이다. 분당선이 통과하는 이 곳을 대학상권 샘플로 소개하는 이유는 또 있다. 인구가 100만에 육박하는 성남 시를 배경으로 서울과 중간위치에 있기 때문이다. 가천대는 인천의 길병원 그룹 과 같은 계열이다. 경원대에서 가천대로 학교명칭 변경 후 상승세를 타고 있는 대학이다. 교통접근성 측면에서는 타의 추종을 불허하는 위치에 자리하고 있다. 최근에는 학교에 대한 투자가 매우 활발하게 이루어지고 있다. 성남시를 대표하 는 대학으로 위상이 높아질 것으로 보인다.

　가천대역 주변에는 오피스텔이 2~3개 있기는 하지만, 이 곳 역시 오피스텔은 거의 없는 편이다. 주로 120~150㎡의 토지에 연면적 300㎡이하의 소규모 단독 건물 원룸 형태로 임대사업이 이루어지고 있다. 위치는 성남권이지만 서울지역 의 학생들이 대부분이 이용한다. 이 곳을 출구가 보이는 대학상권 샘플로 소개하 는 이유는 분당권에서 서울로 출퇴근하는 1인가구를 대상으로 임대사업이 가능 하기 때문이다.

　이 상권 역시 오버래핑이 이루어지는 지역이라고 볼 수 있다. 가천대 학생들 과 분당지역에서 1인가구로 살아가는 회사원들이 겹쳐져서 임대사업이 활성화 된 상권이다. 특히 가천대역을 가운데 두고 복정역과 태평역은 오버래핑 효과가 높게 나타나는 지역이다. 타 지역보다 비교적 저평가된 역세권이기도 하다.

역세권이어야 출구가 보인다

1. 1호선 역세권 압축

1호선은 이용하는 인구 연령대가 가장 높다. 기차역을 대부분 연결한다는 장점도 있지만 혹자는 실버지하철이라고도 부른다. 노인 인구들이 가장 많이 이용하는 노선이다. 일정한 나이가 되면 무료로 이용할 수 있는 지하철은 노인인구들의 주된 이동 수단이 되고 있다.

1호선을 이용하는 인구 연령대가 높은 것은 노인들이 주로 많이 몰리는 탑골공원이 있기 때문이다. 언제부터인지 이 곳에는 수많은 노인들이 모여서 나름대로 그들만의 문화를 누리고, 생활정보를 교환하며 말 상대를 찾는 지역이다.

10년 전 화려했던 종각상권이 지금은 퇴색한 이유도 노인인구 증가와 관련이 있다. 이러한 이유로 인해서 대표적인 젊음의 거리였던 종각상권이 지금은 공동화현상이 나타나고 있다. 강물이 흘러가듯이 상권도 흘러간다. 그 이유는 각 지역마다 달리 나타나겠지만 신도림에서 청량리까지 1호선 상권은 노인인구 집중

현상과 관련해서 봐야 한다.

신도림에서 동인천까지는 부천, 부평, 인천상권이다. 인천시가 추진했던 각종 부동산개발 정책이 경기침체로 인해 중단되면서 인천시가 재정적으로 매우 어려운 문제에 봉착해 있다.

대표적인 곳으로 가정 5거리 개발사업을 들 수 있는데, 엄청난 프로젝트를 추진하다가 중단되는 바람에 관련된 모든 업체, 기관, 상권들이 한순간에 깊은 침체의 골짜기로 빠져들기 시작했다. 그 해결책이 뚜렷이 보이지 않는 점이 더욱 미래를 우울하게 만들고 있다.

1호선 역세권 중 서울 도심지역의 경우 도심재개발 사업이 활발한 종로상권에서 그 돌파구를 찾아볼 필요가 있다. 주의해야 할 점은 재개발로 인해서 건물의 연면적이 상상을 초월할 만큼 덩치가 커지면 이해관계도 매우 복잡해진다. 이런 건물을 분양받거나 임대할 경우는 권리관계를 잘 따져봐야 한다.

특히 실속있는 투자인지 속빈 강정인지 분석 후 투자의사결정을 해야 한다. 연면적이 큰 재개발 건축물들은 전용률이 투자 수익률과 매우 밀접하다는 것도 알아야 한다. 이런 점에서 자기자본 10억 원 정도라면 2종이나 3종 일반주거지역의 소형 근생건물이나 단독주택에 투자하는 것이 훨씬 실속있는 투자 방법이다.

2. 2호선 역세권 압축

2호선은 순환선이다. 서울에는 순환선이 있지만 지하철이 운행되는 지방도시의 경우는 순환선이 대부분 없다. 우리보다 국민소득이 낮은 중국도 도로를 만들때 순환도로를 먼저 만든 후 남과 북, 동과 서로 연결되는 도로를 만들기 시작한다.

하지만 우리나라는 이 원칙을 지키지 않고 남과 북, 동과 서로 연결되는 도로를 먼저 만든 후 내부순환도로가 생겼고, 외곽순환도로가 만들어졌다. 내부순환도로와 외곽순환도로가 만들어진 후 서울지역의 교통문제가 큰 그림속에서 풀리기 시작했고, 도로의 교통흐름 역시 과거에 비해서 현저히 좋아졌다는 평가를 받고 있다.

서울 지하철의 경우 다행히 2호선이 제일 먼저 개통되었지만, 그 후 추가 순환선이 만들어지지 못하고 있다. 물론 여러 사정이 있겠지만 2호선 라인으로만 서울지역 전체를 커버하려고 하니 시민들은 빙빙 돌아서 출·퇴근을 해야 하고, 한참을 돌아서 목적지까지 가야 한다.

지하철을 이용하는 개인도 시간낭비를 많이 하고 있지만, 국가적으로 볼 때도 에너지를 낭비하는 비용은 천문학적인 금액이 될 것이다. '역세권이어야 출구가 보인다.'는 것은 역세권의 중요성은 아무리 강조해도 부족함이 없다는 뜻이다.

서울과 같은 대도시에서는 시간이 흐를수록 교통수단 중에서 지하철의 비중은 커질 수밖에 없다. 2호선만 연구해도 먹고 사는 일은 걱정하지 않아도 될 것이다. 사람으로 말하면 동맥이나 다름이 없는 2호선 역세권은 많은 사업아이템들이 생존하거나 성장할 수 있는 자양분 역할을 하고 있다.

각 지역으로 연결되는 1호선부터 9호선, 분당선, 신분당선, 경의선, 공항철도 등 수많은 지선들이 링크되는 2호선 지하철만의 특성이 있다.

첫째, 서울과 수도권 인구전체를 매일 매일 보듬고 다닌다. 따라서 각 역세권마다 흐르는 인구들은 신분과 소득 다양성의 폭이 매우 넓다. 따라서 역세권에서 할 수 있는 사업아이템의 폭이 크다고 볼 수 있다.

둘째, 마케팅 효과가 가장 크게 나타나고, 광고주가 얻고자 하는 광고 목적을 쉽게 달성할 수 있다. 분당지역에서 분양을 하는 오피스텔 광고를 분당선에서 하는 것보다 2호선에서 하는 것이 훨씬 더 효과가 있다는 것은 이미 밝혀진바 있다. 2호선 역세권에서 지역 상권을 논하는 것 자체가 어불성설이다.

셋째, 2호선 인구는 젊다. 2호선의 각 역세권을 살펴보면 오피스상권을 통과하는 경우가 많다. 특히 테헤란로를 중심으로 볼때 매우 젊은 인구들이 출퇴근시간에 2호선을 이용하고 있다. 따라서 2호선 역세권에서는 젊은층을 상대로 하는 사업아이템으로 좁혀서 사업을 검토해야 한다.

1인가구를 위한 주거공간 임대사업을 검토한다면 2호선 역세권 중에서 한 곳을 선택하는 것이 바람직하다. 타 지역보다 사업의 위험을 줄일 수도 있다. 출구전략을 논하고 있는 본 장에서 가장 중요한 얘기를 하고 있는지도 모른다. 2호선 지하철을 크게 네 개 지역으로 구분해서 살펴본다.

1st zone인 강북지역은 합정역에서 성수역까지인데, 특징은 을지로 오피스상권이 신촌지역의 대학상권으로 연결되는 대표적인 노른자위 역세권을 만들고 있다. 을지로에서 동대문역사문화공원으로 이어지는 지역은 전통문화와 관광문화가 어우러지는 상권이기 때문에 외국 관광객들을 위한 사업아이템의 성공가능성이 높다.

2nd zone 지역인 성수에서 잠실역까지는 강북상권인 건대상권에서 강남상권의 향기가 시작되는 잠실역세권으로 이어지고 있다. 청담대교만 건너면 청담동과 압구정동으로 이어지는 건대상권은 강북지역과 강남 압구정동의 칼라가 조금씩 섞여지고 있는 지역이다. 얼마 전부터 건대상권 한쪽 모서리에 생기기 시작한 중화상권이 최근 엄청난 탄력을 받고 성장하고 있다.

3rd zone 지역인 잠실에서 대림역까지는 전형적인 5일 역세권이다. 5일만 장사가 잘 되는 지역이 많다는 얘기다. 테헤란로는 월요일부터 금요일까지만 사람이 사는 동네이다. 토요일과 일요일은 동네 개들만 길거리를 누비고 다닌다.

따라서 1개월 중 20일만 장사를 해서 월세를 내야하고 먹고 살아야 한다. 따라서 이 지역은 월세 부담이 있더라도 앞쪽 대로변에서 장사를 하거나 최소한 대로변 건물의 지하층에서 저렴한 투자금액으로 창업을 하는 것이 유리하다.

4th zone 지역인 대림에서 합정까지는 구로디지털단지와 가산역 산업단지 상권이다. 이 상권에 근무하는 회사원 역시 젊다는 특징을 갖고 있다. 대부분이 웹이나 인터넷관련 엔지니어출신들이 많다. 출퇴근시간은 있지만 타 상권에 비

해서 근무시간이 탄력적이라는 점도 짚어야 한다.

이 지역은 인천과 부천지역 상권으로 연결되는 링크상권이기도 하다. 따라서 22시 이후에는 유동인구들이 빨리 감소하는 특성이 나타나기도 한다. 이 지역상권에서 소자본 수익형부동산 투자는 강남지역의 경우 보증금 1,000만 원에 월세 70~80만 원인 오피스텔 사업이 유망하다.

강북지역은 보증금 500~1,000만 원에 월세 60~70만 원인 도시형생활주택이나 오피스텔 사업이 유망하다. 지분형 분양호텔 사업은 1년 정도 운영해봐야 수익률을 알 수 있기 때문에 필자는 언급을 유예한다.

자본력이 3억 원 정도이면 좋은 아이템을 찾아서 임차형 사업을 검토할 수 있다. 게스트하우스나 다중생활시설(구. 고시원), 소호사무실이나 스마트워크센터 전대사업도 추천한다. 자기자본이 8억~10억 원 정도이면 단독주택을 매입하거나 4층 이상인 집합건축물의 한 개층을 매수 후 다중생활시설, 스터디센터, 스마트워크센터, 레지던스, 캡슐호텔 등을 추천한다.

3. 3호선 역세권 압축

3호선은 크게 일산상권, 강북상권, 강남상권으로 구분된다. 일산상권은 대화역세권이 가장 활성화되어 있고, 화정역은 예전에 비해서 가장 침체의 늪을 벗어나지 못하고 있다. 역세권에서 수익형부동산투자는 상권이 살아 움직이는 곳이어야 한다.

강북의 대표적인 부도심상권인 연신내역 인근도 추천할 만하지만 상권의 특성이 없다는 점에서 발전이나 활성화 속도는 느릴 것으로 전망된다. 역세권은 상업지역이 대부분이고, 수많은 업종들이 뒤엉켜서 상권을 형성하고 있다. 그런 이유로 상권의 전문화가 어려워지고, 개성이 없는 상권으로 전락하고 마는 경우가 대부분이다.

먹거리만 있는 상권은 성장하지 못한다. 제일 중요한 이벤트가 수시로 열리고 그 지역을 찾는 사람들에게 추억과 감동을 주지 못하는 상권은 외면을 받을 수밖에 없다. 이벤트는 지역상인들이 억지로라도 만들어야 하고, 차 없는 거리를 추진해서 보행자가 편하게 이동하는 공간을 주말이나 특정일만이라도 만들어줘야 한다.

매연과 소음이 진동하고 좁은 길에서 어깨를 부닥치며 걸어야 하는 상권은 찾는 사람들이 감소할 수밖에 없다. 시내 도로를 보행자중심으로 변화시키는 것 역시 서울시나 정부에서 정책적으로 추진하고 있지만, 제일 먼저 관심을 가져야 하는 것은 해당지역에서 장사를 하는 사람들이어야 한다.

3호선은 도심으로 진입하면 안국역과 경복궁역이 중심이 된다. 안국역이 있는 인사동에서 출발하여 북촌을 거쳐 청와대 앞으로 넘어오면 서촌이 나오고 경복궁역으로 이어진다. 서촌지역 재래시장 투어는 외국인들도 찾을 정도로 유명하다.

하지만 내국인은 인사동을 예전처럼 많이 찾지 않는다, 왜일까? 볼거리가 없다는 것이다. 판매되는 기념품들도 대부분이 중국에서 만들어진 물건들이다. 우리 문화가 점점 없어지고 있기 때문이다.

충무로에서 고속터미널까지 이어지는 상권은 특별히 내세울 것이 없다. 이 지역은 유동인구 일몰현상이 뚜렷하게 나타나는 상권이다. 특히 을지로와 충무로 지역은 더욱 그렇다.

교대에서 오금역까지는 준 강남상권이라고 표현하는 것이 적절할 것 같다. 서울지역에서도 대표적인 성인상권이다. 주간에는 업무관련해서 움직이나 야간에는 특별한 이벤트가 없는 상권이다. 이 지역은 주로 업무 관련한 고급 접대용 식당들이 자리잡고 있다.

4. 4호선 역세권 압축

4호선은 강북지역, 도심지역, 경기남부지역으로 구분할 수 있다. 강북지역의 경우는 성신여대역에서 창동역까지인데, 이 곳 역시 강북지역의 대표적인 부도심상권인 성신여대역, 수유역, 창동역이 자리잡고 있다.

이 지역에서 수익형부동산 투자는 타 지역보다 더 세밀한 상권조사가 전제되어야 한다. 층별로 희비가 매우 엇갈리기 때문이다. 1층 상가에 투자할 경우 임대를 주는 아이템을 직접 챙겨야하고, 본인이 직접 사업을 한다면 상가를 분양받기 전에 몇 층에서 어느 업종으로 사업을 할 것인가를 먼저 분석 후 결정해야 한다. 상가 투자 시 대부분의 사람들이 단순임대를 생각하지만 직접 사업을 하고자 하는 경우 주의해야 할 점이 있다. 분양을 받은 후 아이템을 결정하는 방식의 사업추진은 잘못될 확률이 높다. 구체적인 사업 아이템을 결정한 후 분양을 받는 것이 투자 순서이다.

3호선 강북상권은 층별로 업종선택에 따라서 투자결과 차이가 크게 나타나고 있다. 강북상권 역시 도심재생 사업이 부진한데 따른 상권침체가 이어지고 있다. '잘 키운 아이템 하나 열 점포 안 부럽다'는 말이 어울리는 지역이다.

도심지역은 대학로가 있는 혜화역에서 사당역까지인데, 사당역은 경기남부로 통하는 관문이다. 따라서 이 곳은 가볍고 인스턴트한 아이템을 취급하는 수익형부동산 투자가 적합하다. 인스턴트 음식전문점 등이 적합하고 대학로 상권은 2차를 많이 가지 않는다는 특성이 있다. 길거리에는 사람들이 일찍 끊어진다. 따라서 1층 중심의 수익형부동산 투자가 위험부담이 적다. 지하층이나 2층 이상에서 사업을 하는 경우 특별한 능력이나 경쟁력을 갖지 않는 한 생존하기 어려운 상권이다.

수익률이 높아야 출구가 보인다

1. 수익률이 높은 사례

수익률은 출구전략에서 매우 중요하다. 여기 수익률은 지가상승이나 정책수립 등의 영향으로 시장상황이 변하는 상황을 배제하기로 한다. 수익형부동산 투자 시 투자수익률 1%를 현재가치로 환원하면 최소 5,000만 원에서 1억 원으로 변한다. 이런 것이 '마술'이다. 실감이 나지 않을 수도 있지만 현실이 그렇다.

수익형부동산 투자를 해본 사람이라면 필자의 얘기를 이해할 것이지만, 아파트 투자만 해온 사람들은 실감나는 얘기가 아닐수도 있다. 흔히 실패하면 "수업료 냈다고 생각해라" 라는 말을 많이 한다. 경험은 돈을 주고 사기 때문이다. 성공한 사람은 성공의 대가로 투자원금을 지출했고, 실패한 사람은 실패의 대가로 투자원금을 지출했다. 실패한 사람은 다시는 그런 실패를 반복하지 않을 것이다. 실패라는 경험을 구입하기 위해서 피같은 돈을 지출했기 때문이다.

수익형부동산 투자를 해본 경험이 없는 사람은 본인이 최초 투자 시 투자수익률이 얼마나 중요한지를 여러 번 실패를 통해서 노하우를 배웠고, 그 대가를 톡톡히 현금으로 치렀을 것이다.

부동산 투자수익률은 취득한 부동산을 많이 쪼개야 수익률이 높아진다. 기획부동산이 넓은 토지를 취득하거나 계약금을 주고 토지사용 승락서를 토지주인으로부터 수령한 후 작은 단위의 필지로 쪼개서 분양하는 경우가 많다. 이때 분양은 구분등기 분양이 있고 지분등기 분양이 있는데, 구분등기 분양은 그나마 불행 중 다행이다. 내 토지 경계선이 있기 때문이다. 그런데 지분분양은 내 토지의 경계선이 없기 때문에 어디부터 어디까지가 내 땅인지조차 알 수 없다.

건물도 마찬가지이다. 집합건축물 한 개 층을 여러 개로 핵분열시켜서 3.3㎡짜리 식당코너나 의류상가 코너를 만들어 분양하는 경우를 흔하게 볼 수 있다. 왜 그렇게 쪼개는 것을 좋아할까? 물론 업종의 특성상 그렇게 하기도 하지만 수익률과 반드시 맞물려 있다.

신축일 경우 수익률이 높은 사례는 준공업지역에서 용적률 400%를 모두 이용할 수 있는 건축물로 신축하는 경우이다. 준공업지역이 많은 구로동이나 성수동에서 산업단지가 활성화되는 것이 그 사례이다.

기존 건물을 취득하는 경우 수익률이 높은 사례는 단독건축물보다는 한 개 층씩 분양하거나 임대를 하는 집합건축물이 일반건물에 비해서 투자수익률이 높다.

2. 수익률이 낮은 사례

투자수익률이 낮은 부동산에 투자할 경우 출구전략은 쉽게 나오지 않는다. 수익률은 출구전략에서 매우 중요하다. 여기에서 수익률은 지가상승이나 정책수립 등의 영향으로 시장이 변하는 상황을 배제하기로 한다. 투자한 부동산을 임대 주는 기간 동안 발생하는 임대소득이나 투자자 본인이 직영하는 운영수익을 전제로 한다.

수익률이 낮은 부동산에 투자하는 전형적인 경우는 그 지역의 지가상승을 주관적인 판단으로 예상하거나, 어떤 정책적인 배려로 인해서 미래가치의 변화가 예상되는 곳에 투자할 때이다.

'미래의 서울 강남지역은 강북지역보다 지가상승이 높을 것이다.' 라고 생각하는 사람은 보유기간 중 예상되는 투자수익률 3%에도 투자를 하게 될 것이다. 반대로 '지가상승은 어려울 것이다.' 라고 판단하는 사람은 3% 임대수익률이 예상되는 강남지역에 투자를 하지 않을 것이다.

'내가 이 지역에 투자하면 조만간 그린벨트가 풀려서 가치가 상승할 것이다.' 라고 생각하면 역시 투자의사결정을 할 것이다. 하지만 이것은 순전히 정책적인 문제이고 내 의지와는 무관하다. 매우 불확실한 미래에 투자를 하는 경우이다.

다행스럽게도 예상한대로 그린벨트가 풀려서 개발이 되면 좋겠지만, 확률적으로 몇 퍼센트나 가능할까? 이렇게 정책적인 변화가 있을 거라는 검증되지 않은 정보에 근거해서 위험한 투자를 하는 사람들이 수익률 낮은 투자의 당사자가 될 가능성이 높다.

토지를 구입해 건물을 신축하는 경우는 용적률이 100% 활용하지 못하는 땅을 매입하는 경우가 대표적인 사례이다. 예비사업성 검토를 할 때는 허용 용적률을 대부분 활용할 수 있다고 판단했는데 잠복변수나 민원 등의 발생으로 예상했던 용적률이 감소된 경우이다.

이런 경우 출구전략에 결정적인 아킬레스건으로 작용하다. 단, 방법은 있다. 투자금액 중 일부를 손해보고 상대방이 원하는 수익률을 맞추어주면 될 것이다. 건물의 경우 단독필지에 단독으로 지어진 건물을 구입하게 되면 집합건물의 한 개 층을 구입한 경우보다 수익률은 낮아진다.

따라서 투자자 입장에서는 어느 상권에서 어떤 방식으로 투자를 할 것인가는 전적으로 투자자 본인의 판단이기는 하지만, 일반적으로 투자자들의 개인적 투자성향에 맞추어지는 경우가 대부분이다. 공격적인 투자성향인가, 안정을 추구하는 보수적인 성향인가에 따라서 투자방법이 결정된다.

필자의 20년 경험측상 후자의 투자자들은 돈을 많이 벌어서 지금도 거리를 활보하고 다니지만, 전자의 투자자들은 전화번호가 변경되었거나 연락이 안 되는 경우가 많다. 이미 세상 사람이 아닌 경우도 종종 있다.

3. 수익률이 높은 상권

수익률이 높은 상권이라 함은 실속있는 상권을 말한다. 전철노선 3개 라인이 겹치는 환승상권이고 하루 인구 수십만 명이 이동하는 역세권이 대학상권이라고 수익률이 높은 것은 아니다.

수익형부동산 투자는 대부분 오피스텔과 같은 업무시설을 분양받거나, 소규모 근생건물을 취득 후 임대를 주거나, 원룸 소유권을 취득하거나, 신축한 후 보유하면서 월세를 받거나 임대를 주는 경우인데, 어디에서 하는가가 매우 중요하다.

도심이라고 수익률이 높고 외곽이라고 수익률이 낮다는 방정식은 성립하지 않는다. 최근 20대 젊은사람들에게 가장 쉽게 부자되는 방법을 물었더니 "부모님에게 재산을 물려받는 것이다."라는 답변이 가장 많았다고 한다. 그만큼 월급쟁이 수입으로 부자가 된다는 것이 어려운 현실을 보여주는 말이다. 이런 경우가 아니라면 나 스스로 부자되는 방법을 찾아야 한다. 부자되는 투자방법은 실속있는 투자이다. 실속있는 투자는 실속있는 상권이어야 가능하다.

그러면 수익률이 높은 상권은 어디에 숨어 있는가? 대부분이 시내중심보다 도심권을 벗어난 조용한 대학가이거나 2호선 역세권이 아닌 기타호선 부도심 역세권에 수익률이 높은 상권이 숨겨져 있다는 것을 명심하자. 이때 필요한 것은 투자자 스스로의 발품이다.

4. 수익률이 낮은 상권

"유동인구가 많은 지역에 투자하라. 가능하면 2호선 역세권에 투자하는 것이 수익률이 높다. 가능하면 홍대나 신촌지역에 있는 종합대학상권에 투자해야 높은 수익률을 얻을 수 있다."는 말은 100% 정답이 아니다.

이런 상권이 오히려 낮은 수익률 때문에 투자자들의 눈에서 피눈물 나게 하는 상권이다. 필자의 지인도 신촌로터리 대로변 대형 상가에 투자했다가 원금의 50%만 회수하고 후회하고 있다.

상권은 코끼리상권인데 투자수익률은 쥐꼬리인 경우가 대부분이다. 대표적인 곳이 강남역이나 신촌상권이다. 투자금액 너무 높기 때문에 수익률은 최대 4%이다. 물론 아닌 곳도 있겠지만 대부분이 그렇다.

도심이라고 수익률이 높고 부도심이라고 수익률이 낮다는 것은 잘못된 상식이다. 이런 상식을 일반적으로 편견이라고도 한다. 아마도 "그때 그때 달라요"가 정답일 것이다.

출구전략을 위한 마케팅

1. 로컬 마케팅

먼저 내가 하고자 하는 사업내용이 내국인에게만 홍보해도 되는 아이템인 경우는 로컬마케팅을 연구해야 한다. 지금은 마케팅 시대다. 공장에서 물건 만들어 놓고 팔리지 않으면 낭패이기 때문이다. 국내 마케팅은 그 동안 네이버와 다음 포털사이트에 의존해 왔다.

인터넷은 1960년생이다. 최초의 인터넷은 미국 국방부가 군사용으로 만들었는데 나중에 인터넷으로 발전했다. 인터넷은 인류가 불을 발견한 이래 가장 위대한 발명품이다. 물리적인 공간개념을 없애 버렸다. 국가 간에도 물리적인 국경은 있지만 웹상으로는 사실상 국경이 존재하지 않는다.

최초에는 배너광고로 인터넷이 수익을 창출할거라고 말했지만, 예상과는 달리 구글이 세계최초로 상품화한 cpc 광고가 온라인상에서 수익을 창출하는 메인 아이템이 되었다.

cpc광고는 클릭 당 광고 가격을 받는 종량제 광고상품이다. 옛말에 '모든 길은 로마로 통한다.'는 말이 있는 것처럼, 현재 국내 모든 광고나 홍보는 대표 포털인 네이버로 통한다고 해도 틀린 말이 아니다.

인터넷이 활성화되기 전에는 주요 일간지 중 한 곳에만 홍보나 광고를 하면 그 효과가 바로 나타났지만, 지금은 광고매체가 그 숫자를 헤아릴 수 없을 정도로 많아서 한두 곳에 광고를 하면 전혀 효과가 없다.

따라서 수익형부동산이 숙박관련인 경우는 오프라인 광고와 온라인을 하이브리드로 해야 한다. 오프라인 광고인 경우는 J일보나 M경제신문이 광고 효과면에서 상대적으로 뛰어나고, 온라인은 네이버를 통해야 한다.

오피스텔이나 도시형생활주택처럼 1인가구를 위한 주거공간인 경우는 전적으로 네이버 의존율이 높다. 어느 지역에서 어떤 수익형부동산으로 사업을 하는가에 따라서 광고방법이나 범위를 정하는 게 좋다. 아이템에 따라서는 전국광고보다는 지역광고가 훨씬 더 효과가 있는 경우도 있기 때문에 상황에 따라서 선택해야 한다.

2. 글로벌 마케팅

게스트하우스와 같은 외국인을 상대해야 하는 숙박업인 경우에는 반드시 글로벌 마케팅을 해야 한다. 직구족을 위한 쇼핑몰도 마찬가지겠지만 본 저서의 주된 내용이 수익형부동산이기 때문에 그 한계 내에서 검토하기로 한다. 숙박업도 종류에 따라서 마케팅 방법을 달리해야 한다.

호텔이나 호스텔, 레지던스, 게스트하우스 등은 반드시 글로벌 마케팅을 하는 것이 유리하다. 게스트하우스의 경우는 내국인도 글로벌 사이트를 통해서 예약을 하는 경우가 비일비재하다. 그 이유는 글로벌 업체들이 막강한 자금과 조직력을 이용해서 엄청난 광고비를 쏟아 붓기 때문이다.

현재 국내에서 영업을 하는 글로벌 마케팅 업체는 10여개인데, 대형업체부터 중소업체까지 국내 숙박관련 시장을 놓고 치열한 경쟁을 하고 있다. 업체마다 특성이 조금씩 다르기 때문에 내가 운영하는 숙박시설에 적합한 업체를 찾는 것이 중요하다.

직원을 통해서 관리하는 경우와 직접 관리하는 경우에 따라서도 업체 선택을 잘 해야 한다. 직원을 통해서 관리하는 경우는 글로벌 마케팅 업체가 카드로 선결제 후 월말에 결산해주는 곳을 선택하는 것이 유리하다. 직원들이 현금을 만지지 않도록 할 필요가 있기 때문이다.

직접 관리하는 경우는 숙박예약 손님들이 카드 선결제나 후불 현찰지급 중 선택적으로 해도 무난하겠지만, 그래도 현찰결제가 더 유리하다. 세금문제도 있고, 외부에 매출이 노출되는 것도 예방할 수 있기 때문이다.

3. 온라인 마케팅

우리는 지금 온라인 마케팅의 홍수 속에 살고 있다. 온라인 마케팅을 하지 않으면 사업을 접어야할 정도이다. 마케팅의 종류도 많다. 카페나 블로그를 통한 마케팅은 벌써 진부한 상품이 되어 버렸다.

온라인 중에서도 모바일 마케팅은 계속적으로 진화할 것 같다. 데스크 탑 컴퓨터보다 모바일과 지내는 시간이 더 많기 때문이다. 삼성이 애플과 경쟁상대가 될 수 있었던 것은 모바일 시장의 가능성을 알았고, 동영상이나 사진 이미지가 모바일에서 차지하는 비중이 높아질 것이라는 것을 감지했기 때문이다.

사진을 보고 동영상을 감상하는 매체로 모바일이 급부상하면서 화면이 작은 애플 OS(프로그램)를 사용하는 애플폰은 대형화면을 지향하는 삼성폰에 밀릴 수밖에 없었기 때문이다.

이제 모바일 마케팅을 내세우지 못하는 업체는 뒤쳐질 수밖에 없다. 관련된 상품은 계속 쏟아질 것이다. 조만간 어떤 상품이 또 나오겠지만 지금은 밴드를 통해서 소통하는 모바일 그룹들이 대거 등장하고 있다. 각종 모임을 위한 밴드가 수도 없이 운영되고 있다.

1인당 스마트폰에 적게는 5개, 많게는 10여개의 밴드를 모바일 화면에 띄워놓고 매일 수시로 들여다보면서 내 지인들의 움직임을 추적하고, 정보를 교환하며, 다양한 오프라인 모임을 홍보하고 있다.

이러한 온라인 마케팅이 어디까지 발전하게 될 지 아무도 알 수가 없다. 하지만 분명한 것은 데스크탑 컴퓨터보다 스마트폰 마케팅의 비중이 점점 높아질 수밖에 없다는 것이다. 수익형부동산 사업을 하는 사람이라면 모바일 마케팅을 어떻게 할 것인지를 먼저 고민하고 사업을 검토해야 할 것이다.

4. 오프라인 마케팅

한 사람의 경험을 입으로 전파하는 것을 구전 마케팅이라고 한다. 불과 10여 년 전만해도 이러한 구전 마케팅에 의존해서 사업을 하는 경우가 많았다. 하지만 이제는 오프라인에 의존하는 마케팅은 점점 그 비중이 작아지고 있다.

최근에도 분양광고를 보면 오프라인 광고를 하는 경우가 많은데, 공간적인 한계가 있고 신뢰도 역시 많이 떨어진다. 광고도 품위가 있어야 통한다. 상가에 음식점을 오픈했다면 일단 상호와 간판을 멋들어지게 만들어야 한다. LED 전구를 넣어서 파나플렉스 간판에 글씨와 그림 이이지를 넣어야 지나가면서 한번쯤 쳐다본다.

옛날처럼 아크릴 간판에 △△설렁탕이라고 하는 간판을 붙인다면, 회사 신입 사원 면접 전에 서류전형에서 탈락하는 것과 같다. 실제로 맛이 좋은 설렁탕이라고 해도 간판에서 신뢰감을 잃어버렸기 때문에 손님이 그 식당의 음식을 평가할 기회조차 갖지 못하는 꼴이 되어 버리는 것이다. 따라서 전단지, 신문광고, 구전 마케팅 등 다양한 방법이 있겠지만, 수익형부동산의 종류에 따라서 광고기법도 달리해야 할 것이다.

04

수익형부동산
추천아이템

쉐어하우스 투자전략 (코쿤하우스)

1. 개념정리

다중생활시설의 원래 명칭은 고시원이었다. 고시원이 고시텔로 진화했고, 그 후 2009년 7월 16일 건축법 시행령 개정으로 시설기준이 만들어졌으며, 그에 근거하여 고시원에 대한 소방설비 기준도 정비되었다.

복도폭은 1m 50㎝로 설계 및 시공해야 하고, 방과 방 사이 벽체 역시 일정기준 이상으로 시공해야 한다. 소방법상으로는 다중이용시설에 속하기 때문에 일반적인 건축물보다 엄격한 소방설비 기준이 적용된다.

당시 개정된 내용을 보면 첫째, 다중생활시설은 건축물의 용도가 제2종 근린생활시설이어야 한다. 타 용도로 되어 있는 건물에서는 다중생활시설 영업이 불가능하다.

둘째, 각 룸에는 화장실과 샤워실 설치가 가능하지만 취사시설은 설치할 수 없다. 취사시설을 도시가스 대신에 인덕션(전기를 사용하는 취사시설)을 사용하는 곳

이 있는데, 법적으로 애매한 부분이 있다. 취사시설은 전체 인원이 함께 사용하는 공동공간으로 만들어져야 한다. 각 룸에 세탁기를 설치하는 것은 문제가 되지 않는다. 그래서 쉐어하우스라고 부르기도 한다. 주방을 쉐어한다는 개념이다.

셋째, 동일건물에서 바닥면적의 합계가 500㎡이하로만 가능하다. 단, 상업지역에서는 1,000㎡이상도 가능한데 이때 허가는 숙박업으로 받아야 한다.

넷째, 공동주택과 함께 동일건물에 설치가 불가능하다. 여기서 공동주택은 아파트, 연립, 다세대를 의미한다. 또한 다가구주택, 다중주택, 조산원과 같은 건축물에 함께 설치할 수 없다.

소방과 관련해서 6층 이상은 유독가스 등 연기를 외부로 배출하는 배연설비를 의무적으로 설치해야 한다. 건축허가를 받을 때 30실 이상은 건축심의를 받아야 한다.

2. 최적입지

　다중생활시설의 입지로는 역시 대학생들이 많은 대학상권을 1순위로 꼽을 수 있다. 개인 짐이 많이 없고 거주하는데 필요한 모든 생활가전이나 가구집기 일체를 빌트-인으로 만들어서 제공하기 때문에 몸만 들어오면 되는 구조이다 보니, 대학생들에게 인기가 높다.

　두 번째 입지는 역세권이다. 회사원들이 많고 건물밀도가 높은 곳에는 수요가 많다. 서울의 경우 2호선 전철의 역세권이 가장 적합하다. 특히 강북지역은 대학교가 많은 노원구, 서대문구, 마포구 등이 유리하고 역세권으로는 홍대앞, 신촌역 일대, 이대역, 아현역, 건대역 등이 최적의 입지라고 볼 수 있다.

　강남의 경우 테헤란로 일대와 신림역, 서울대입구역, 사당역, 방배역 등을 1순위로 꼽을 수 있다. 서울교육대학교와 법원이 있는 교대역은 2호선과 3호선이 환승하는 황금역세권이지만, 교대역 근처에서 근무하는 회사원들은 연봉이 높고 쾌적한 주거공간을 선호하는 현상이 강한 만큼 프리미엄급의 다중생활시설을 만들어서 운영해야 한다.

기숙사 수용률 15% 미만인 대학 (2013년 기준)

(단위 : %)

연번	대학명	수용률	연번	대학명	수용률	연번	대학명	수용률	연번	대학명	수용률
1	경기대	14.9	17	서강대	11.9	33	서울기독대	10.3	49	서울시립대	7.4
2	목원대	14.4	18	상명대	11.8	34	국민대	10.2	50	제주국제대	7.0
3	동서대	14.4	19	한남대	11.6	35	협성대	10.1	51	백석대	6.7
4	울산대	13.9	20	한국성서대	11.5	36	경남과학기술대	9.9	52	인천대	6.2
5	서울과학기술대	13.7	21	삼육대	11.4	37	한경대	9.9	53	경성대	6.2
6	가톨릭대	13.6	22	단국대	11.3	38	계명대	9.8	54	성공회대	5.9
7	한밭대	13.3	23	한국항공대	11.3	39	신라대	9.8	55	세종대	5.5
8	대전대	13.0	24	부경대	11.2	40	숭실대	9.8	56	서원대	4.9
9	경주대	13.0	25	인하대	11.0	41	홍익대	9.5	57	가천대	4.6
10	을지대	12.8	26	극동대	10.7	42	덕성여대	9.5	58	성신여대	3.7
11	영남대	12.8	27	조선대	10.7	43	그리스도대	8.8	59	한영신학대	3.4
12	서울신학대	12.6	28	상지대	10.6	44	숙명여대	8.5	60	동덕여대	3.2
13	동국대	12.3	29	용인대	10.5	45	이화여대	8.4	61	한성대	3.0
14	강남대	12.2	30	경남대	10.5	46	동의대	8.3	62	안양대	2.2
15	남서울대	12.0	31	동명대	10.5	47	동아대	8.2	63	성결대	2.1
16	부산외국어대	11.9	32	서울여대	10.4	48	수원대	7.7	63	광운대	1.7

3. 투자전략

최근에는 시설기준이 각 구청별 조례나 내부 지침이 각각 다르게 적용하다보니 새로 만들어지는 신설인 경우에는 규제가 심한 편이다. 따라서 새롭게 만드는 방법보다 기존의 낡은 고시원을 매수하거나 임차 후 리모델링하는 방법을 더 선호한다.

다중생활시설에 투자하는 방법은 세 가지로 압축할 수 있다. 첫째, 기존의 근린생활건물을 통 매입하거나 집합상가 한 개층을 매수 후 리모델링과 실내 인테리어를 통해서 다중생활시설을 만드는 방법이다. 대출금 제외하고 자기자본 7~8억 원 정도가 투자되며, 지역과 건물조건에 따라서 다르긴 하지만 대략 최소 9% 이상의 수익을 얻을 수 있다.

둘째, 토지를 매수한 후 그 토지 위에 근린생활시설로 건축허가를 받아서 다중생활시설을 신축하는 방법이다. 이 경우에는 처음부터 기본 설계가 들어가기 때문에 건물의 구석구석을 죽는 공간이나 낭비되는 공간 없이 알차게 활용할 수 있다는 장점이 있다. 역시 대출금 제외하고 7~8억 원 정도 투자되며, 토지가격과 지역환경에 따라서 다르긴 하지만 7% 이상 수익을 얻을 수 있다.

셋째, 상가건물을 임차한 후 다중생활시설을 만드는 방법이다. 자금이 부족한 경우에 많이 활용되는 방법이다. 임차보증금과 시설비용을 포함해서 대략 3억~3억 5천만 원 정도 투자되며, 지역과 건물조건에 따라서 다르긴 하지만 대략 25~35%정도의 수익률이 발생한다.

다중생활시설은 1인가구들이 주로 단기간 사용하는 인스턴트 주거공간이다. 보증금과 관리비가 없고, 냉방비, 난방비, 수도료 등을 추가로 받지 않는다. 월세는 매월초에 선불로 지급하는 시스템이다. 우리나라 임대차시장의 정서상 보증금을 받지 않고 임대사업을 한다는 것에 대해서 이해를 못하는 분들이 많은데, 전혀 문제가 되지 않는다.

이 시스템이 문제가 되었다면 50년이 넘게 이 사업이 유지되지 못했을 것이다. 오히려 임대인 기준의 상품이 공급되어온 국내 시장에서 임차인 중심의 주거상품이라는 점에서 인기를 끌고 있다.

하지만 오래된 고시원에서 화재사고가 많이 발생하고, 인명피해도 많았기 때문에 이 업종에 대한 지자체 규제가 점점 강화되고 있는 것이 현실이다. 투자의 사결정 전에 해당 지역의 지자체에 충분히 확인하고 사업을 시작해야 리스크를 줄일 수 있다.

화재사고를 대비한 소방시설은 관할 소방서의 시공기준을 떠나서 스스로 완벽하게 해야 할 필요가 있다. 초기진화가 가능한 스프링클러시설은 반드시 해야 한다. 물론 소방법에도 명시가 되어있긴 하지만…

이 사업을 할 때 가장 중요한 부분이 시공이다. 시공은 한 번 잘못하면 바로잡기가 쉽지 않다. 왜냐하면 사람들이 입주한 후에는 소음 때문에 못 하나도 제대로 박을 수가 없기 때문이다. 반드시 시공경험이 많은 전문업체를 선택하거나 프랜차이즈 본사의 도움을 받아서 공사를 해야 한다.

4. 사례분석

소유권 투자 (쉐어하우스로 근생건물 신축 후 직영)

(단위 : 만 원)

투 자			수 익 (매월)		
구 분	금 액	내 용	구 분	금 액	내 용
대지매수	100,000	2,000/3.3㎡	잠재 매출	1,575	35실
건물신축	45,000		유효 매출	1,418	OCR : 90%
인테리어	10,000		비용지출	200	인건비(변동적)
은행대출	60,000	3.5% 기준		300	운영비(변동적)
				175	대출이자
				15	홈페이지
				690	소계
순투자금	95,000		세전수익(률)	728	9.19%

※ 조건 (대지면적:165㎡, 용도지역 : 제2종 일반주거지역, 건물연면적 : 330㎡, 월세 : 45만원, 서울 강북지역)

위 표는 쉐어하우스로 근생건물 신축 후 건물주가 직접 운영하는 것을 가정한 사례분석이다. 순 투자금액은 9억 5,000만원이고 세전수익은 728만원, 투자수익률은 9.19%이다.

소유권 투자 (단독 근생건물 매수하여 쉐어하우스로 컨버전 후 직영)

(단위 : 만 원)

투 자			수 익 (매월)		
구 분	금 액	내 용	구 분	금 액	내 용
건물매수	110,000	2,000/3.3㎡	잠재 매출	1,575	35실
리모델링	10,000		유효 매출	1,418	OCR:90%
컨 버 전	24,000		비용지출	200	인건비(변동적)
가구집기	4,000	3.5% 기준		300	운영비(변동적)
은행대출	60,000			175	대출이자
				15	홈페이지
				690	소계
순투자금	88,000		세전수익(률)	728	9.92%

※ 조건 (대지면적:165㎡, 용도지역 : 제2종 일반주거지역, 건물연면적 : 330㎡, 월세 : 45만원, 서울 강북지역)

위 표는 단독으로 건축된 기존의 근생건을을 매수하여 쉐어하우스로 튜닝 후 건물주가 직접 운영하는 것을 가정한 사례분석이다. 순 투자금액은 8억 8,000만원, 세전수익은 728만원, 투자 수익률은 9.92%이다.

소유권 투자 (집합 근생건물 1개층 매수하여 쉐어하우스로 컨버전 후 직영)

(단위 : 만 원)

투 자			수 익 (매월)		
구 분	금 액	내 용	구 분	금 액	내 용
건물매수	70,000		잠재 매출	1,575	35실
컨 버 전	24,000		유효 매출	1,418	OCR:90%
가구집기	4,000		비용지출	200	인건비(변동적)
은행대출	36,000	3.5% 기준		300	운영비(변동적)
				105	대출이자
				15	홈페이지
				620	소계
순투자금	90,000		세전수익(률)	798	10.63%

※ 조건 (대지권지분 : 66㎡, 용도지역 : 상업지역, 건물 전용면적: 330㎡, 월세 : 45만원, 서울 강북지역)

위 표는 각 층별 소유자가 다른 집합건축물의 한 개 층을 매수하여 쉐어하우스로 튜닝 후 건물주가 직접 운영하는 것을 가정한 사례분석이다. 순 투자금액은 9억 원이고 세전수익은 798만원에 투자 수익률은 10.63%이다.

임차권 투자 (집합 근생건물 1개층 임차하여 쉐어하우스로 컨버전 후 직영)

(단위 : 만 원)

투 자			수 익 (매월)		
구 분	금 액	내 용	구 분	금 액	내 용
임차보증금	5,000		잠재 매출	1,575	35실
컨 버 전	24,000	고급형 기준	유효 매출	1,418	OCR:90%
가구집기	4,000		비용지출	–	인건비(본인운영)
				300	운영비(변동적)
				400	월세
				15	홈페이지
				715	소계
순투자금	33,000		세전수익(률)	703	25.55%

※ 조건 (대지면적:165㎡, 용도지역 : 제2종 일반주거지역, 건물연면적 : 330㎡, 월세 : 45만원, 서울 강북지역)

위 표는 각 층의 소유자가 다른 집합건축물의 한 개 층을 임차하여 쉐어하우스로 만든 다음 임차인이 직접 운영하는 것을 가정한 사례분석이다. 순 투자금액은 3억 3,000만원이고 세전수익은 703만원에 투자 수익률은 25.55%이다.

맴버쉽오피스 투자전략 (코쿤피스)

1. 개념정리

스마트워크센터의 원래 명칭은 소호사무실이었고, 그 후 1인 창조기업 전용 오피스로도 많이 알려져 있다. 필자는 종량제사무실로 부르기도 한다. 사용하는 인원에 따라서 공간 사용료를 부과하기 때문이다. 공무원 스마트워크는 안전행정부에서 담당하고 있으며, 일반 기업이나 개인들의 스마트워크는 중소기업청과 미래창조과학부가 담당하고 있다.

스마트워크는 내가 다니는 직장에는 매월 1~2회 출근하고 평소에는 집 근처에 있는 스마트워크센터로 출근하여 업무를 보는 시스템이다. 수많은 사람들이 아침시간에 출근하기 위해서 길거리로 쏟아져 나오고, 퇴근시간 역시 많은 사람들이 일시에 집으로 돌아가는 귀가전쟁을 매일 매일 치루고 있다.

이렇게 반복되는 일상 때문에 국가는 도로를 계속 만들어야 하고, 지하철과 버스노선을 신설해야 한다. 기업은 근무공간을 늘려나가야 하며, 길거리에 넘쳐나는 차량들로 인해서 공기가 오염되고, 엄청난 기름값이 길거리에 뿌려지고 있다. 교통 혼잡으로 차량이 정체되니 길에서 낭비하는 시간을 돈으로 환산사면 천문학적인 액수가 산출된다.

근무방식을 조금만 변경하면 위에 언급된 내용들 중에서 많은 것들을 고쳐나갈 수 있고 낭비되는 돈, 시간, 기름값, 도로증설비용 등 사회적 비용을 감축할 수 있다. 더 나아가서는 지구 온난화까지 예방하는 효과로 이어진다.

이런 이유로 스마트워크는 세계적으로 공감을 하고 추진되는 글로벌 정책이라고 말할 수 있다. 국가별로 온실가스 배출을 억제하는 유엔의 온난화 방지 정책도 스마트워크가 잘 시행된다면 엄청난 효과를 볼 수 있을 것이다.

이제 스마트워크는 세계적으로 추진하는 글로벌 시스템이다. 스마트워크가 확산되어가면서 반드시 필요한 것이 스마트워크센터이다. 새로운 오피스 시장을 리드할 글로벌 오피스 트렌드이다.

1인 창조기업이 희망하는 지원정책

구분1	구분2	사업체수 (개)	기술개발 투자비세액 지원 (%)	1인창조기 업전용시설 구축 (%)	상품화/서비 스화프로젝트 지원 (%)	기타 (%)	협업또는 네트워킹 지원 (%)	고용보험 및산재보험 적용 (%)	보증밀입 찰자격완화 (%)	교육 훈련비 지원 (%)	특허관련 지원 (%)
전체	소계	77,009	39.6	18.3	11.9	7.8	7.5	5.7	4.4	4.3	0.6
업종	제조업	45,805	42.4	14.1	12.6	10.5	6.9	4.4	3.8	4.6	0.8
	출판,영상, 방송통신, 정보서비스업	4,636	39.4	35.3	8.5	3.4	5.5	2.1	2.3	2.7	0.6
	전문,과학, 기술서비스업	14,912	41.7	19.3	9.5	3.8	10.4	6.0	6.7	2.6	–
	사업시설관리, 사업지원서비스업	8,077	23.6	30.3	14.6	1.0	7.0	13.4	5.8	4.3	–
	교육서비스업	587	24.9	28.6	15.4	–	3.8	7.3	7.0	11.8	1.3
	예술,스포츠, 여가관련서비스업	2,992	11.5	35.8	9.6	–	11.8	17.0	4.8	9.5	–
대표자 성별	남성	61,409	41.6	17.6	11.2	8.2	7.1	5.2	4.6	3.9	0.7
	여성	15,600	31.5	21.5	14.6	6.1	9.2	7.5	3.8		

자료 : 통계청

2. 최적입지

맴버쉽 오피스를 건물주가 직접 운영하거나 임대를 주는 사업은 다른 아이템과 마찬가지로 교통접근성이 중요하다. 센터에 입주하는 사람들은 차량을 집에 둔 채 대중교통을 주로 이용하기 때문에 지하철이나 버스 등 대중교통 접근성이 좋은 위치에 창업을 해야 한다.

서울의 경우 유일한 순환선인 지하철 2호선이 가장 좋은 입지이다. 주변 환경이나 쾌적성은 중요하지 않다. 맴버쉽 오피스는 주거시설이 아니기 때문에 주변에 상업시설이나 생활편의시설 등이 많이 있어야 한다.

따라서 역세권 주변의 상업지역 내 상가건물이나 근린생활시설 건축물에서 이 사업을 검토하는 것이 유리하다. 건축물의 용도가 업무시설로 되어 있어도 이 사업을 하는데 건축물 용도상의 문제점은 없다.

3. 투자전략

맴버쉽 오피스에 투자하는 방법은 세 가지로 구분된다. 첫째가 기존의 상가건물을 매수한 후 인테리어를 통해서 사업을 시작하는 방법이다. 이때 건물은 집합건축물이 있고 일반건축물이 있는데, 집합건축물은 각 층의 소유자가 다른 경우를 말한다. 일반건축물은 층별 소유가 아니고 1인 내지 여러 명이 전체 건물을 통째로 소유하는 형태를 말한다. 투자수익률은 7~9% 정도인데 지역이나 건물의 조건에 따라서 변수가 많다.

둘째는 토지를 취득한 후 그 자리에 맴버쉽 오피스를 신축하는 방법이다. 기존의 건물을 매수 후 리모델링하는 것보다 시간이 많이 소요된다는 단점이 있다. 토지취득가격과 신축비용에 따라서 수익률이 변할 수 있지만 일반적으로 기존의 건물을 매수하는 방법보다 약간 낮은 5~7%정도의 수익을 얻을 수 있다.

셋째는 기존의 상가건물을 임차한 후 실내 인테리어를 통해서 사업을 하는 방법이다. 전용기준 최소 면적은 210㎡ 이상은 되어야 한다. 가장 적절한 최소면적은 330㎡이다. 임차형으로 사업을 하는 경우는 EBIT(이자와 세금 차감 전 영업이익) 기준으로 투자 수익률은 30~35%정도 발생한다.

맴버쉽 오피스 사업 역시 투자위험은 입지선정, 운영전략, 효율적인 인테리어, 마케팅 전략에 달려 있다. 특히 운영전략 면에서 최근에는 모임공간이나 세미나실을 합치는(Collaboration) 형태로 만들어지는 경우가 많은데 장·단점은 있다.

레이아웃이 독립공간 위주로 만들어지는 경우도 있고, 협업공간과 독립공간이 상호 보완관계가 되도록 배치를 하는 경우도 있다. 전용면적 기준 660㎡를 초과하는 면적이라도 1인이 운영관리가 가능하기 때문에 기왕이면 프라이빗 스페이와 맴버쉽 스페이스를 같이 배치하는 형태가 매출과 운영전략면에서 효율적이다.

4. 사례분석

소유권 투자 (맴버쉽오피스로 근생건물 신축 후 직영)

(단위 : 만 원)

투 자			수 익 (매월)		
구 분	금 액	내 용	구 분	금 액	내 용
대지매수	100,000	2,000/3.3㎡	독립오피스 잠재매출	1,200	20실
건물신축	35,000		독립오피스 유효매출	1,020	OCR:85%
인테리어	25,000		맴버쉽 잠재매출	2,000	20인
투자합계	160,000		맴버쉽 유효매출	1,000	OCR:50%
은행대출	60,000	3.5% 기준	주소대여 유효매출	100	10개
			매출합계(유효기준)	2,120	
			비용지출	200	인건비(변동적)
				300	운영비(변동적)
				175	대출이자
				15	홈페이지
				690	소계
순투자금	100,000		세전수익(률)	1,430	17.16%

※ 조건 (대지면적 : 165㎡, 용도지역 : 제2종 일반주거지역, 건물연면적 : 330㎡, 월세 : 동일하지 않음, 서울 강북지역)

위 표는 맴버쉽 오피스 용도로 근생건물을 신축하여 건축주가 직접 운영하는 경우를 가정한 사례분석이다. 순 투자금액은 10억원이고 세전수익과 수익률은 각각 1,430만원과 17.16%이다.

소유권 투자 (단독 근생건물 매수하여 맴버쉽오피스로 컨버전 후 직영)

(단위 : 만 원)

투 자			수 익 (매월)		
구 분	금 액	내 용	구 분	금 액	내 용
건물매수	110,000	2,000/3.3㎡	독립오피스 잠재매출	1,200	20실
리모델링	10,000		독립오피스 유효매출	1,020	OCR:85%
컨 버 전	23,000		맴버쉽 잠재매출	2,000	20인
가구집기	4,000				
투자합계	147,000		맴버쉽 유효매출	1,000	OCR:50%
은행대출	60,000	3.5% 기준	주소대여 유효매출	100	10개
			매출합계(유효기준)	2,120	
			비용지출	200	인건비(변동적)
				300	운영비(변동적)
				175	대출이자
				15	홈페이지
				690	소계
순투자금	87,000		세전수익(률)	1,430	19.72%

※ 조건 (대지면적 : 165㎡, 용도지역 : 제2종 일반주거지역, 건물연면적 : 330㎡, 월세 : 동일하지 않음, 서울 강북지역)

위 표는 기존에 건축되어진 단독 근생건물을 매수하여 맴버쉽 오피스를 만든 후 건축주가 직접 운영하는 경우를 가정한 사례분석이다. 순 투자금액은 8억 7,000만원이고 세전수익과 수익률은 각각 1,430만원과 19.72%이다.

소유권 투자 (맴버쉽오피스로 근생건물 신축 후 직영)

(단위 : 만 원)

투 자			수 익 (매월)		
구 분	금 액	내 용	구 분	금 액	내 용
건물매수	70,000	2,000/3.3㎡	독립오피스 잠재매출	1,200	20실
컨 버 전	23,000		독립오피스 유효매출	1,020	OCR:85%
가구집기	4,000		맴버쉽 잠재매출	2,000	20인
투자합계	97,000		맴버쉽 유효매출	1,000	OCR:50%
은행대출	36,000	3.5% 기준	주소대여 유효매출	100	10개
			매출합계(유효기준)	2,120	
			비용지출	200	인건비(변동적)
				300	운영비(변동적)
				105	대출이자
				15	홈페이지
				620	소계
순투자금	61,000		세전수익(률)	1,500	29.51%

※ 조건 (대지권지분 : 66㎡, 건물용도 : 근린생활시설/업무시설, 건물연면적 : 330㎡, 월세 : 동일하지 않음, 서울 강북지역)

위 표는 기존에 건축되어진 집합건축물의 한 개층을 매수하여 맴버쉽 오피스를 만든 후 건축주가 직접 운영하는 경우를 가정한 사례분석이다. 순 투자금액은 6억 1,000만원이고 세전수익과 수익률은 각각 1,500만원과 29.51%이다.

임차권 투자 (집합 근생건물 1개층 임차하여 맴버쉽오피스로 컨버전 후 직영)

(단위 : 만 원)

투 자			수 익 (매월)		
구 분	금 액	내 용	구 분	금 액	내 용
임차보증금	5,000		독립오피스 잠재매출	1,200	20실
컨 버 전	23,000	고급형 기준	독립오피스 유효매출	1,020	OCR:85%
가구집기	4,000		맴버쉽 잠재매출	2,000	20인
			맴버쉽 유효매출	1,000	OCR:50%
			주소대여 유효매출	100	10개
			매출합계(유효기준)	2,120	
			비용지출	200	인건비(변동적)
				300	운영비(변동적)
				600	월세
				15	홈페이지
				1,115	소계
순투자금	32,000		세전수익(률)	1,005	37.69%

※ 조건 (건물용도 : 근린생활시설/업무시설, 건물연면적 : 330㎡, 월세 : 동일하지 않음, 서울 강북지역)

위 표는 기존에 건축되어진 집합건축물의 한 개층을 임차하여 맴버쉽 오피스를 만든 후 임차인이 직원을 채용하여 직접 운영하는 경우를 가정한 사례분석이다. 순 투자금액은 3억 2,000만원이고 세전수익과 수익률은 각각 1,005만원과 37.69%이다.

캡슐호텔 투자전략 (코쿤캡슐텔)

1. 개념정리

캡슐호텔은 여행객이나 업무차 외지에서 숙박을 원하는 사람들이 수면캡슐에서 숙박을 하는 인스턴트형 여행객 숙소이다. 실내에는 개인 라커실이 제공되고 개별적으로 사용할 수 있는 샤워실과 화장실이 별도로 만들어진다. 아침에는 무료로 조식이 제공되는데 셀프이다.

일본에서는 50년이 넘는 역사를 갖고 있는 저가형 숙소로 알려져 있다. 일본의 모든 도시에는 캡슐호텔이 있어서 여행객들은 저렴한 비용으로 숙소와 아침 식사를 해결할 수 있다. 우리나라 화폐기준 2만 원에서 3만 원 정도면 1일 숙박이 가능하다.

일본에서 최초로 시작된 캡슐호텔 사업은 이제 세계 어디를 가든 볼 수 있는 일반적인 숙소로 정착이 되었다. 캡슐호텔이라는 용도 자체도 공용어가 되었고, 일반명사화 되었다. 유럽, 미국, 일본, 아시아, 중국 등 어디를 가도 캡슐호텔이 운영되고 있는데 우리나라만 아직 없다.

본 저서가 출간될 때쯤이면 필자가 캡슐호텔 국내 1호점을 오픈할 것 같다. 직접 생산도 하고 창업을 희망하는 분들에게 창업지원(02-776-3023, 한국창업지원센터)도 할 예정이다.

2. 최적입지

캡슐호텔을 주로 이용하는 사람들은 회사원이나 학생들을 포함한 여행객들이 될 것이다. 업무차 국내를 방문하는 외국인들이나 지방에서 서울이나 대도시를 여행하거나 업무차 방문하는 일반인들도 이 곳을 찾게 될 것이다.

어떤 아이템도 마찬가지겠지만 캡슐호텔 역시 접근하기 좋은 교통중심지나 외국인들이 많이 찾는 상권이 될 것이다. 기차역이나 버스터미널 같은 종점형 교통시설도 캡슐호텔 사업에 적합하다.

대학들이 많이 위치한 서울의 강북지역 역시 이 사업에 유리하다. 밤 늦게까지 놀다가 택시를 타면 집이 좀 멀리 있는 경우 택시비용이 3만 원 이상 나오는 것이 현실이다. 이때 캡슐호텔을 이용하면 1만 5천원이나 2만 원으로 아침식사까지 해결할 수 있다.

해상여객선 터미널이나 항공터미널 등도 캡슐호텔 사업에 적합하다. 비행기가 연착되거나 날씨관계로 비행기가 이륙하지 못하거나 배가 출항하지 못하는 일이 빈번하게 발생하는 시설에도 반드시 필요하다.

특히 상가건물의 지하층은 임대가 잘 나가지도 않을뿐더러, 임대가 나간다고 해도 월세를 많이 받지 못한다. 따라서 상가건물 지하층을 활용해서 캡슐호텔을 창업한다면 가장 효율적이고 높은 수익을 얻을 수 있다.

3. 투자전략

캡슐호텔에 투자하는 방법도 위와 다를 바 없다. 첫째가 기존의 상가건물을 매수한 후 캡슐을 설치하고 관련 지원시설(라커, 화장실, 샤워실, 식당, 인포데스크)을 만들면 된다.

건물역시 집합건축물과 일반건축물이 있는데, 집합건축물은 각 층의 소유자가 다른 경우이고, 일반건축물은 층별 소유가 아니고 1인 내지 여러 명이 전체 건물을 통째로 소유하는 형태를 말한다. 투자수익률은 다른 아이템보다 높게 나온다. 기존 상가건물을 활용하는 경우는 10~15% 정도로 타 아이템보다 높은 편이다.

둘째, 토지를 취득한 후 그 자리에 캡슐호텔을 신축하는 방법이다. 기존의 건물을 매수 후 리모델링하는 것보다 시간이 많이 소요된다는 단점이 있다. 토지취득가격과 신축비용에 따라서 수익률이 변할 수 있지만 일반적으로 9~15%정도의 수익을 얻을 수 있다.

셋째는 기존의 상가건물을 임차한 후 캡슐호텔로 만드는 방법이다. 최소 전용면적은 165㎡이상은 되어야 한다. 가장 적절한 면적은 330㎡ 이상이다. EBIT(이자와 세금 차감 전 영업이익) 기준할 때 소유권방식 투자는 9~15%, 임차권방식 투자는 30~45%의 수익률이 발생한다.

캡슐호텔은 마케팅이 매출을 좌우한다. 로컬 마케팅과 글로벌 마케팅을 조합해서 균형있게 홍보나 광고전략을 수립해야 한다. 실내 인테리어도 쾌적한 실내 공간을 유지하고 효율적인 레이아웃을 위해서 전문업체가 공사를 하거나, 전문업체의 컨설팅을 받는 것이 좋다.

가능하면 체인사업을 하는 업체의 도움을 받아서 사업준비를 해야 한다. 특히 지하층의 경우 어떤 디자인으로 시공하는가에 따라서 실내 분위기는 완전히 달라진다. 완벽한 습기제거, 고정관념을 탈피하게 해주는 디자인, 냉방과 난방 등이 중요하다.

4. 사례분석

소유권 투자 (단독 근생건물 신축 후 캡슐호텔로 컨버전하여 건축주 직영)

(단위 : 만 원)

투 자			수 익 (매월)		
구 분	금 액	내 용	구 분	금 액	내 용
대지매수	100,000	2,000/3.3㎡	잠재 매출	4,200	캡슐 70개 설치
건물신축	40,000		유효 매출	3,150	OCR:75%
캡슐설치	19,600	46,600	비용지출	350	인건비(변동적)
인테리어	27,000			350	운영비(변동적)
투자합계	186,600			175	대출이자
은행대출	60,000	3.5% 기준		15	홈페이지
				1,117	소계
순투자금	126,600		세전수익(률)	2,030	19.24%

※ 조건 (대지면적 : 165㎡, 용도지역 : 제2종 일반주거지역, 건물연면적 : 330㎡, 숙박료 : 동일하지 않음, 서울 강북지역)

위 표는 대지 165㎡에 근생건물 신축 후 그 건물에 캡슐호텔을 만든다음 건축주가 직영하는 것을 가정한 사례분석이다. 순 투자금액은 126,600만원이고 세전수익과 수익률은 각각 2,030만원과 19.24%이다.

소유권 투자 (단독 근생건물 매수 후 캡슐호텔로 컨버전하여 건축주 직영)

(단위 : 만 원)

투 자			수 익 (매월)		
구 분	금 액	내 용	구 분	금 액	내 용
건물매수	125,000	2,000/3.3㎡	잠재 매출	4,200	캡슐 70개 설치
캡슐설치	19,600		유효 매출	3,150	OCR:75%
인테리어	27,000		비용지출	350	인건비(변동적)
투자합계	171,600			350	운영비(변동적)
은행대출	60,000	3.5% 기준		175	대출이자
				15	홈페이지
				1,117	소계
순투자금	111,600		세전수익(률)	2,030	21.83%

※ 조건 (대지면적 : 165㎡, 용도지역 : 제2종 일반주거지역, 건물연면적 : 330㎡, 숙박료 : 동일하지 않음, 서울 강북지역)

위 표는 대지 165㎡인 기존의 근생건물을 매수 후 그 건물에 캡슐호텔을 만든다음 건축주가 직영하는 것을 가정한 사례분석이다. 순 투자금액은 111,600만원이고 세전수익과 수익률은 각각 2,030만원과 21.83%이다.

소유권 투자 (기존 근생건물 매수 후 캡슐호텔로 컨버전하여 임대)

(단위 : 만 원)

투 자			수 익 (매월)		
구 분	금 액	내 용	구 분	금 액	내 용
건물매수	125,000	2,000/3.3㎡	임대차월세	1,000	
캡슐설치	19,600		유효 매출	1,000	
인테리어	27,000		비용지출		인건비(변동적)
투자합계	171,600				운영비(변동적)
은행대출	60,000	3.5% 기준		175	대출이자
보증금	10,000				홈페이지
				175	소계
순투자금	101,600		세전수익(률)	825	9.74%

※ 조건 (대지면적 : 165㎡, 용도지역 : 제2종 일반주거지역, 건물연면적 : 330㎡, 숙박료 : 동일하지 않음, 서울 강북지역)

위 분석은 기존의 근생건물을 매수한 후 캡슐호텔을 만들어서 임대를 준다는 가정하에 만들어진 사례분석이다. 대출금을 제외한 순 투자금액은 10억 1,600만원이다. 세전수익과 수익률은 각각 825만원과 9.74%이다.

임차권 투자 (기존 근생건물 임차 후 캡슐호텔로 리모델링하여 임차인 직영)

(단위 : 만 원)

투 자			수 익 (매월)		
구 분	금 액	내 용	구 분	금 액	내 용
임차보증금	10,000		잠재 매출	4,200	캡슐 70개 설치
캡슐설치	19,600	캡슐 70개	유효 매출	3,150	OCR:75%
인테리어	25,000	가구집기 포함	비용지출	350	인건비(변동적)
				350	운영비(변동적)
				–	대출이자
				200	기타
				900	소계
순투자금	54,600		세전수익(률)	2,250	49.45%

※ 조건 (대지면적 : 165㎡, 용도지역 : 제2종 일반주거지역, 건물연면적 : 330㎡, 숙박료 : 동일하지 않음, 서울 강북지역)

위 분석은 기존의 근생건물을 임차한 후 캡슐호텔을 만들어서 임차인 직영한다는 가정하에 만들어진 사례분석이다. 임차보증금을 포함한 순 투자금액은 5억 4,600만원이다. 세전수익과 수익률은 각각 2,250만원과 49.45%이다.

게스트하우스 투자전략 (코쿤스테이)

1. 개념정리

코쿤스테이는 도시지역에서 하는 민박업이다. 외국인 관광객, 내국인 여행객, 지방에서 출장을 온 사람, 기타 목적으로 여행이나 업무상 숙소가 필요한 사람들에게 저렴한 비용으로 아침식사와 침대를 제공하는 생활형 숙박시설이다.

숙박업은 보건복지부에서 관장하는 공중위생관리법상의 숙박업인 일반숙박업, 생활숙박업과 문화체육관광부에서 관장하는 관광진흥법상의 숙박업인 관광숙박업과 생활편의시설업으로 구분된다. 게스트하우스는 관광편의시설업에 속하는 도시 민박업이다.

'도시지역의 주민이 거주하고 있는 주택을 활용하여 외국인 관광객에게 한국의 가정문화를 체험할 수 있도록 숙식 등을 제공하는 업'이다. 서울시 및 각 지자체에서는 운영물품이나 외국어 동시통역 서비스를 지원하기도 하는데 각 지자체별로 예산이 달라 별도로 문의를 해야 한다.

2. 최적입지

게스트하우스에 적합한 입지는 당연히 교통접근성이 좋아야 한다. 외국여행을 해본 사람이라면 게스트하우스에서 숙박해본 경험을 갖고 있다. 특히 젊은이들인 경우는 90%가 게스트하우스에서 숙박을 한다. 저렴하고 편하기 때문이다. 우리나라의 경우 그동안 생활형 숙박시설이 없었는데, 2013년 12월에 게스트하우스가 생김으로써 이제 전국 어디를 가든 도시지역에는 게스트하우스를 볼 수 있는 날이 멀지 않았다.

그동안 호텔, 모텔, 여관에서 불편한 숙박을 해야 했던 많은 여행객들은 이제 게스트하우스를 찾을 것이다. 이런 측면에서 본다면 최적입지가 별도로 있는 것은 아니다. 도시지역이라면 전국 어디든 게스트하우스 간판을 보게 될 것이다.

특히 외국에서 한국을 찾는 관광객들 뿐만아니라 지방에서 서울투어를 하는 학생들, 서울에 있는 쇼핑몰이나 시장에 정기적으로 물건을 떼러 다니는 상인들, 업무차 출장을 가는 사람들, 타 지역의 각종 행사에 참여하는 사람 등 헤아릴 수 없이 많은 사람들이 게스트하우스를 찾게 될 것이다.

3. 투자전략

게스트하우스는 단독주택이나 공동주택에서 할 수 있는 사업이다. 소유한 주택을 게스트하우스로 리모델링하는 방법, 토지를 구입하여 게스트하우스를 신축하는 방법, 주택을 임차하여 게스트하우스로 리모델링하는 방법, 게스트하우스로 리모델링된 주택을 매수하여 게스트하우스를 운영할 사람에게 임대를 주는 방법, 게스트하우스로 만들어진 주택을 임차하여 직접 게스트하우스를 운영하는 방법 등이 있다.

호텔, 모텔, 여관 밖에 없는 국내의 현실로 볼 때 일반인들이 편하게 이용할 수 있는 게스트하우스 사업은 매우 유망하다. 지방의 경우도 특화된 문화시설이나 관광시설, 대규모 공장지역, 산업센터, 군인이 주둔하는 부대 인근, 대학교 상권, 관광지 주변, 교통중심지, 상업지역, 도시의 중심지역이면 더욱 좋다. 소득수준이 증가하면 제일 먼저 생각하는 것이 여행과 건강이라고 한다.

특히 15억 명이 웃도는 중국인구가 본격적으로 우리나라를 찾게 되는 경우 숙소부족 문제는 심각한 상황이 될 것이다. 특히 여행사를 통한 여행객은 관광호텔에서 숙박을 하지만 개인적으로 관광을 하는 배낭여행객들은 대부분 게스트하우스에서 숙박을 하기 때문에 사업전망은 맑음이다.

외국인 인기방문지역 현황 조사표 (자료 : 대한상의, 2014년)

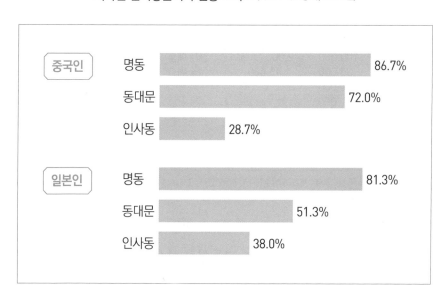

게스트하우스를 운영하기 위해서는 외국어를 잘 할 필요는 없다. 만약 외국어에 자신이 없다면 외국어가 가능한 직원을 채용하면 된다. 투자를 하기 전에 내가 직접 게스트하우스를 운영할 것인가, 아니면 임대를 줄 것인가를 판단해야 한다.

만약 오랜 직장생활에서 은퇴한 경우라면 게스트하우스를 직접 운영하는 것보다 단독주택을 구입 후 게스트하우스를 만들어서 운영할 사람에게 임대를 주는 방법이 좋다. 은퇴한 사람이 의욕만 갖고 게스트하우스를 운영하는 사업에 직접 뛰어드는 것은 신중을 기해야 한다. 마음은 앞서지만 몸이 따라주지 않는 경우가 많기 때문이다.

4. 사례분석

소유권 투자 (게스트하우스로 단독주택 신축 후 직영)

(단위 : 만 원)

투 자			수 익 (매월)		
구 분	금 액	내 용	구 분	금 액	내 용
대지매수	100,000	2,000/3.3㎡	잠재 매출	3,270	33BED
건물신축	35,000	45,000	유효 매출	2,453	OCR:75%
인테리어	10,000			350	인건비(변동적)
투자합계	145,000			300	운영비(변동적)
은행대출	60,000	3.5% 기준	비용지출	423	대출이자
				15	홈페이지
				1,117	소계
순투자금	85,000		세전수익(률)	1,335	16.87%

※ 조건 (대지면적 : 165㎡, 용도지역 : 제2종 일반주거지역, 건물연면적 : 231㎡, 숙박료 : 동일하지 않음, 서울 강북지역)

위 분석은 건축주가 대지 165㎡에 단독주택을 신축 후 게스트하우스로 만든 다음 건축주가 직영한다는 가정하에 만들어진 분석자료이다. 대출 후 순 투자 금액은 8억 5,000만원이다. 세전수익과 수익률은 각각 1,335만원과 16.87%이다.

소유권 투자 (단독주택 매수하여 게스트하우스로 컨버전 후 직영)

(단위 : 만 원)

투 자			수 익 (매월)		
구 분	금 액	내 용	구 분	금 액	내 용
대지/건물매수	110,000	2,000/3.3㎡	잠재 매출	3,270	33 BED
리모델링	10,000		유효 매출	2,453	OCR:75%
컨 버 전	10,000	23,000		350	인건비(변동적)
가구집기	3,000			300	운영비(변동적)
투자합계	133,000		비용지출	388	대출이자
은행대출	66,000	3.5% 기준		15	홈페이지
				1,053	소계
순투자금	67,000		세전수익(률)	1,400	25.07%

※ 조건 (대지면적 : 165㎡, 용도지역 : 제2종 일반주거지역, 건물연면적 : 231㎡, 숙박료 : 동일하지 않음, 서울 강북지역)

위 분석은 어느 한 투자자가 기존의 단독주택을 매수 후 해당주택을 게스트하우스로 만든 다음 직영한다는 가정하에 만들어진 사례분석 자료이다. 대출 후 순 투자금액은 6억 7,000만원이다. 세전수익과 수익률은 각각 1,400만원과 25.07%이다.

소유권 투자 (단독주택 매수하여 게스트하우스로 컨버전 후 임대)

(단위 : 만 원)

투 자			수 익 (매월)		
구 분	금 액	내 용	구 분	금 액	내 용
대지/건물매수	110,000	2,000/3.3㎡	임대차월세	600	매월
리모델링	10,000	23,000	유효 매출	600	매월
컨 버 전	10,000				인건비(변동적)
가구집기	3,000				운영비(변동적)
투자합계	133,000		비용지출	193	대출이자
은행대출	66,000	3.5% 기준			홈페이지
임대보증금	10,000			193	소계
순투자금	57,000		세전수익(률)	408	9%

※ 조건 (대지면적 : 165㎡, 용도지역 : 제2종 일반주거지역, 건물연면적 : 231㎡, 숙박료 : 동일하지 않음, 서울 강북지역)

위 분석은 어느 한 투자자가 기존의 단독주택을 매수 후 해당주택을 게스트하우스로 만든 다음 임대를 놓는다는 가정하에 만들어진 사례분석 자료이다. 대출 후 순 투자금액은 5억 7,000만원이다. 세전수익과 수익률은 각각 408만원과 9.00%이다.

임차권 투자 (단독주택 임차하여 게스트하우스로 컨버전 후 임차인 직영)

(단위 : 만 원)

투 자			수 익 (매월)		
구 분	금 액	내 용	구 분	금 액	내 용
임차보증금	10,000		잠재 매출	3,270	33 BED
리모델링	10,000		유효 매출	2,453	OCR:75%
컨 버 전	10,000	23,000	비용지출	350	인건비(변동적)
가구집기	3,000			300	운영비(변동적)
				400	월세
				15	홈페이지
				1,065	소계
순투자금	33,000		세전수익(률)	1,388	50.45%

※ 조건 (대지면적 : 165㎡, 용도지역 : 제2종 일반주거지역, 건물연면적 : 330㎡, 숙박료 : 동일하지 않음, 서울 강북지역)

위 분석은 기존의 단독주택을 임차 후 해당주택을 게스트하우스로 인테리어를 한 다음 임차인이 직영한다는 가정하에 만들어진 사례분석 자료이다. 보증금을 포함한 총 투자금액은 3억 3,000만원이다. 세전수익과 수익률은 각각 1,388만원과 50.45%로 매우 높게 나타나는 것을 볼 수 있다. 물론 위 분석은 사례일 뿐, 실제 시장상황과 지역에 따라서 달리 나타날 수 있다.

오피스텔 투자전략

1. 개념정리

수익형부동산은 모든 사람들이 한번쯤 관심을 갖는 분야이다. 수익형이라는 의미는 수익이 매월 매월 발생하는 부동산을 뜻한다. 실례로 토지, 아파트, 연립이나 다세대, 주택 등을 수익형부동산으로 얘기하지는 않는다. 주로 월세가 나오는 상가건물을 의미한다.

오히려 토지 구입 시 대출을 받았다고 가정하면 매월 내 호주머니에서 이자가 나가는 상황이 발생할 것이다. 토지를 구입한 이유는 있다. 그 지역에 신도시가 개발된다는 정보를 근거로 구입했거나, 다른 여러 가지 이유로 장래에 토지가격이 상승하리라는 예상으로 토지를 구입했다면, 양도차익을 목적으로 투자를 한 것이지 수익형부동산을 구입했다고는 말하지 않는다.

이렇게 구입한 토지를 매도하였고 세금을 공제한 후 얼마라도 양도차익이 생겼을때 그 사람은 "자산을 구입했었고, 그 자산은 수익형부동산이었다"라고 얘기할 수 있을 것이다. 하지만 반대로 해당 토지를 매도 후 세금을 납부하고 결산을 해보니 손실이 발생한 경우 "그 사람은 부채를 구입했었다"라고 말할 수 있을 것이다.

토지에 투자한 후 매도 후 세금을 납부하고 결산을 해보니 양도차익이 발생했을 때, 부채 아닌 자산을 구입했었다고 정리하면 될 것이다. 하지만 좀 더 정확한 의미에서 수익형부동산은 매월 일정한 수익을 얻을 수 있는 부동산을 말한다.

여기에서 수익은 각 투자자가 투자 당시에 예상했던 기대수익을 충족시키는 수익을 의미한다. 예를 들어 7%의 수익을 기대했는데 3% 수익만 발생한다고 할 때 "그 사람은 수익형부동산에 투자했었다"라고 말하기는 애매하다.

이런 식으로 시비를 걸다보면 수익형부동산'이 갑자기 복잡해진다. 그래서 간단히 '매월 월세가 나오는 부동산이 수익형부동산이라고 가정 하에 얘기를 전개해 나가고자 한다.

월세가 나오는 부동산 종류는 매우 많이 있다. 공동주택인 아파트, 연립주택, 다세대주택도 월세형태로 임대를 놓으면 수익형부동산이 된다. 단독주택 역시 마찬가지이다. 단독주택, 다중주택, 다가구주택 등도 일부는 보증금으로 일부는 월세를 받는 형태로 임대를 놓으면 수익형부동산이 된다.

하지만 가장 일반적인 수익형부동산은 상가건물을 말한다. 오피스텔 역시 실제 사용목적으로 분양을 받는 것보다 임대를 놓을 목적으로 분양을 받는 사람들이 대부분일 것이다.

오피스텔은 건축법상 업무시설로 분류된다. 따라서 주거용도로 사용하지 않으면 구입당시 취득가액의 4.6%를 취득세로 납부해야 한다. 물론 건물분에 대한 부가가치세도 별도로 납부해야 한다. 재산세 역시 주거용도의 주택에 비해 높은 요율이 적용된다.

반면에 도시형 생활주택은 건축허가 당시 아파트, 연립, 다세대, 다가구로 규모가 분류되는데, 주택법상 일반 아파트와 같이 공동주택으로 분류되므로 취득세 감면 대상이고 재산세가 오피스텔보다 적게 부과된다. 부가세는 주택이기 때문에 아예 없다.

따라서, 기존 1주택을 소유한 유주택자가 9억 원이 넘어가는 도시형생활주택을 분양받으면 1가구 2주택자가 되어 양도세가 중과대상이지만, 오피스텔은 주택이 아닌 업무시설로 분류되기 때문에 중과대상에는 포함되지 않는다. 오피스텔은 실질과세원칙에 따라서 전입신고가 된 주거용도이면 주택으로 간주하고, 사업자등록이 있으면 업무시설인 사무실로 간주된다.

이러한 오피스텔에 투자 시 몇 가지를 주의해야 한다. 서울에서 분양하는 약 20㎡ 규모의 오피스텔 등을 분양받으려면 1억 5,000만원 정도의 자금이 필요하다. 분양을 받은 후 보증금 1천만 원, 월세 70~80만 원으로 임대를 놓을 수 있다. 여기에서 중개수수료와 취득세, 재산세, 양도세를 제한 실실 수익률은 서울의 경우 5%대 전후라고 보아야 한다.

2. 세금문제

오피스텔을 분양 받으려고 할 때 사업자등록과 전입신고에 따라서 부가가치세 환급을 받을 수도 있고 받지 못하는 경우도 있어서 주의를 기울여야 한다. 먼저 오피스텔을 업무용으로 임대하는 경우 분양 대금 중 건물분에 대한 부가세를 환급받을 수 있지만, 업무용이 아닌 주택으로 임대를 하였다면 환급받은 부가세를 세무서에 반환해야 하는 일이 발생할 수 있다.

취득세의 경우 주거용도인 경우는 감면대상이지만, 업무용도인 오피스텔은 이에 해당하지 않기 때문에 취득가액의 4.6%를 취득세로 분양을 받는 사람이 부담해야 한다. 오피스텔을 보유하고 있을 때에는 보유세인 재산세와, 임대소득에 대한 종합소득세가 발생할 수 있다.

단, 주택 보유에 따른 종합부동산세는 과세되지 않는다. 오피스텔의 경우 건축물대장상 용도와 실제 사용하는 현황이 다를 경우 실제 상황에 따라 세금이 부과된다. 오피스텔 임대시 발생하는 임대소득은 근로소득, 기타 소득과 합산하여 다음해 5월 종합소득세 신고대상이 된다.

오피스텔을 매도하는 경우 양도소득세는 공부상 용도에 관계없이 실제 현황에 따라서 달라진다. 일반적으로 오피스텔은 시세차익보다 임대수익을 목적으로 투자하기 때문에 양도차익이 크지 않아 양도세 부담이 없다고 생각할 수 있지만, 오피스텔을 주거용도의 주택으로 사용한 경우 다른 주택을 매도할 때 양도세에 영향을 준다는 것을 알아야 한다.

예컨대 3년 이상 보유한 1주택이 있는 상태에서 오피스텔을 취득해 주택으로 임대하는 경우 기존 1주택을 팔 때 주택으로 사용한 오피스텔까지 주택 수에 포함되어 1세대 1주택 비과세 요건에 해당되지 않게 되어서 과세될 수 있다.

만약 양도시점에 오피스텔을 업무용으로 사용하였다면 주택 수에 포함되지 않기 때문에 기존 주택을 매도할 경우에 1세대 1주택 비과세 요건이 충족된다면 세금부담이 가벼워진다.

3. 투자전략

포괄 양도양수는 사업내용의 포괄적인 양도양수가 확인되어야 한다. 포괄적 양도양수란 매도인이 사용하는 시설물이나 사업자체가 변경 없이 그대로 인계인수되어지는 계약을 말한다.

이때 매매계약서상에 포괄양도양수라는 표현이 반드시 명시되어야 하고 그런 계약임을 나타내는 사실관계가 확인된다면 포괄양도양수 계약서로서의 효력이 발생한다. 계약서상에 "본 계약은 포괄적 양도양수 계약이다"라는 특약 사실이 표현되면 효력이 발생한다.

이때 세무서에서 현장 확인도 나오기 때문에 반드시 동일한 내용이 그대로 인계인수되어야 한다. 예를 들어 노래방을 양도양수하는데 현장 확인 결과 노래방을 스크린 골프로 변경하면서 포괄양도양수 계약이 작성된다면, 세무서에서는 포괄양도양수를 인정하지 않으며 양도 양수자 간에 건물분 부가세를 주고 세금계산서를 받는 절차를 밟아야 한다. 투자시에 주의할 점은 분양가격이 시중가격보다 월등히 높지 않는지 반드시 가격 비교절차가 필요하다.

4. 사례비교

구 분	도시형 생활주택	오피스텔
유 형	공동주택	업무시설
주 차 장	호수별 산정	면적별 산정
1가구 2주택	해당될 수 있음	해당 무
베란다설치	가능	불가능
용 도	주거	업무/주거 선택적
위 치	대부분 주거지역	대부분 상업지역
부가세 환급	없음	환급 가능

도시형생활 주택은 공동주택, 오피스텔은 업무시설로 구분되며, 주차장의 경우 도생주택은 처음에는 3가구당 1세대였으나 지금은 대부분 1세대 당 1대로 규정이 강화된 지역이 많다.

도생주택이 9억 원을 초과할 경우 1가구 1주택에 해당되지만 오피스텔은 해당되지 않는다. 베란다 설치의 경우 도생주택은 가능하지만, 오피스텔은 불가능하다. 용도는 도생주택은 주거, 오피스텔은 주거나 업무 중 선택적이다. 부가세는 도생주택은 없고, 오피스텔은 부가세를 환급받을 수 있다.

원룸 투자전략

1. 개념정리

법규상 원룸(One-room)은 다가구주택으로 표현되며 거실과 침실, 부엌이 별도의 구획으로 구분되지 않고, 하나 즉 일체형으로 되어 있는 구조의 주거공간을 말한다. 침실과 부엌사이에 중문을 달아서 구분하는 경우도 있긴 하지만, 대부분이 33㎡ 정도의 면적으로 만들어지기 때문에 하나의 방으로 구성되는 경우가 많다.

세탁기, 화장실과 샤워실, 침실, 싱크대 등이 방 안에 모두 있어서 1인가구들이 거주하기에는 가장 적합한 주거형태이다. 서울의 경우 보증금 1,000만 원에 월세 50만 원부터 90만 원까지 다양하다. 지방의 경우 보증금 300~500만 원에 월세는 30~50만 원 정도의 임대조건이 대부분이다.

법규상 명칭은 다가구주택이고 단독주택에 속한다. 각각의 룸에 대한 별도의 호적이 없다. 전체를 주택 한 채로 보기 때문이다. 우리가 생활 속에서 호칭하는 원룸은 시장에서 사용하는 용어이고, 법적인 공식명칭은 아니다. 임대차 계약은 보통 1년 단위로 하고 있는데, 최근에는 1개월 단위로 임대를 하는 단기임대 방식이 시장에 확산되고 있다.

2. 최적입지

장사를 하거나 임대사업을 할 때 공통점은 입지선정을 잘 해야 한다는 것이다. 대학생이나 미혼 회사원인 1인 가구들이 주로 이용하기 때문에 쾌적한 주거환경보다는 교통접근성이 좋아야 하고, 주변에 상권이 형성되어 있는 곳이어야 인기가 높다. 이러다보니 원룸은 역세권이나 대학상권 인근에 주로 만들어 진다.

대형상권이라고 해서 원룸사업이 무조건 잘 되는 것은 아니다. 공급과잉 상태인 경우는 공실률이 높기 때문에 투자위험이 높다. 대학가라고 해서 최적의 입지라고 보는 것도 적합하지 않다.

월세가 너무 낮은 지방의 경우는 원룸투자에 적합한 상권이라고 볼 수 없다. 눈에 보이는 변수도 중요하지만 노출되지 않는 현상들을 면밀히 조사 후 원룸투자를 위한 입지를 선택해야 한다. 최근에는 삼성이나 엘지와 같은 대형회사가 들어선 기업도시 인근도 원룸사업 지역으로 인기가 높다.

3. 투자전략

원룸 임대방법은 통상 1년 단위로 하지만, 최근에는 1개월 단위의 단기임대 방법도 대도시를 중심으로 확산되고 있다. 투자하는 방법은 신축하는 경우와 기존의 주택을 튜닝하는 방법이 있는데 지역과 건축물의 구조에 따라서 신축과 리모델링을 선택할 필요가 있다.

신축하는 경우 주차장 설치규정이 대부분 실 당 1대이거나 0.5~0.7대인 경우가 많은데, 대도시의 경우 대부분이 가구당 1대이기 때문에 예전처럼 룸 숫자를 많이 만들지 못한다.

따라서 주차장 조례가 강하게 만들어져 있는 경우는 신축보다는 기존의 주택이나 낡은 원룸을 매입 후 리모델링하는 것이 유리하고, 주차장 규정이 약하게 되어 있는 경우는 신축하는 것이 유리하다. 수익률은 서울의 경우 5%정도이고, 지방은 7%까지 기대할 수 있다.

하지만 지방의 7% 수익률이 서울의 5% 수익률보다 반드시 유리하다고 볼 수는 없다. 인구가 많은 서울은 5% 수익률이 안정적이고 지속적이지만, 지방은 인구가 감소하고 있고 변수가 많기 때문에 불안한 수익률이기 때문이다.

4. 주의사항

원룸시공은 입주자들의 편의성을 최대한 배려하는 시공 설계가 필요하다. 방의 숫자를 많이 만드는 것도 중요하지만 생활동선이나 거주동선을 구체적으로 살펴서 시공에 반영해야 한다.

한번 공사를 하면 다시 변경하기가 쉽지 않기 때문이다. 옆방과의 방음문제, 층간소음을 방지하는 시공을 해야 하고, 냉방과 난방도 가장 효율이 높게 나타나는 시공을 해야 한다.

사용빈도가 가장 높은 문의 손잡이, 화장실의 샤워기, 세면대 등은 가능하면 튼튼함이 검증된 상품을 사용하는 것이 좋다. 디자인에 집착하다가 실용성이 낮은 제품으로 시공하는 경우가 많다. 특히 원룸사업을 처음으로 하는경우 대부분 기능성을 무시하고 디자인을 위주로 제품을 선택하는 경우가 많다.

다음 표를 보면 주거공간이 작아질수록 임대수익률은 높아지는 것을 알수 있다.

소형주택(원룸 외) 투자 유망지역과 임대수익률

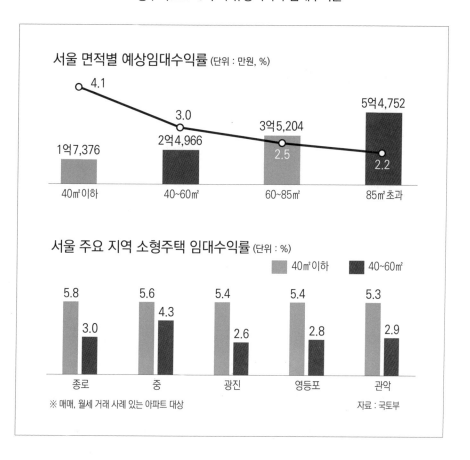

서울 면적별 예상임대수익률 (단위 : 만원, %)

4.1
3.0
2.5
2.2

1억7,376
2억4,966
3억5,204
5억4,752

40㎡이하   40~60㎡   60~85㎡   85㎡초과

서울 주요 지역 소형주택 임대수익률 (단위 : %)

■ 40㎡이하   ■ 40~60㎡

5.8   5.6   5.4   5.4   5.3
3.0   4.3   2.6   2.8   2.9

종로   중   광진   영등포   관악

※ 매매, 월세 거래 사례 있는 아파트 대상

자료 : 국토부

모임센터 투자전략

1. 개념정리

모임센터사업은 커피전문점에서 모이던 온라인 소모임들이 커피점을 기피하면서 별도의 모임공간을 찾아 나서게 되었고 이 과정에서 모임이라는 테마로 이용시간을 세일하는 사업으로 발전하였다. 필자가 볼 때 모임공간의 모태는 서울 대학로의 민들레영토로 판단된다.

모임센터 역시 스마트워크센터와 비슷한 운영방식을 취하고 있다. 사용하는 인원에 따라서 공간 사용료를 부과하기 때문이다. 이것을 타임세일이라고 부르기도 한다. 기본사용료가 2시간이며 1인당 5,000원씩 계산된다. 음료는 무료로 제공되며 노트북이나 기타 필요한 컴을 대여해 주기도 한다.

커피전문점에서 장시간 죽치는(?) 사람들을 기피하면서 틈새상품으로 만들어진 모임공간사업은 커피전문점과 콜라보레이션 형태로 운영되는 곳도 있다. 최근에는 세미나실을 같이 만들어서 운영되기도 한다.

2. 최적입지

모임센터 임대사업은 사람들이 만나기 쉬운 상업지역이나 상권이 형성된 대학가 같은 곳이 적합하다. 서울로 말한다면 2호선 홍대입구역이나 강남지역의 강남역 등이 이 사업을 하기에는 최고의 입지이다. 모임공간을 사용하는 사람들은 주로 젊은층이다. 특히 온라인에서 이루어지는 모임들이 오프라인에서 만나는 횟수가 증가하면서 모임공간을 많이 찾고 있다.

서울의 경우 홍대 앞, 신촌지역, 이대 앞, 건대 앞, 신림역이나 서울대입구역도 좋은 상권이며, 안양이나 과천 수원 등 남쪽방향으로 연결되는 교통의 중심지인 사당역도 모임공간 사업을 하기에는 매우 좋은 지역이다.

신분당선과 분당선이 교차하거나 근거리에 있는 서현역, 정자역, 수내역, 수서나 모란역 상권도 추천할 만하다. 모란역의 경우 성남지역 젊은이들이 많이 만나는 곳이고 교통의 중심지여서 미팅 후 귀가하는 교통편이 매우 양호하다.

3. 투자전략

모임센터에 투자하는 방법 역시 세 가지로 구분된다. 첫째가 기존의 상가건물을 매수한 후 인테리어를 통해서 센터를 만드는 것이다. 이때 건물의 형태는 집합건축물과 일반건축물로 나누어진다. 집합건축물은 각 층의 소유자가 각각 다른 경우를 말한다. 일반건축물은 층별 소유가 아니고 1인 내지 여러 명이 전체 건물을 통째로 소유하는 형태를 말한다. 동일한 투자금액이라고 전제할 때 일반건축물은 집합건축물보다 투자수익률이 1~2%이상 낮아진다. 투자비용이 높기 때문이다.

둘째는 토지를 취득한 후 그 자리에 모임공간을 신축하는 방법이다. 기존의 건물을 매수 후 리모델링하는 것보다 시간이 많이 소요된다는 단점이 있다. 토지

취득가격과 신축비용에 따라서 수익률이 변할 수 있지만 일반적으로 5~7%정도의 수익을 얻을 수 있다.

셋째는 기존의 상가건물을 임차한 후 실내 인테리어를 통해서 센터를 만드는 방법이다. 최소 전용면적은 스마크워크센터와 마찬가지로 210㎡이상은 되어야 한다. 가장 적절한 최소 면적은 330㎡이다. EBIT(이자와 세금 차감 전 영업이익) 기준 투자 수익률은 30~35%정도 발생한다. 35% 발생한다는 것은 투자비용 회수 기간이 3년 정도 소요된다는 의미이다.

4. 주의사항

모임센터 임대사업 역시 투자위험은 입지선정, 운영전략, 효율적인 인테리어에 달려있다고 해도 과언이 아니다. 특히 운영전략면에서 최근에는 모임공간과 세미나실이 합쳐지는 경우가 일반적인 창업형태이다.

면적이 330㎡이하인 경우는 모임공간 전용으로, 330㎡이상인 경우는 모임공간과 세미나실을 콜라보레이션하는 운영전략이 필요하다.

프리미엄독서실 투자전략 (코쿤리튜디오)

1. 개념정리

스터디방은 구 독서실이다. 독서실이 인터넷문화 확산과 온라인 게임산업 발전으로 매출이 저조해지고 퇴출되는 분위기까지 연출되었으나, 3~4년 전부터 프리미엄 독서실을 지향하는 고급화 전략으로 다시 이용하는 사람들이 증가하고 있는 추세이다.

2. 최적입지

스터디방은 주변 환경이 조용하고 학습을 할 수 있는 분위기 연출이 중요하다. 따라서 동일상가 건물 내에 유해업종이 없어야 한다. 특히 성인용 독서실과 중고생들이 주로 이용하는 독서실로 구분되는데, 중고생들이 이용하는 독서실인 경우에 유해업소가 있으면 교육청에서 독서실 허가가 나질 않는다.

따라서 교통도 좋아야 하겠지만 청소년 유해시설이 있는 지역에서 독서실 창업은 피하는 것이 좋다. 노래방이나 당구장, 주점 등이 있으면 소음 발생으로 인해서 운영에 타격을 받을 수 있다. 따라서 상업지역인 경우는 동일 건물내에 이러한 유해업소나 소음을 발생하는 업종이 있는지 확인해야 한다.

3. 투자전략

스터디방에 투자하는 방법 역시 세 가지로 구분된다. 첫째는 기존의 상가건물을 매수하는 방법이 가장 많이 활용되고 있는데 전용면적이 330㎡ 기준일 때 대출을 제외한 자기자본 투자금액은 5~7억 원 정도 예상된다. 물론 서울기준이다. 지방은 이보다 적게 투자된다.

둘째는 토지 취득 후 신축하는 방법인데, 기존의 건물을 매수 후 리모델링하는 것보다 비용이 많이 소요되고 신축과정에서 민원발생으로 시간이 오래 걸릴 수 있다는 단점이 있다. 투자비용과 가동률에 따라서 서울지역 기준으로 수익률은 5~7%정도로 예상할 수 있다.

셋째는 기존의 상가건물을 임차한 후 스터디방을 창업하는 방법이다. 최소 전용면적은 스마트워크센터와 마찬가지로 210㎡이상은 되어야 한다. 가장 적절한 최소면적은 330㎡이다. EBIT(이자와 세금 차감 전 영업이익) 기준 투자 수익률은 25~30%정도 발생한다. 30% 발생한다는 것은 투자비용 회수 기간이 약 3년 정도 소요된다는 의미이다.

스터디방 운영사업은 창업 후 이미지 관리가 매우 중요하다. 학부모들 사이에 평판이 안 좋으면 매출에 곧바로 악영향을 미친다. 매출을 높이기 위해서 온라인 동영상 강의 시스템을 구비하는 것도 검토해야 한다. 법이 허용하는 범위에서 수험생과외 등을 상품화함으로써 기능성 스터디방으로 차별화하는 전략이 필요하다.

4. 사례분석

소유권(신축 후 직영) 투자

(단위 : 만 원)

투 자			수 익 (매월)		
구 분	금 액	내 용	구 분	금 액	내 용
대지매수	100,000	2,000/3.3㎡	잠재 매출	1,875	75좌석*25
건물신축	30,000		유효 매출	1,500	OCR:85%
인테리어	20,000		비용지출	200	인건비(변동적)
투자합계	150,000			300	운영비(변동적)
은행대출	60,000	지가의 60%		175	대출이자(3.5%)
				50	기타
				725	소계
순투자금	90,000		세전수익(률)	775	10.33%

※ 조건 (대지면적 : 165㎡, 용도지역 : 제2종 일반주거지역, 건물연면적 : 330㎡, 월사용료 : 평균치 적용, 서울 강북지역)
※ 소유권 신축 후 직영은 건물주가 프리미엄독서실을 신축 후 직접 운영하는 경우이다.

위 표는 건물주가 상가건물을 프리미엄 독서실로 신축 후 본인이 직접 운영하는 사례이다. 2종 일반주거지역 용적률은 서울시 조례기준 200%로 가정했다. 투자금 합계 15억 원에서 대출 60%인 6억 원을 차감하면 순 투자금액은 9억 원이다. 가동률 반영한 매출이 1,500만원, 이자포함한 예상지출 725만원을 공제하면, 세전 수익은 매월 775만원이고 수익률은 10.33%이다.

소유권(튜닝 후 직영) 투자

(단위 : 만 원)

투 자			수 익 (매월)		
구 분	금 액	내 용	구 분	금 액	내 용
대지/건물매수	100,000	2,000/3.3㎡	잠재 매출	1,875	75좌석*25
튜닝비용	25,000		유효 매출	1,500	OCR:85%
가구집기	5,000		비용지출	200	인건비(변동적)
				300	운영비(변동적)
투자합계	130,000			175	대출이자(3.5%)
은행대출	60,000	지가의 60%		50	기타
				725	소계
순투자금	70,000		세전수익(률)	775	13.29%

※ 조건 (대지면적 : 165㎡, 용도지역 : 제2종 일반주거지역, 건물연면적 : 330㎡, 월사용료 : 평균치 적용, 서울 강북지역)
※ 소유권 튜닝 후 직영은 건물주가 소유한 기존의 상가건물을 프리미엄독서실로 튜닝 후 직접 운영하는 경우이다.

위 표는 기존의 상가건물을 매수 후 프리미엄 독서실로 튜닝하여 본인이 직접 운영하는 사례이다. 투자금 합계 13억 원에서 대출금은 매수비용 대비 60%인 6억 원을 차감하면 순 투자금액은 7억원이다. 가동률 반영한 매출 1,500만 원, 이자포함한 예상지출 725만 원을 공제하면, 세전 수익은 매월 775만 원이고 수익률은 13.29%이다.

소유권(튜닝 후 직영) 투자

(단위 : 만 원)

투 자			수 익 (매월)		
구 분	금 액	내 용	구 분	금 액	내 용
대지/건물매수	100,000	2,000/3.3㎡	임대차월세	600	매월
튜닝비용	25,000		유효 매출	600	매월
가구집기	5,000		비용지출		인건비 없음
					운영비 없음
투자합계	130,000			175	대출이자
은행대출	60,000	지가의 60%			
임대보증금	10,000			175	소계
순투자금	60,000		세전수익(률)	425	8.50%

※ 조건 (대지면적 : 165㎡, 용도지역 : 제2종 일반주거지역, 건물연면적 : 330㎡, 월사용료 : 평균치 적용, 서울 강북지역)
※ 소유권 튜닝 후 임대는 건물주가 프리미엄독서실을 만든(시공) 후 건물과 시설를 포괄임대하는 경우이다.

위 표는 상가건물을 소유하고 있거나 신규로 매수한 건물주가 프리미엄 독서실로 튜닝(인테리어시공)하여 본인이 직접 운영하지 않고 임대를 놓는 사례이다. 투자금 합계 13억원에서 매수비용 대비 60%인 대출금 6억 원과 임대보증금 1억 원을 차감하면 순 투자금액은 6억 원이다. 세전 수익은 매월 425만 원이고, 수익률은 8.0%이다.

임차권 투자 (임차튜닝 후 직영)

(단위 : 만 원)

투 자			수 익 (매월)		
구 분	금 액	내 용	구 분	금 액	내 용
임차보증금	5,000	2,000/3.3㎡	잠재 매출	1,875	75좌석*25
튜닝비용	25,000		유효 매출	1,500	OCR:85%
가구집기	5,000		비용지출	300	운영비(변동적)
				400	월세
		지가의 60%			
				700	소계
순투자금	35,000		세전수익(률)	800	27.43%

※ 조건 (대지면적 : 165㎡, 용도지역 : 제2종 일반주거지역, 건물연면적 : 330㎡, 월사용료 : 평균치 적용, 서울 강북지역)
※ 임차튜닝 후 직영은 임차인이 상가를 임차하여 프리미엄독서실을 만든(시공) 후 운영하는 일반적인 경우이다.

위 표는 기존의 상가건물을 임차 후 프리미엄 독서실로 튜닝하여 임차인 본인이 직접 운영하는 사례이다. 임차보증금 5,000만 원과 튜닝비용 3억 원을 합쳐 총 금액은 3억 5,000만원이 투입된다. 소유권이 아니기 때문에 대출이자는 없다. 물론 타 담보를 제공하여 대출을 받을 수는 있지만, 일반적인 상황을 기준으로 분석하였다. 임차권이기 때문에 이자대신 지출되는 월세 400만 원을 합쳐 약 700만 원을 공제하면 순 운영수익(NOI)은 매월 800만 원이고 수익률은 27.43%이다.

셀프스토리지 (self storage) 투자전략

1. 개념정리

셀프스토리지(이하 셀토) 사업은 주로 도심에서 이루어진다. 생활하다 보면 생활용품이나 서류 등 버리기는 아깝고 보관할 장소는 마땅치 않은 물건들이 점점 늘어나게 된다.

아기 때 사용하던 아이들 책이며 가구와 같은 유아용품을 둘째가 생길 때까지 보관하려고 할 때, 큰 집으로 이사 갈 준비를 하면서 버리지 못하고 보관하고 있는 짐들도 있을 것이다. 이런 물건들을 스스로 보관하게 하는 자기보관창고 사업이다.

캠핑에 대한 선호도가 높아지면서 캠핑장비를 보관하거나 골프클럽, 장난감, 카시트나 카페트 등을 24시간 보관해주고 스스로 관리하게 하는 개념의 생활창고 임대업이다.

2. 최적입지

셀프스토리지 사업은 도심에서 이루지기 때문에 사용자의 자택에서 가장 가까운 곳이 적합하다. 애물단지인 상가건물의 지하층이나 사용하지 않고 방치된 개인주택의 지하층을 셀프스토리지로 개조해서 임대를 준다면 공간도 활용과 수입창출이라는 두 마리의 토끼를 잡는 셈이다.

접근거리가 짧을수록 좋기 때문에 아파트의 지하공간이나 상가건물의 옥상공간, 지하층도 좋을 것이고 혹시 공터가 있다면 컨테이너를 활용해 셀프스토리지 사업을 운영하는 것도 검토할 수 있다. 특히 아파트 주민을 위한 공용공간으로 만들어져 있지만 활용하지 않고 방치되어 있는 공간에서 이 사업을 한다면 주민들을 위한 수익사업이 될 수 있다.

3. 투자전략

셀프스토리지 사업은 개인대상, 기업대상, 특정 업종대상 등으로 구분되기도 하지만 주로 생활용품을 보관해주는 사업이어서, 1개 유니트 당 크기는 최소 3.3㎡에서 33㎡까지 다양하다. 보통 매월 사용료는 3.3㎡당 월평균 20만 원 정도의 매출을 기대할 수 있다.

투자하는 방법 역시 세 가지로 구분된다. 첫째, 기존의 상가건물을 매수하는 방법이 가장 많이 활용되고 있다. 전용면적이 330㎡ 기준일 때 대출을 제외한 자기자본 투자금액은 5~7억 원 정도 예상된다. 물론 서울기준이다. 지방은 이보다 적게 투자된다.

둘째는 토지 취득 후 신축하는 방업인데, 기존의 건물을 매수 후 리모델링하는 것보다 비용이 많이 소요되고 신축과정에서 민원발생으로 완성하는 시간이 오래 걸릴 수 있다는 단점이 있다. 투자비용과 가동률에 따라서 서울지역 기준으로 수익률은 5~7%정도로 예상할 수 있다.

셋째는 기존의 상가건물을 임차한 후 셀프스토리지를 창업하는 방법이다. 최소 전용면적은 스마트워크센터와 마찬가지로 210㎡이상은 되어야 한다. 가장 적절한 최소면적은 330㎡이다. EBIT(이자와 세금 차감 전 영업이익) 기준 투자 수익률은 20~25%정도 발생한다.

4. 주의사항

타인의 물건을 보관해주는 사업이기 때문에 보관기간 중 도난이나 화재, 보관물품 이 손상된 경우는 손해를 배상해주어야 한다. 음식물은 냉동이나 냉장이 되는 창고에 보관토록 해야 하고, 상하는 음식의 경우 보관자체를 거절해야 한다. 이런 손해배상 문제를 해결하기 위해서 셀프스토리지 운영자는 시설물관리자보험에 가입한다.

고객이 방문했을 때 리셉션에서 물품의 종류와 상태를 꼼꼼히 체크 후 나중에 상호간 의견충돌이 없도록 사전에 확인절차를 거친 후 보관할 수 있도록 해야 한다. 사고대비 보험에 가입하는 것을 필수적이다. 보험에 가입할때도 대부분이 비례보상 제도를 운영하기 때문에 보관물품 예상총액 대비 가입금액을 1.5배 이상으로 높여서 가입을 해야 한다.

고객들이 수시로 드나드는 점을 감안해 밝은 색상의 마감재를 선택할 필요가 있고, 회원들의 안전을 우선시하고 휴게공간도 준비해야 한다. 주차장도 필수적으로 필요하다. 귀금속을 보관할 수 있는 금고형 스토리지도 필요하고, 현금인출기도 갖춰 놓는다면 스토리지 이용하는 회원들에게 최고의 서비스가 될 것이다. 보관하는 물품의 분야를 지정해서 이 사업을 하는 경우도 있다.

05

—

수익형부동산과
세금

취득 시 부담하는 세금

1. 취득세

부동산을 취득할 때 부담하는 세금은 주택과 주택 외로 구분해서 살펴봐야 한다. 먼저 주택의 경우 세금 부과는 구간별로 세율이 달라진다. 6억 원 이하인 경우는 다시 85㎡이하와 초과로 구분된다. 85㎡ 이하인 경우는 취득세율이 1%, 농어촌세는 비과세대상, 지방교육세 0.1%인데 합 1.1%의 세율이 적용되며, 초과인 경우는 합 1.3%의 세율이 적용된다.

6억 원 초과 9억 원 이하인 경우는 역시 85㎡이하와 초과로 구분되는데, 이하인 경우 합계세율이 2.2%, 초과인 경우는 2.4%의 세율이 적용된다. 9억 원을 초과하고 85㎡이하인 경우는 3.3%, 초과인 경우는 3.5%의 세율이 적용된다. 주택을 신축하는 경우 역시 85㎡이하는 2.96%, 초과는 3.16%의 세율이 적용된다.

주택이 아닌 경우는 토지를 취득하거나 건물을 취득하는 경우인데, 취득세율 4%, 농어촌특별세율 0.2%, 지방교육세율 0.4%를 합쳐서 총 4.6%의 세율이 적용된다. 주택이 아닌 부동산을 원시취득 하거나 상속으로 취득하는 경우는 3.16%의 세율이 적용되는데 농지는 제외된다. 증여인 경우 합계세율은 4%이다. 자세한 내용은 아래표를 참고하면 된다.

부동산 취득관련 세금

(단위 : %)

구분	금액	면적	취득세율	농어촌특별세율	지방교육세율	합계세율
주택 (교환포함)	6억원 이하	85㎡이하	1	비과세	0.1	1.1
		85㎡초과	1	0.2	0.1	1.3
	6억원 초과 ~ 9억원 이하	85㎡이하	2	비과세	0.2	2.2
		85㎡초과	2	0.2	0.2	2.4
	9억원 초과	85㎡이하	3	비과세	0.3	3.3
		85㎡초과	3	0.2	0.3	3.5
주택 신축시		85㎡이하	2.8	비과세	0.16	2.96
		85㎡초과	2.8	0.2	0.16	3.16
토지 및 건물			4	0.2	0.4	4.6
원시취득이나 상속 (농지제외)			2.8	0.2	0.16	3.16
증여 (무상취득시)			3.5	0.2	0.3	4

보유 시 부담하는 세금

부동산 보유자가 납부해야 하는 세금은 재산세와 종합부동산세가 있는데 취득 시 취득세를 부과하는 것처럼 보유 시에도 그에 대한 세금을 부과하게 된다. 재산세는 지방세이고 종합부동산세는 국세이다.

1. 재산세 납부대상

■ 재산세

재산세는 매년 6월 1일자를 기준으로 재산을 소유하고 있는 사람이 납부한다. 납세대상은 토지, 건물, 주택, 선박, 항공기 등이다. 과세표준은 주택과 주택 외로 구분된다. 세율은 0.15~0.5%까지 나누어지고 3~4구간별로 차등 적용된다.

부동산 보유관련 세금

구 분	금 액
납부대상	매년 6월 1일 현재 재산을 소유하고 있는 사람이 납세 당사자
과세대상	토지, 건축물, 주택, 선박, 항공기
과세표준	주택(부속토지 포함) : 주택의 공사가격×60%
	주택외 건물 : 시가표준액×70%
	주택외 건물의 부속토지 및 나대지 등 : 공시지가×70%
세율	주택 : 0.15~0.5%(4단계 누진세율 적용)
	주택이외 건물 : 0.25%(단일세율), 골프장이나 고급오락장 4%
	나대지 외 : 0.2~0.5%(3단계 누진세율)
	사업용건물 부속토지 등 : 0.2~0.4%(4단계 누진세율)

* 지방교육세는 재산세액의 20%

■ 재산세 과세대상 및 과세기준

재산세 과세대상은 주택, 나대지, 상가와 사무실 및 부속토지로 구분된다. 주택은 공시가격이 6억 원 이상, 나대지나 잡종지는 토지 공시가격이 5억 원 이상, 상가와 사무실 및 부속토지 등은 토지 공시가격이 80억 원 이상에 적용된다.

재산세 과세대상 및 과세기준액

유형별 과세대상	과세기준액
주택(부속토지 포함)	주택공시가격 6억원(1세대 1주택 9억원) 이상
나대지, 잡종지 등	토지공시가격 5억원 이상
상가,사무실,부속토지 등	토지공시가격 80억원 이상

2. 종합부동산세

종부세율은 6억 원 이하, 12억, 50억, 94억, 94억 초과로 구분하여 적용된다. 6억 원이하는 0.5%, 6~12억 이하는 0.75%, 12~50억 이하는 1%, 50~94억 이하는 1.5%, 94억 원 초과하는 경우는 2%의 세율이 적용된다.

나대지와 잡종지 같은 종합 합산토지의 경우는 15억 원 이하는 0.75%, 15~45억 원 이하는 1.5%, 45억 원 초과는 2%의 세율이 적용된다. 상가와 사무실 및 부속토지와 같은 별도 합산토지는 200억 이하는 0.5%, 200~400억 이하는 0.6%적용되고, 누진공제는 200억~400억 원 이하는 2,000만 원이며 400억 원 초과는 6,000만 원이다.

종부세율

구 분	과세표준	세율(%)	누진공제(만원)
주 택	6억원 이하	0.5	없음
	6~12억원 이하	0.75	150
	12~50억원 이하	1	450
	50~94억원 이하	1.5	2,950
	94억원 초과	2	7,650

구 분	과세표준	세율(%)	누진공제(만원)
종합합산토지 (나대지/잡종지 등)	15억원 이하	0.75	없음
	15~45억원 이하	1.5	1,125
	45억원 초과	2	3,375

구 분	과세표준	세율(%)	누진공제(만원)
별도합산토지 (상가,사무실 부속토지 등)	200억원 이하	0.5	없음
	200~400억원 이하	0.6	2,000
	400억원 초과	0.7	6,000

처분 시 부담하는 세금

1. 양도세 개요

처분 단계에서 발생하는 세금은 양도소득세인데, 세금 중에서 가장 복잡하다. 개인이 부동산을 취득하여 양도하는 경우 양도차익이 발생할 때 양도소득세를 납부해야 한다. 양도차익은 양도가액에서 취득가액과 경비를 공제한다. 따라서 양도차익이 많이 나면 세금이 많이 나오고 적으면 세금이 적게 나온다. 반대로 손해를 보고 팔면 세금을 내지 않는다.

세금과세 기준은 실거래가액이 적용된다. 매매계약서에 기재된 금액이라고 볼 수 있다. 필요경비는 취득할 때 부담한 취득세나 등록세를 의미하고 보수공사를 한 경우나 리모델링을 한 경우도 비용으로 인정된다.

양도세에서 경비로 인정받는 것은 부동산을 취득하면서 부동산에 직접 돈을 투자한 비용에 한해서 인정된다. 용도변경이나 지목변경을 한 경우, 앞에서 언급한 것처럼 인테리어나 엘리베이터 설치 등 건물의 자산적 가치를 높이는데 들인 공사비도 비용으로 인정된다. 또한 양도 시 지출한 직접 비용(중개수수료, 인지대 등)도 인정된다.

부동산을 상속받은 경우는 신고한 상속세 가액이 기준인데, 신고한 상속재산 가액이 취득가액으로 인정된다. 상속세 신고 시 금액을 줄여서 하는 경우가 있는데 나중에 매도하는 경우 줄여서 신고한 상속금액 때문에 양도세가 많이 나온다는 것도 알고 있어야 한다. 일반적으로 양도소득세는 상속세보다 높게 나온다.

부동산 양도소득세율은 일반 소득세율처럼 구간별 과세시스템으로 6~38%(5단계)가 적용된다. 취득 시나 보유 시 대출 후 납부한 이자는 비용으로 인정을 받지 못한다.

취득 후 2년 이내에 양도하는 경우는 단기양도에 따른 누진세가 적용되어 양도 차액의 40% 이상을 세금으로 납부해야 한다. 절세전략의 기본원칙은 가족이나 부부간에 분산하여 보유하는 것이 좋다. 공동명의로 하는 사람 수가 많을수록 절세가 된다.

2. 양도세 구간별 세율 및 누진세율

양도세 세율은 보유기간에 따라서 달라진다. 1년 미만 단기양도인 경우는 양도차액의 50%, 2년 미만 양도하는 경우는 40%이고, 2년 이상인 경우는 구간별 누진세율이 적용된다. 특히 조심해야 하는 부분은 미등기 전매사실이 밝혀질 경우 70%의 높은 세율이 적용된다.

구간별 누진세율은 과세표준액이 1,200만 원 이하는 6%, 4,600만 원 이하는 15%, 8,800만 원 이하는 24%, 1억 5,000만 원 이하는 35%, 1억 5,000만 원 이상은 38%의 세율이 적용되는데, 부동산은 금액이 높아서 대부분 38% 세율이 적용되는 경우가 대부분이다.

양도소득세율

자 산	구 분		세율(%)
부동산과 부동산관련 권리	보유기간	1년 미만	50
		1년 이상 2년 미만	40
		2년 이상	누진
	다주택자	양도세 중과 폐지	추진
	비사업용 토지 등	1년 미만	50
		1년 이상 2년 미만	40
		2년 이상	누진
	미등기 전매인 경우		70
기타자산	보유기간과 무관하게 누진세율		

구간별 누진세율

(단위 : 만원, 2012년 이후)

과세표준액	세 율	누진공제
1,200 이하	6%	
4,600 이하	15%	108
8,800 이하	24%	522
15,000 이하	35%	1,490
15,000 초과	38%	1,940

불안불안 월급 받을래?
따박따박 월세 받을래!

초 판 1쇄 2016년 9월 30일

지은이 고종옥
펴낸이 전호림 기획 · 제작 봄봄스토리 펴낸곳 매경출판(주)
등 록 2003년 4월 24일(No. 2-3759)
주 소 우)100-728 서울시 중구 충무로 2(필동1가) 매경별관 2층
전 화 02)2000-2636 팩 스 02)2000-2609
이메일 bombomstory@daum.net

ISBN 979-11-5542-537-4(03320)
값 20,000원